나의 어머니, 아버지에게
그리고
사라 허쉬만에게……

사서 빠뜨

일러두기
1. 인명과 지명을 비롯한 외래어는 국립국어원의 외래어 표기 용례집을 따랐다.
2. 국내에서 번역 출판된 책의 제목과 작가 이름은 출판사 표기를 따르되 외래어 표기법과 다를 경우 밑줄을 그어 구분했다.
3. 기관 및 단체, 인물과 작품 제목, 지명 등에 원어가 필요할 경우 한글 표기 옆에 병기하였다.
4. 본문에서 사용한 약호는 다음과 같다.
    - 단행본, 잡지: 《 》
    - 책 속에 실린 개별 작품, 논문, 기관과 단체 이름: 〈 〉
    - 대화와 직접 인용: " "
    - 강조, 인용된 대화 속 대화, 간접 인용: ' '

Patte La Bibliothécaire

사서 빠뜨

작은 관계의 기적, 백만의 어린이를 읽게 한 힘!

즈느비에브 빠뜨 글 / 최내경 번역

추천의 글

　파리에서 돌 지난 아이와 함께 지내기 위해 조금 넓은 아파트로 이사했다. 파리 남부의 샤티옹이란 조그마한 도시였는데 녹지와 개인 주택이 많은 평화로운 곳이었다. 일요일이면 주변에 작은 시장과 숲을 찾았다. 클라마르라는 도시가 바로 옆에 붙어 있어서 그곳에 있는 커다란 숲에서 밤을 줏곤 했다. 그렇게 한가하게 동네를 산책하던 중에 동그랗게 생긴 예쁜 건물을 발견했다. 〈책을 통한 즐거움〉이란 재미난 이름의 어린이 도서관이다. 문 앞에는 도서관이 문을 여는 시간표가 붙어 있었는데 꽤나 복잡한 시간표였던 것으로 기억한다. 마침 문을 연 시간이어서 들어가 보았다. 게시판엔 온갖 종류의 도서관 이벤트 안내가 빼곡하게 적혀 있었다. 누가 봐도 이곳은 어린이를 위한 진지하고 활기찬 어린이 도서관이었다. 같은 이름의 학술 자료실이 하나 더 있다는 사실을 알게 되어 그림책에 관한 개인적인 관심을 채우기 위해 그곳을 찾았다. 거기는 〈어린이를 위한 책 센터〉이며 〈책을 통한 즐거움〉 도서관 부속 기관이었다. 퐁피두 센터가 있는 보부르 지역 한 건물에 들어 있었다. 삼십여 평이나 될까, 그리 크지 않은 임대 사무실에 어린이 책에 관한 다양한 종류의 학술 서적들이 있었다. 시간이 나면 나는 이 두 곳을 찾아 아이들과 함께 책을 보거나 어린이 책에 관한 학술 도서를 빌려 볼 수가 있었다. 이십육 년 전 이야기다.

　지금 〈책을 통한 즐거움〉은 모든 어린이 책과 관련 학술 자료를 다 어우르는 커다란 도서관으로 프랑스 국립도서관(미테랑 도서관) 안에 〈어린이를 위한 책 센터〉의 이름으로 남아 있으며, 이곳에서 〈어린이 책 리뷰〉가 편찬되고 있다. 그리고 이런 모든 일의 출발점이었던 바로 그곳 클라마르의 동그란 어린이 도서관은 얼마 전 폐기될 위기를 맞는다. 당시 클라마르 시에서는 첨단의 도서관이 새로 건립되고 어린이 책 코너도 화려하게 만들어졌으니 굳이 이곳을 도서관으로 유지할 필요가 없다는 판단 아래 복싱 연습장으로 개조하려 하였다. 이 책의 저자이며 〈책을 통한 즐거움〉 도서관의 창립 사서인 빠뜨 여사는 문화부에 탄원서를 내고 언론에 인터뷰를 시도하여 이곳의 중요성과 보존 가치를 알리기 위해 혼신을 다해 싸웠다. 그 결과 이 곳은 건축물 자체가 프랑스 문화재로 등록이 되었다. 이제 문고리 하나, 마루 바닥의 작은 판자 하나도 원래 이 건축물이 지어졌던 1965년 그 시기의 소재와 기술로 교체되어야 하는 매우 귀한 장소가 된 것이다. 이곳은 이렇게 〈작은 동그라미 도서관〉이란 이름으로 살아남게 되었다. 누구든 이곳에 찾아 가면 프랑스 어린이 도서관의 역사, 어린이와 책과 함께 한 지난 오십여 년의 시간들이 오롯이 담겨 있는 이 공간을 경험할 수 있다. 공간 뿐 아니라 이 도서관이 지어졌던 그 시기에 이 도서관에 담으려고 했던 빠뜨 여사의 '사람이 책과 함께 숨쉬는 작은 관계'를 만들어내는 사서들의 몸짓과 마음까지도 그대로 보존되었다. 빠뜨 여사는 지금도 이곳의 어린이 책 사서이다.

 파리에서 돌아와 내가 출판사를 시작하던 90년대 중반, 우리 나라엔 '어린이 도서관'이 무척 귀했다. 우리나라 최초의 어린이 도서관인 〈서울 시립 어린이 도서관〉을 제외하고는 과천과 인천에 한 기업 재단이 운영하던 어린이 도서관이 전부였던 시절이다. 당시 맞벌이로 아이와 함께 지내면서 집 근처에 이런 시설이 하나 있으면 얼마나 좋을까를 꿈꾸었다. 그러면서 우리 부부는 파리에서 아이와 함께 찾아 가던 클라마르의 어린이 도서관과 그 전에 살던 파리 15구의 보그루넬 도서관의 어린이 책 코너를 사무치게 그리워했다.

시간이 많이 흘렀다. 변변한 어린이 도서관 하나 없던 나라였지만 2003년 〈순천 기적의 도서관〉을 출발점으로 하여 많은 지자체에서 어린이 도서관 사업을 펼쳐 왔다. 2006년에는 〈국립 어린이 청소년 도서관〉이 새로 생겨 이 분야의 아카이브 사업에 혁신적인 역할을 수행할 수 있게 되었다. 어린이 책 산업도 그 부피를 키워 왔다. 셀 수 없는 많은 출판사들이 어린이 책을 펴내고 있다. 이제는 보여 주고 싶은 어린이 책도 많아지고 책을 볼 수 있는 곳도 많아졌다. 물론 아직 도서관 시설이 열악한 지역이 많이 남아 있지만, 어린이를 대상으로 하는 출판 산업과 어린이들을 위한 공공 독서 공간 사업은 지난 이십여 년을 지나면서 눈부신 발전에 발전을 이루어 왔다. 이런 발전의 속도는 마치 프랑스에서 클라마르의 〈책을 통한 즐거움〉 도서관 이후 오십 년 넘게 펼쳐 온 다양한 도서관 사업들, 특히나 요즘 각 지역에 건립된 첨단의 미디어테크 médiathèque 사업으로의 새로운 궤도 변화를 목격하면서 느끼는 공공 사업의 경이로운 발전을 우리는 이십 년 정도에 그 이상을 해낸 듯한 착각이 들 정도다.

이 책에서 빠뜨 여사는 시설로서의 도서관이 자칫 관료주의와 기술주의로 흐르는 것에 대하여 '사람이 먼저다'라며 반기를 들고 있다. 좋은 시설과 좋은 목록의 책들이 있고 효율적인 열람 시스템만 있으면 좋은 도서관이 될 수 있다는 생각과는 전혀 다른 차원의 '도서관' 이야기를 하고 있다. 그리고 이런 도서관은 어른을 중심으로 한 시설이 아니고 어린이가 중심이 되고 주체적으로 이끌어 가는 도서관이어야 함을 역설하고 있다. 여기에서 조용한 관찰자이자 책을 통한 '인본적 중재자'로서 사서라는 직업에 대하여 이야기한다. 사람에게 다가가, 책을 그 사람의 본성에 맞게 소개하는 일은 아주 작은 관계에서나 가능하다는 여사의 이론은 분명한 체계와 목적이 있는데, 바로 이런 것들이 다 이 책에 담겨져 있다.

어린이를 위한 책의 물적 토대를 숨가쁘게 만들어 온 우리에게 다시금 던지는 질문은 '그래서 우리 아이들은 이제 정말 행복해졌는가?'이다. 지난 십여 년 간 여러 지방에 강연을 다니면서 아이들을 만났다. 어디를 가나 우리 아이들은 밝고 명랑하다. 공공 도서관 외에도 많은 학교에 자체 도서관이 있어 언제든지 아이들은 책에 빠질 수 있다. 분명 아이들은 언제든 책과 함께 시간을 보낼 수 있는 좋은 환경 속에 있다. 그러나 우리 사회의 청소년 이후 삶을 돌아보면 안타깝기만 하다. 이제 곧 학습과 입시라는 괴물에 잡아먹히기 전 짧은 유년기의 행복만을 허락한 것은 아닌지, 우리의 어린이 책 환경이 아무리 나아지더라도 결국 어쩔 수 없는 일이라 여기며, 한편으로는 그런 결정론의 시각을 우리의 어린이 책과 그 문화의 본질 속에 슬쩍 숨기고 있는 것은 아닌지 안타까운 생각이 들 때가 많다. 행복한 유년기를 넘어 청소년기, 성인으로 이어지는 구조적인 행복 관리 시스템이 우리 사회에 꼭 필요한데, 이는 물적적인 풍요로움만으로는 해결되지 않는다. 우리 아이들이 곧 우리 자신이라는 통시적인 이해와 인식에서 출발해야 한다.

우리는 빠뜨 여사의 글을 통해서 '어린이'는 단지 인생의 한 부분인 '특정 기간'이 아니고, 인생 전부를 살아 숨쉬게 하는 출발점이자 온전한 인격체의 완성을 경험하는 시기이고, 그러기에 오히려 우리 어른들이 마음을 열고 의지할 수 있는 존재임을 알게 된다. 이런 맥락에서 듣는 그의 경이로운 체험담과 어린이를 책의 세계로, 한 인간을 온전한 인격체로 이끄는 다양한 노하우는 지금 우리의 어린이 책 문화 속에 꼭 필요한 언어적·정신적 자양분을 제공해 줄 것이 분명하다.

- 이호백(발행인)

차 례

사서 빠뜨

제1장 경험들 ·· 17

19 진정한 어린이 도서관의 새로운 탄생

20 '영세 임대 아파트 단지 HLM'에서 일이 벌어지다!

22 새로운 움직임이 일어나다!

24 아이들에게 세상을 선물하다

26 기름진 토양이 되다!

27 전세계에, 실천적 접근 방식으로

31 클라마르의 바구니 도서관

35 이 분야에서 듣는 사람들의 목소리

44 오늘날의 〈작은 동그라미 도서관〉

47 부모들에게, 가족에게 공간을

49 뒤처진 아이들과 함께

50 모든 예술에 개방된 도서관

제2장 깨어 있는 심장들 ·· 57

59 르네 디앗킨과 함께 지름길을 가다

61 뜻하지 않은 곳에서 책읽기

67 사라 허쉬만과 함께, 위대한 걸작의 아름다움은 모두를 위한 것이다

69 사서의 도움이 꼭 필요하다

71 명작은 예외 없이 모든 사람을 위한 것이다

74 낙오된 청소년들을 위한 아름답고 강렬한 책들, 세르주 브와마르와 함께

75 책읽기 공포증을 대하는 대담한 교육

79 소외 계층 주민들을 만나다

80 좋은 생각은 단순하다

작은 관계의 기적, 백만의 어린이를 읽게 한 힘!

85 점점 널리 퍼져 나가는 경험들
88 유대감을 갖다

제3장 **어린이들은 훌륭한 독자다** ················· 91
95 오직 즐거움만을 위하여
100 책읽기는 관계이다
103 볼거리, 생각할 거리를 주기
108 아이들은 책을 어떻게 인지하는가
111 책은 공간이자 리듬이다
117 변화와 계속되는 되풀이
119 수수께끼와도 같은 열린 결말
120 문학으로 들어가기

제4장 **이야기들: 소설과 고전** ················· 127
128 내가 좋아하게 될 책을 찾을 수 있게 도와 주세요
129 낱말들의 마법, 텍스트의 즐거움
132 어른과 아이, 모두를 감동시키는 이야기
136 작은 기쁨, 작은 슬픔
137 자신의 이야기를 들려주는 아이들
140 전쟁과 평화
143 인정받기 위해 저항하는 아이들
146 기나긴 여행과 대추격
150 다른 세상들

사서 빠뜨

제5장 알아가는 즐거움 ································· 159

161 과학과 이야기

164 과학과 예술

165 과학적 취향과 픽션 그림책들

166 과학과 직관력

168 과학과 놀이

170 큰 판형, 작은 판형

171 책과 실험

172 정보를 제공하는 픽션

173 모든 연령층을 위한 책과 과학

176 책과 그 밖의 매체들

178 과학 실습 활동

제6장 내 집 같은 도서관 ································· 181

185 참여하는 기쁨

186 우리에게 책을 주세요, 날개를 달아 주세요

187 도서관 경영

188 책읽기, '나눔'의 다른 이름

193 도서관에서 이루어지는 특별한 만남

198 아틀리에, 교류와 창작의 공간

201 사소하지만 중요한 질문들

203 호기심의 바람이 불고······

204 말하기, 사서라는 직업의 본질

207 도서관의 오래된 전통

작은 관계의 기적, 백만의 어린이를 읽게 한 힘!

211 모든 형태의 '말하기 또는 이야기하기'
214 소리 내어 책읽기
221 도서관과 학교, 그 새로운 만남을 위하여
225 도서관 견학, 도서관에서의 만남
226 학교 교실에서 이루어질 수 있는 다양한 방식의 책읽기 체험
229 학습 방법으로서의 '조사 또는 탐구'

제7장 디지털 시대의 도서관 ························· 231
232 '디지털 원주민'이라 불리는 우리 아이들
234 이상적인 디지털 환경
238 아이들의 인터넷 사용 습관으로부터 얻을 수 있는 유익한 정보
242 공여를 위한 인프라
245 꼭 필요한 멀티미디어 활동

맺음말 ························· 251
251 어린이 도서관, 도처에 뿌리 내린 인간적인 공동체

제 1 장

'책을 통한 즐거움'에서 '작은 동그라미 도서관'까지의 경험들!

제 1 장

경험들

　형제자매들과 함께 했던 어린 시절을 돌이켜 보면, 우리 집 정원은 아이들의 상상 놀이 속에서 마을로 변신하곤 했다. 한 오빠는 식료품 가게를 운영하고 또 다른 오빠는 우체국을, 막내 여동생은 카페 주인이 되었으며 나는 도서관 사서가 되어 보곤 했다. 나는 책들을 돌 의자 위에 펼쳐 놓고 책에 번호를 적어 그것들을 빌려주기도 했다. 몇십 년이 지난 지금, 나는 클라마르 도서관의 사서가 되었고 한동안 잊고 지냈던 그 놀이에서와 같은 일을 하고 있다. 가난한 동네였던 그곳에서 매주 수요일 아침이면 우리는 놀이터에 도서관을 차렸고, 나는 낮은 화단에 아이들에게 보여 줄 책들을 전시하곤 했다.

　고등학교 생활이 끝나갈 즈음 우연히 파리의 라틴 지역 중심부에 위치한 〈즐거운 시간〉이라는 최초의 공립 어린이 도서관을 알게 되었다. 그 때 나는 무척이나 감동을 받아서, 어린이를 위한 사서가 되겠다고 결심했다. 그 결심은 그 뒤로 변하지 않았다. 그 이후 나는 프랑스와 여러 다른 나라에서 생활을 하게 되었다. 파리 근교의 도시인 클라마르 Clamart 와 외국에서 지낼 때, 선구자적 경험들을 다양한 방식으로 접하면서 나에게 주어지는 기회를 놓치지 않고 배우려 했다. 특히 내 직업 생활의 대부분을 바친 곳은 바로 클라마르에 설립된 〈책을 통한 즐거움 JPL〉[1]이라는 어린이 도서관이다.

---

1) 책을 통한 즐거움 JPL: La Joie par les Livres : 클라마르에 있는 어린이 도서관 연합의 이름이다. 오늘날 JPL은 이 연합이 세운 부서의 전체를 일컬으며 프랑스 국립 도서관 BNP 의 통합 부서를 지칭하기도 한다. 클라마르에 위치한 〈책을 통한 즐거움 도서관〉은 2007년에 〈작은 동그라미 도서관 La Petite Bibliothèque Ronde〉이라는 이름을 갖게 된다.

진정한 어린이 도서관의 탄생

나는 수십 년 동안 클라마르의 어린이 도서관과 긴밀한 관계를 갖고서 〈책을 통한 즐거움〉의 역사를 위해 살아 왔다. 우리는 프랑스와 여러 나라 사람들에게 이 행복한 도서관을 알리는 데에 문예 학술 옹호자인 안네 그루너 슐룸베르거 Anne Gruner Schlumberger 의 도움을 많이 받았다. 전 세계를 여행했던 그녀는 오랫동안 살았던 미국에서 어린이와 가족의 일상생활에서 공공 도서관이 차지하는 큰 비중에 감탄해 마지않았다. 프랑스의 경우 사십 년이나 일찍 도서관이 생겼음에도 불구하고 어린이만을 위한 전용 도서관은 존재하지 않았기에 안네 그루너는 프랑스에서 어린이 도서관을 발전시키고 싶었다. 프랑스 사람들의 호의를 불러일으켜서 도서관을 건립하고, 살아나도록 만들며, 도서관이 주목받게 하고 싶어 했다. 공공 기관과 도서관 사서들의 주의를 끌고, 대중에게 도서관 설립의 귀중함을 알릴 수 있었으면 했다. 안네 그루너는 아이들을 위한 도서관의 모범 사례를 만들고 싶어 했다. 그는 내게 이러한 자신의 프로젝트에 합류하여 뜻을 같이하기를 요청했다. 나는 그의 제안이 매력적이면서도 대담했기 때문에 관심을 갖게 되었다.

도서관은 경제적으로 어렵다고 소문이 자자한 클라마르의 시테 드 라 플렌느 La Cité de la Plaine 에 세워질 예정이었다. 그러나 그곳 주민들은 최악의 재앙을 예언하며 말했다. "허, 우리 지역에서 어떤 일이 벌어지는지 보게 될 게요. 그야말로 철저히 무너지는 걸 견뎌야 할 걸요? 당신들 대도시에서 왔죠? 매일 당신네들 차 타이어가 펑크 나는 걸 보게 될 텐데 참아낼 수나 있겠어요?" 그 지역의 관계자들은 전혀 의욕을 보이지 않았다. 그들은 어떤 단체가 관리하는 도서관이 그곳에 설립된다는 사실을 조금도 납득하지 못했다. "요즘 같은 이런 이미지 시대에 아이들에게 책읽기를 권장하다니! 당신들은 이 시대에 살지 않나 보군요. 아이들이 관심을 갖는 것은 책이 아니라 텔레비전이라고요."

이런 놀랄 만한 무지함에도 불구하고 이 위험천만한 모험에 뛰어들어야 할 것인가? 이때 안네 그루너가 우리에게 제안한 것은 사실상 이례적이었다. 그것은 바로 자유롭게 새로운 변화를 추구해 볼 수 있는 기회였다.

또한 내가 뉴욕의 공립 도서관에서 장기 연수를 하면서 얻은 교훈과 파리의 〈즐거운 시간 HJP〉[2]이라는 도서관에서 열정적으로 일하며 알게 된 것들 전부를 활용할 수 있는 기회였던 것이다.

나를 포함한 세 명의 젊은 사서들은[3] 설립자로서 깊은 애정을 가지고 기본적으로 결정한 방향에 따라 작업을 하기 시작했다. 우리는 뜻을 같이하는 공동의 신념으로 결속되었다. 안네 그루너 슐룸베르거는 우리에게 도서관 설립에 대한 확신을 주었고 어떤 방향으로도 나아갈 수 있는 자유를 허용하였다. 이렇게 〈클라마르 도서관(책을 통한 즐거움 JPL)〉의 역사가 시작될 수 있었다.

'영세민 임대 아파트 단지 HLM'[4] 에서 일이 벌어지다!

대중들 사이에서 터져 나온 우려에도 불구하고 1965년 10월, 도서관이 문을 열었고 당시로서는 대단한 사건이었다. 국내외 신문과 라디오, 텔레비전은 즉시 큰 반향을 일으켰다. 세계적인 잡지들 중에서도, 더이상 말이 필요없는 그 유명한 《라이프 매거진》과 《유네스코지》, 《리더스 다이제스트》들도 큰 지면을 할애해 가며 이 중대한 사건을 보도하는 데 열을 올렸다. 과연 무엇이 그들의 이목을 그토록 집중시킨 것일까? 우선 도서관 건물이 그들의 시선을 사로잡았다. 이곳은 프랑스에서 처음으로 세워지는 어린이 전용 도서관이다. 건축의 개념은 전 연령대의 아이들에게 어울리는 적합한 장소가 되어야 한다는 점을 명백히 보여 주는 완전히 자유로운 분위기를 목표로 하였다. 건물은 단순하고 아름다우면서도 무엇보다 상당히 기발하게 설계되었는데, 오늘날에도 이 도서관 건물은 역사적인 건축물로 남아 있다. 이곳 아이들은 도서관 건물의 아름다움에 무척 놀라며 다음과 같이 말하곤 했다. "엄청 근사하죠! 그런데 이게 바로 우리를 위한 거래요!"

---

2) 〈파리의 즐거운 시간 도서관 L'Heure Joyeuse de Paris 〉은 프랑스 최초의 공립 어린이 도서관이다. 1924년에 미국의 도움으로 앵글로 색슨식 모델을 따라 설립되었다. 이 도서관은 클레르 위쉐 비숍 Claire Huchet Bishop, 마그리트 그뤼니 Marguertite Gruny와 마틸드 레리셰프 Mathilde Lerichef라는 세 사람의 활약으로 활기를 띠었다.
3) 리즈 뷔유미에 앙크르베 Lise Vuilleumier Encrevé, 크리스티안 샤탱 Christine Chatain, 그리고 저자.
4) Cité HLM(habitation à loyer modéré) : 영세민 임대 아파트 단지.

도시 외곽의 영세민 임대 아파트 단지 안에 이렇게 아름다운 도서관을 세운다는 것은 그 자체가 놀랄 만한 획기적인 일[5]이었다. 게다가 이 도서관은 생활고에 처한 이민자들을 수용하는 영세민 거주 지역[6]과 이웃하여 위치하는데 그 뒤에 이 단지는 '교육 우선권 지역 ZEP: zone d'éducation prioritaire'으로 지정된다. 이러한 상황에서 우리의 작업은 더욱 흥미롭게 비쳐졌다. 당시에 이 업무는 중요한 사안임에도 불구하고 문화 기관이나 발전 계획에서 간과되거나 누락되었기 때문이다. 60년대 중반까지도 HLM 단지 안에는 도서관이 없었다. 우리는 프랑스에 새로운 주거 환경을 상징하는 도시인 사르셀 Sarcelles 단지에서 겪은 경험 정도를 환기시킬 뿐이었다. 그곳의 우체국에서 일하는 한 부부가 자신의 아파트에 아이들이 언제든 와서 도서관처럼 책을 볼 수 있게 했던 사례였다.

도서관에서 성장한 삶은 수많은 이용자들에게 경이로움을 안겨 준다. 그런데 프랑스는 이 당시까지만해도 수십 년 동안 북유럽 국가들이나 앵글로 색슨 국가들의 어린이 도서관에서 지켜 왔던 원칙들을 간과해 왔다. 그러나 클라마르의 도서관은 여기에서 머물지 않고 더 나아갔다. 우리가 아이들에게 보여 준 강한 믿음과 함께 아이들도 자발적으로 책임감을 갖게 되었다. 그들 가운데 몇몇 아이들은 '사서 도우미'가 되어 일을 해 보고 싶다고 했으며 또 다른 아이들은 대여 업무를 자청하기도 했다. 도서 구입을 제안하기도 하고 프로그램 편성 과정에도 참여했다. 아이들은 가끔씩 새로운 신청자들을 받기도 했고 책에서 필요한 부분을 복사하기 위해 마음껏 복사기를 사용하기도 했는데, 이는 마치 한 예술가의 작업실이 그들에게 개방된 듯했다. 이 책읽기 공간에서 표현과 창의성, 거침없이 활달하게 오가는 말들이 아이들에게는 매우 중요했다. 도서관이 개관하자마자 곧 동영상실도 마련되었다.

이 모든 것들이 이곳을 방문하는 사람들과 신뢰를 바탕으로 함께 살아가면서 독창적인 방식을 발견하게 된 아이들에게 놀라움을 선사했다. 이

---

5) 클라마르의 사례를 고려한 프랑스의 제6차 경제 사회 도시 개발 계획(1971-1975)은 대단지 주민과 아이들을 위한 도서관 설립의 영향력과 중요성을 강조한다. 《프랑스 도서관의 역사》, 4권, p. 346. (각주8 참조)
6) 영세민 거주 지역은 원칙적으로는 도시 주변 판자촌 가정들의 거주를 도울 목적으로 세워졌다. 이 단지는 오늘날 사회적 경제적으로 극한 어려움에 처한 이민자 가정들을 수용하고 있다.

곳에서 그들은 자유와 자율, 어른이나 어린이나 타인과 만나는 방식을 배웠다. 이곳의 오랜 독자들은 도서관이 이 작은 곳에 사는 사람들의 삶에 굉장한 변화를 가져왔다고 말하기도 했다.

* * *

새로운 움직임이 일어나다!

우리는 단순히 이례적인 도서관이라는 위상에 갇히길 원하지 않았다. 중요한 건 도서관이 할 수 있는 능력을 보여 주는 것이다. 우리는 반성적 사고를 끌어내는 구체적이고 중요한 업무들과 국가 차원의 움직임을 동시에 이끌어 내는 것이 중요하다고 판단했다. 그래서 도서관을 개관하기 전에 도서를 분석하고 선별하는 데 최선의 노력을 쏟았다.

아이들에게 어떤 작품을 선사할 것인가, 어떻게 그들이 원하는 걸 알아낼 것인가, 이것이 우리가 책임져야 할 핵심 사안이었다. 그러기 위해서는 많이 읽어야 한다. 읽고 또 읽고, 다시 읽어서 비교해야 한다. 무엇이 새롭고 창의적인 것인지를 알아야 하고, 크게 중요하지 않은 것, 버려야 할 것들을 골라내야 한다. 우리가 아이들에 대해서 알고 있는 것, 그들의 욕구와 호기심, 아이들을 움직이게 하고 그들의 정신 세계를 구축하는 것, 그들의 내면을 풍요롭게 하는 것은 또 무엇인지 황금을 캐듯 찾아야 한다. 이런 선별 작업은 아이들의 이야기를 듣고 이들을 관찰하는 일로 이어지며 이러한 경험적 공유를 통해 우리의 사고는 밝아진다. 이렇게 책의 비판적인 분석을 위해서 아이들의 일상에 살며시 끼어드는 일이야말로 우리 사서들의 특권이다. 우리는 풍부한 정보를 얻게 되었고, 이어서 프랑스 전 지역의 사서들이 매달 클라마르에 모이게 되었다. 책에 대한 비평적 분석을 공유하고 독단에서 빠져나와 함께 생각하는 것을 배웠다. 인원 수는 열두 명 남짓으로 많지 않았지만 어떤 움직임이 이들로부터 시작되었다.

바늘에 실 꿰듯 모든 것은 제자리를 찾았다. 우리는 비평적 분석 작업을 거친 풍부한 자료들을 책으로 출간하기에 이르렀다. 이것이 《어린이 책 리뷰 La Revue des Livres pour Enfants》로 오늘날에도 여전히 발간[7]되고 있다. 또한 자료실에 대한 필요성도 제기되었다. 주로 신문이나 참고서들을 갖춘 자료 센터는 이후에는 법적 납본 간행물을 비치하는 표본으로 파리 몽파르나스의 한 아파트에 위치하였다. 오늘날에는 프랑스 국립 도서관 BNF 의 통합 부서 가운데 국립 청소년 문화 센터로 자리 잡았다. 이렇게 필요한 기관들이 생겨나고 발전하면서 아이들은 책과 함께 더불어 살고, 책은 그들 일상의 일부가 되었다.

　도서관이 개관하자마자, 모든 것이 조직되었다. 사서들은 클라마르를 모임과 협의의 중심 축으로 두었고, 이곳에서 애니메이션의 바람직한 역할, 학교와의 관계, 동영상 자료 및 문서 자료 등 모든 문제들을 해결하고 숙고하면서 실천 방안들을 쏟아냈다. 이곳은 "독서로 이끄는 다양한 전략을 개발해 내는 진정한 연구소"[8]와도 같았고, 수많은 외국인들이 이를 견학하러 왔다.

　그러다 보니 이곳 클라마르에 연수를 하러 오는 외국인 사서들의 수가 상당히 많아졌다. 초창기 연수생들은 주로 북유럽에서 온 사서들이었는데, 사실상 그곳은 공립 도서관 시스템이 매우 발달된 나라들이다. 그렇다면 그들은 이 도서관에 왜 이토록 관심을 보이는 것일까? 이런 질문에 그들은 이렇게 작은 팀이 강한 결속력을 가지고 수준 높은 서비스를 실현할 수 있다는 게 정말 놀랍고 좋았다고 대답한다. 또 우리 도서관이 아이들과 개별적인 만남을 갖기가 참 좋고, 항상 책이 중심 내용이 되는 만남들이 이루어진다는 점, 한편으로는 이곳이 아틀리에 같기도 하고, 예술 또는 예술적 표현들과 잘 어울리는 장소라는 점, 그리고 집처럼 편안한 도서관 중심엔 어린 독자들 스스로의 책임의식이 흐르고 있다는 점을 높이 샀다. 그들은 또한 우리 사서들에게 자유를 주고 꼭 필요한 사항만 제한하는 담당 기관의 행정 면에서의 유연성과 아이들의 제안과 자발성을 수용하고 있는 점에 대해서도 감탄했다. 도서관과 대중의 필요와, 현실에 유연하게 대처

---

[7] 《아동 도서 분석 잡지 Le Bulletin d'analyses de Livres pour Enfants》는 이후에 《어린이 책 리뷰》로 이름이 바뀌었으며 BNF / JPL을 통해 발간되고 있다.
[8] 안느 마리네 Anne Marinet, 마르틴느 풀랭 Martine Poulain 총지휘, 《프랑스 도서관의 역사》, 도서관 연합, 1992.

하는 데 도움을 주는 가장 큰 혜택인 자유도 부러워했다. 모든 프로그램들은 상부 기관에서 독단적으로 지시하는 것들이 아니었다. 그들은 사람들의 눈높이를 생각했으며 필요해서 나온 생각을 바탕으로 한 환경과 활동 영역을 고려하였다.

바로 이런 점들이 외국인 동료들과 연수생들을 강하게 매료시킨 모양이었다. 그들은 이 도서관을 아이들과 가족들이 사는 현실을 고려해서 새로운 형태의 만남을 제안하고 있는 이 시대의 개척 도서관으로서 높이 평가했다.

아이들에게 세상을 선물하다

예술가인 안네 그루너 슐룸베르거는 이 도시 아이들의 행복을 위해 세계 최고 수준의 도서관을 개관하는 것뿐만 아니라 예술가들, 출판업자들과 함께 세계의 걸작 그림책들을 발굴할 생각을 가지고 있었다. 그러한 의도에서 그녀가 내게 맡긴 첫 번째 임무는 외국 작가들의 그림책 컬렉션을 구성하는 것이었다. 프랑스에서는 30년대의 벨 이포크 La belle époque (아름다운 시절이라는 의미 – 역주)라 불리는 이 분야의 화려하고 풍성했던 시기 이후, 60년대 초반에 이르는 시기까지 활발했던 작품 활동이 아쉽게도 점차 쇠퇴하였다. 그러나 미국에서는 오히려 반대로 센닥 Sendak, 로벨 Lobel, 찰립 Charlip, 리오니 Lionni 같은 작가들의 그림책들이 쏟아져 나오면서 아동 도서의 황금기를 맞았다. 또 세계의 다른 지역에서는 무나리 Munari, 안노 미쓰마사 Anno Mitsumasa, 트른카 Trnka 를 비롯한 다른 작가들이 독창적인 방식으로 아이들에게 이야기를 걸며 다가갔다.

그런데 세계 작가들의 그림책 컬렉션을 어떻게 구성할 것인가? 편집자들의 소개와 몇 차례 방문한 프랑크푸르트, 라이프치히나 볼로냐 도서 박람회에서 얻은 자료들에 만족할 수 있을까? 그것들로는 충분하지 않았다. 나는 무엇보다 아이들이 고급스러운 책에 흥미를 가지고 반긴다는 사실에 관심이 있었다. 그래서 일본, 스웨덴, 이탈리아, 체코, 미국과 다른 나라 사서들이 조사한 참고 자료들이 필요했고 보내 달라고 부탁을 했다. 그들은 매일 아이들과 함께 했으며 어린이 도서의 예술적 특징에 대해 잘 알고 있었다. 난 개별적으로 아이들에게 가장 사랑받는 그림책 - 그것이 고전이든 현대적인 것이든 - 열 개씩 알려 달라고 부탁했다. 나는 이 도시 아이들과 가족들이 이들 그림책을 통해 국경을 초월하여 그들의 인생에 영향을 줄 이야기들과 우연히 조우할 수 있다는 것에 관심이 있었다.

하지만 그 당시에는 아직 번역이 되지 않은 책들이 많다는 것이 문제였다. 우리는 책의 영역본이나 줄거리, 혹은 요약본을 받아 보았다. 그 과정에서 아이들과 함께 하면서 그들에 대한 새로운 점을 발견하기도 했다. "외국어로 된 책도 읽어줄 건가요?" 아이들이 그림책 가운데 몇 권을 선택하고 또 다시 읽기 위해 그 책을 찾는 것을 보면서 우리는 놀랍게도 그들의 관심사를 알게 되었으며 좀 더 폭넓게 책들을 소개하기로 한 것이다.

이렇게 독창적으로 선별된 그림책 컬렉션과 이에 대한 아이들의 반응을 목격하기 위해 많은 출판 관계자들, 작가들, 교육자들이 도서관을 방문했다. 레꼴 데 루아지르 l'Ecole des Loisirs 의 창시자는 우리와 논의하기 위해 그의 동료들과 찾아왔다. 그도 역시 아이들의 사랑을 받는 그림책 목록을 궁금해 하였다. 몇 년 뒤, 콩플렉스 Conflexe 편집장은 우리의 조언 가운데 수많은 걸작들을 번역해야 한다는 필요성에 동감하였다. 소설 분야의 편집자들은 다음과 같은 질문을 하였다. "핀란드처럼 거칠고 추운 나라에서 태어난 이야기 《무민, 숲속 난쟁이》가 이 모험을 통해 온화한 땅 프랑스에서 살고 있는 아이들을 감동시킬 수 있을까?"

도서관이 나름의 방식으로 이렇게 살아 있는 관측소가 될 수 있을까? 물론이다. 모든 출판 상황이 열악한 아프리카에서 독서 관계 프로젝트를 진행할 때, 나는 나와 대화하던 사람들과 거기에 끼어든 아이들에게 그들이 가 보지 못한 다른 하늘 아래에서 만들어진 그림책들, 하지만 문화의 차이를 넘어 아이들에게 아름다운 경험을 선사할 수 있는 그림책들을 소개하곤 한다. 이렇게 하여 어른들에게 아이들 속에는 뻔하고 시시한 것들, 틀에 박힌 생각에서 벗어나 보다 새롭고 창의적인 것을 느끼고 싶어하는 욕구가 들어 있음을 알려줄 수 있다. 바로 이런 이유에서 많은 아티스트들은 '아이들에게 다가가는 일'이 얼마나 흥미로운 일인지를 알게 되고, 지역의 출판물 역시 이런 점에 자극을 받아 풍요로와 질 수 있음을 알게 되었다.

기름진 토양이 되다

도서관 설립 초기 과정에서 〈책을 통한 즐거움 도서관〉이 호의적인 상황에서 수혜를 누렸다고 보는 것은 다음과 같은 이유에서이다. 아동 출판에 새로운 입김을 불어넣은 레꼴 데 루아지르와 아동 출판물이 질적으로 발달하는 데 큰 기여를 한 바야르 Bayard 라는 중요한 출판 그룹이 동시에 생겨났기 때문이다.

당시 프랑스는 세계 대전 이후의 경제 위기와 재건 상황에서 벗어났고 사회·문화적으로 큰 변화를 맞이하였다. 그러다 보니 사람들은 여가 문화에 관심을 돌리기 시작했다. 당장 필요하지 않은 것들에도 관심을 갖기 시작했는데, 예를 들자면 심리 분석이나 자녀 교육에 관한 것들이다. 특히 종전의 지시하는 교육이 아닌 참된 교육학이 칼 로저스 Carl Rogers, 이반 일리치 Ivan Illich, 알렉산더 닐 A.S. Neill 과 같은 선구자들의 관심을 끌고 있었다. 우리는 셀레스텡 프레네 Célestin Freinet 가 시작하고 발전시킨 교육학을 높이 평가했다. 그가 주장하는 교육은 학교에서 어린이의 위치에 대하여, 모든 면에 대한 문제제기를 하고 있다. 야누스 코르작 Janusz Korczak 의 저서는 어린이 공동체의 기본 원리와 현실을 환기시킨다. 도서관은 이와 같이 어린이들의 호기심과 욕망, 그리고 책임감 있는 참여 욕구 등을 다시 평가하고자 하는 이런 흐름을 잘 따르기만 하면 되었다. 이제 기름진 토양이 만들어지고 있었다.

클라마르의 도서관 설립 역사 초기에 중요하다고 생각되었던 점들은, 그 후 나의 관심사였던 여러 아프리카 나라들에서도 똑같이 중요하게 믿고 따랐던 기준이 되었다. 무엇보다도 독서라는 것이 모두에게 동등하게 존재하지는 않는다는 것이 문제다. 그럼에도 최고의 가치를 지닌 독서를 제안해야 하는데, 독서란 자유롭고 단순하고 그러면서도 책과 긴밀한 관계로 만날 수 있어야 한다는 조건들을 달았을 때 아주 특별한 선물로 제공될 수 있다는 것이었다. 그래서 사람이 매개체가 되는 것이야말로 중요한 일이었는데 이런 경험적 결론을 대중들에게 확산시키는 것이 매우 중요했다.

나는 책읽기를 통해 세상을 열어 보여 주는 것이 아이들뿐만 아니라 가족들, 또 우리 모두의 적절한 사고를 위해 꼭 필요하다고 항상 생각했다. 스칸디나비아와 북미 쪽에서 온 사서들이 클라마르에 오랜 기간 체류하는 동안에 그들과 교류하는 것이 중요하다는 점에 대해 이미 언급했다. 개인적으로 나는 〈국제 아동 도서 협의회 IBBY〉와 〈국제 도서관 연맹 IFLA〉[9]이라는 두 국제 조직에 여러 해에 걸쳐 책임 있는 위치에서 적극적으로 활동했다. 그러고 나서 아프리카 나라들에서 얻은 몇 가지 경험에 관심을 기울이게 되었다.

전 세계에 실천적 접근 방식으로

나는 국제 도서관 연맹과 유네스코와 같은 몇몇 국제 기관들의 활동에 협조 요청을 받아 참여하면서 직업적인 전문성을 만드는 진정한 전환기를 맞았다. 처음으로 개발 도상국의 아이들과 청소년들을 위한 독서 서비스 업무에 관한 세미나가 1981년 라이프치히[10]에서 RDA라는 이름으로 일 주일 동안 마련되었다. 세미나에서는 소외된 구역[11]에서 일하는 사람들 사이에 진정한 대화가 오갔다. 나는 참가자들의 강한 신념과 엄밀한 사고에서 비롯된 그들의 주도적인 제안에서 많은 것을 배웠다. 비록 먼 나라에서이지만 이러한 제안들은 프랑스에서 도서관 설립을 계획하는 나의 경험과 사고를 넓히는 데 상당한 도움을 주었다. 내가 보기에 그 제안들 가운데 몇 가지는 매우 선구적인 시도로 보였다.

이 세미나에 초대된 모든 참여자와 관계자들은 대부분 개발 도상국에서 온 사람들이었다. 당시에 그들은 위대한 개척자들이었다. 국제 모임에

---

9) IBBY: International Board on Books for Young People.
　　IFLA: International Federation of Library Associations.
10) 즈느비에브 빠뜨와 시그룅 아네스도티르 Sigrun Hannesdottir, 《개발 도상국의 아동과 청소년을 위한 도서관 작업》, 파리: 소르 Saur 출판사, 1984.
11) 여기서 '구역' communauté이라는 단어는 앵글로 색슨어인 '커뮤니티'의 의미를 취한 것이지 '~어떤 공동체'라는 의미와는 무관하다.

서 만나는 관계자들은 주로 선진국에서 왔으며, 이미 오래 전부터 도서관을 마련하고 여러 방식으로 운영해 온 경우가 대부분이었다. 라이프치히에서는 그들의 생각과 경험을 통해 이 모임을 진지하게 받아들인 관계자들이 이 분야에 대해 진실되고 견실한 실천 방안들을 논의하고 증명하였다. 그들 대부분은 공공 기관을 통해서는 평소 고려되지 않았다거나 여러 가지 이유로 혜택을 받지 못했던 대상자들이 우선 순위에서 밀리지 않도록 고심하였다. 그들은 갑작스레 채택되거나 보편적으로 유용하다고 여겨져 여과 없이 수용된 표본들을 따르기보다는 사람들에게 다가가며 사람들의 환경과 생활 조건, 문화 수준과 그들의 희망 사항을 고려한 현실적인 방안들을 모색하였다. 그래서 관계자들은 사람들의 이야기를 듣고 대화하며 의견을 나누고 그들의 참여를 간청하였다. 또한 틀에 박힌 상식에서 벗어나 도서관 사서들 개개인의 참여와 노력이 요구되었다.

정의로움에 매료된 이들 사서들은 투사들이었다. 모든 이가 책읽기에 다가갈 수 있어야 하지 않은가? 독서를 알게 된 이들은 독서가 자유의 요인이며 출발점이란 사실과 그것이 인생을 훌륭하게 다스리는 데 꼭 필요한 여정을 제공한다는 것을 경험으로부터 알게 된다. 모든 이데올로기적인 영향력을 거부하면서 이들 사서들은 사람들에 대한 끝없는 존중과 그들의 자유를 웅변했다. 거기에는 가장 훌륭한 것을 나누고자 하는 욕망이 자리 잡았다. 그들은 자신들 일의 중심에 중재의 역할이 있음을 알았다. 그 중재란 사람과 작품 사이에서 만들어지는 인간적 행위다. 이들의 중재적 실천은 지속적인 운동 속에서 많은 견해들을 만들어 갔다.

내가 고안한 활동들은 주로 소박한 방법들로 조심스럽게 운영되었으나 상당한 인내와 많은 지적 능력을 필요로 하였다. 나는 가설적인 기초들을 다질 시간도 없이 속히 작업을 시작해야 한다는 조급한 마음이 들었다. "도서관학은 기다릴 수 있으나 아이들은 기다릴 수 없다." 독서 투사들은 바로 이렇게 말하지 않는가. 게다가 작은 일들이 많이 있다[12]. 실천해 나갈 제안들은 위압적인 것들이 아니며 각자 자발적으로 해야 할 일들이 있음을 느낄 수 있다.

---

12) '제 2장 깨어 있는 심장들' 편을 보시오.

모임이 진행되는 가운데 새로운 의견들이 생겨나는 게 즐거웠다. 사서들은 각자 자기 나라에서 도서관 네트워킹의 책임자이며 사서 양성 학교와 교육의 책임을 맡는다는 사실에 흔쾌히 동의하였다. 이 접근 방식은 모든 도서관 네트워킹 시스템 안에서 인정되고 채택될 수 있어야 하기 때문이다.

세미나 기간 중 모인 실천 방안들은 매우 다양했다. 획일적인 표본들을 가지고 이야기하기보다는 만난 사람들을 통해 영감을 얻어 가면서 고무적인 논의가 이뤄졌다. 다양한 제안과 실천 방안들은 마치 만화경과도 같았다. 예를 들자면 시장터나 사람들이 모이는 장소에까지 다가가는 이동식 도서관에 대한 제안도 있었다. 또 짐바브웨의 주택가 같은 곳에 자원봉사 어머니들이나 전문가들의 도움을 받아 이동 도서관을 열 수도 있는데, 아이들이 편안하고 행복하게 이야기를 듣거나 그림책을 볼 수 있도록 동네 아이들을 초대하는 자리를 마련하자는 제안도 있었다. 《화씨 451》[13]에 나오는 "책사람(책이 금지된 상황에서 보이는 대로 책들이 불살라져 버리니 책을 소지하려면 책을 머리나 마음에 넣어 두는 책사람이 되어야 하는 상황에서 나온 단어 - 역자 주)"처럼 책과 도서관을 빼앗긴 사람들에게 아름다운 이야기를 읽어 주고 아름다운 그림책을 보여 주면서 태국의 지방을 순회하는 사서 지망 학생들도 있다. 방콕대학교 도서관학과 솜분 싱카마낭 Somboon Singkamanan 교수는 학생들에게 책에 없는 참신한 경험들을 해 보라고 권한다. 그럼으로써 생각이 자란다. 그녀는 권한다. "이론에 얽매이지 마십시오. 이론을 여러분에게 맞추십시오. Don't stick to the theory, let the theory stick to you."

불만족한 대중들에게 열려 있는 이런 작은 실천 방안들이 오히려 쉽게 윤활유의 역할을 할 수 있다. 이런 실천 방안들은 막대한 재정을 기반으로 한다기보다는 신념과 확신에 더 의지한다. 중요한 것은 함께 나아가려 하고 활동들에 대해 항상 숙고하는 것이다. 또한 공공 도서관들 사이에서 입지를 잘 마련하고 기관의 공조를 통해 인정을 받는 것도 중요하다. 전체에서 소외된 사람들에게 관심을 갖는 것도 중요하지 않은가. 함께 나아가고

---

13) 레이 브래드버리 Ray Bradbury, 《화씨 451》. 1953. (책을 부정하고 책을 금기시하는 미래 사회를 그린 소설 - 역자 주).

예외 없이 동등한 혜택을 누리기 위해 우리 모두는 타인을 알고 인정할 필요가 있다.

　도서관이 아닌 외부에서 이런 프로그램이 마련된다면 도서관은 이를 어떻게 수용할 것인가? 어떤 유대감으로 그들을 묶을 것인가? 또한 공공도서관이 누구에게나 열려 있고, 거기에서 방대한 책들을 제공하고 있다는 사실을 어떻게 알게 해 줄까? 자, 이렇게 진짜 질문들이 제기된다. 독서 투사들은 이런 통합을 원할 수밖에 없다. 도서관이 모두를 맞을 준비가 되어 있고 공동 업무를 통한 유대 관계를 추구한다면, 겉보기엔 그들의 제안이 작고 소박하다 할지라도 도서관이라는 기관으로서 엄청난 잠재력을 꿈꾸게 해 줄 수 있을 것이다. 그들은 바로 이런 기대를 가진다. 이러한 실천 방안들을 통해 도서관은 새로운 대중을 만나고 새로운 전략과 새로운 경험을 통해 비로소 활짝 개관하게 되는 것이다. 이 점에 대해서는 의심할 여지가 없다.

　기존의 정책은 시간의 흐름에 따라 새로운 변화를 따라가야 한다. 어떤 정책들이 종종 불안정하다면 어떻게 그것들을 안정적으로 유지시킬 것인가? 우리는 실천 방안들을 지속적으로 연구할 필요가 있다. 라이프치히의 세미나에 참가했던 몇몇 관계자들은 생각을 공유하기 위해 자주 모여야 한다는 의견을 피력했다. 이렇게 해서 첫 번째 모임이 프랑스의 캉 Caen과 태국의 방콕 등지에서 이뤄졌다. 서로 연락을 취하는 것은 우리들에게 중요하다고 생각되었다. 이것은 프로그램을 지속시키고 변화와 성공 사례를 따르고 실패를 참고해 나가며, 아울러 프로그램의 대중화에 필요한 사고를 모아 심화시키는 데 용기를 준다. 그렇게 하여 몇 년 동안 수면 위로 떠오른 사안이 있다면 바꿔 나갈 필요가 있다. 아프리카 나라들의 경우는 최소 필요한 교육만 주어지고 있는 실정이다. 이러한 교육 프로그램에 대해 어떻게 생각하는가? 라이프치히 세미나에서는 아프리카 여러 지역에서 실험적으로 시행하는 문제가 언급되었다. 그런 상황에서 콜롬비아와 세네갈 사람들은 이 문제에 관련해서 의견을 교환하고 시행하겠다고 자청했다.

　이 분야에서 활동을 진전시킬 주도력을 마련하는 것은 바로 기획하고 계발하기 위한 엄밀한 사고를 하며 확신을 갖는 것이다. 사고와 확신을 통해 활동을 넓히고 확장할 수 있다. 클라마르에서 내가 직접 경험했듯이 이것은 저렴한 비용과 소박한 규모로도 가능한 활동이기 때문에 산업화된 나라를 포함하여 비록 서로 상황은 다를지라도 채택하여 적용하기가 쉽다.

클라마르의 바구니 도서관

만약 클라마르에서 우리가 해 온 작업이 세계적인 신임을 얻었다면 그것은 우리가 단순히 전문 처방자로서가 아니라 우리 지역에서 우리 지역을 위해 스스로 나선 주체였기 때문이다. 책읽기와 친하지 않고 삶이 어려운 사람들이 사는 도시에서 우리는 도서관에 대한 책임감을 갖고 있었다. 우리가 이런 방식으로 우리 지역에서 이끌어 낸 경험과 또 한편으로 다른 곳, 특히 아프리카에서 활동하면서 얻은 경험들을 나누는 일이 지속되었다. 그러면서 함께 생각하고 교류하는 것의 필연성을 알게 되었다. 나는 클라마르에서 앞장서고 있는 개방형 도서관에 관한 경험을 여러 차례 설명하였고 이러한 생각은 또 다른 생각들을 이끌어 냈다. 도서관의 새로운 이미지는 모든 이들의 손에 닿는 친근한 곳이며 다양한 조언을 받아들일 수 있는 적극적인 장소여야 한다. 도서관은 일상에서 구체적으로 운영되고 가능한 한 가장 소박하게 책읽기의 현실을 보여 주고 유지하게 해 주어야 한다.

미디어테크 médiathèque 와 같은 시설에 관한 문제가 아니다. 아주 단순하며 어디에서나 가치가 있는 접근 방법에 관한 문제다. 우리의 활동은 도서관 안이나 밖에서, 거대한 미디어테크에서는 물론 작은 구조 안에서도 항상 같은 방법으로 제안될 수 있다. 그것은 책이란 세계의 중심에서 아이들과 함께 하는 일이다.

그렇다면 무엇이 문제인가? 클라마르에 오는 어린이와 그들의 가족은 이웃한 구역, 그러니까 이민자들을 위한 영세민 거주 지역 때문에 어려움을 겪어 도서관에서 자기들 자리를 찾기 힘들었다. 공동 생활은 항상 어렵기 마련인데, 각 그룹들의 이해가 서로 부딪치곤 하기 때문이다. 이 아이들은 종종 방해를 받거나 도서관에 오지 않도록 유혹을 받았다. 그렇기 때문에 이런 경우에는 우리가 그들에게 다가가야만 하며 그들의 생활 방식에 맞추어야만 한다. 그들은 거리에서 살아왔기 때문에 우리가 거리로 나아가야만 한다. 도서관을 바깥으로 열어 열린 도서관을 개관하였을 때, 그곳의 유치원 원장은 우리를 반기며 친절하게도 우리에게 숙식을 제공하려 했지만 거절하였다. 우리가 생각하는 도서관은 노천형 열린 도서관이어야 하고 넓어서 손쉽게 다가갈 수 있어야 한다는 점이 중요했다.

항상 그랬듯이, 우리 사회가 부당하게 배재했던 사람들과 소외된 사람들을 고려하는 제도가 가동되고 유연한 사고를 막는 관례와 고정 관념에서 벗어나야 한다. 그들과 다시 만나려면 관습과 장애물로부터 벗어날 줄 알아야 하며 그들을 알기 위해서는 그들의 이야기를 듣고 대화의 시간을 가져야 한다. 자신의 개성을 가지고 타인을 받아들이는 과정이 필요한데 이러한 과정을 거치다 보면 다른 사람에게서처럼 또 다른 사람에게서도 좀 더 알고자 하는 욕구가 일어나게 마련이다.

일 년 동안 우리는 클라마르에서 혜택을 받지 못한 지역에 최고의 서비스와 감동적이고 흥미로운 도서들을 제안하였다. 아이들에게는 도서관에서처럼 도서 대여와 책읽기 활동이 제공되었다. 이 모든 활동은 주민들이 오가는 이동 장소이며 아이들이 놀고 있는 노천에서 이뤄졌기에 사람들의 관심을 끌고 흥미롭게 바라보기에 충분했다. 이 별난 도서관은 매주 수요일이나 휴업일, 매주 같은 시간에 공원 모래밭 쪽의 같은 장소에 자리 잡았다. 그곳 담장 근처에 책을 담은 커다란 바구니 두 개를 마련하였다. 빵 바구니 같은 그 안에는 크루아상이나 브리오쉬 대신 가장 아름답고 가장 좋아할 만한 책 오십여 권을 선별해 넣어 두었다. 이 지역 주민들 가운데는 이민자들이 상당수 있었기 때문에 우리는 그들의 모국에 관한 근사한 사진집들과 가격 때문에 비싸서 그들이 사기 힘든 고가의 책들을 기꺼이 대여하고 알리려 노력하였다. 그들 가족들은 여기서 확신에 찬 우리의 모습을 보았을 것이다.

일 주일에 한 번 찾아오는 열린 도서관이 늦게 문을 열어서는 안 된다. 아이들은 기다렸다는 듯이 몰려들고 우리를 보자마자 놀이를 멈춘다. 이렇게 도서관은 아주 자연스럽게 이뤄진다. 어떤 아이들은 책을 고르는 데 시간이 걸리기도 하지만 다른 아이들은 구석에서 책을 읽기 시작한다. 또 몇몇 아이들은 사서나 어른들이 그림책 읽어 주는 것을 듣기도 한다. 이야기가 이어지고 책에 대한 인상이나 느낌이 교환된다. 좋은 부분, 맘에 들지 않는 부분, 재미있는 부분, 슬픈 부분, 또 아주 무서운 부분들에 관한 이야기를 나눈다. 모든 것이 자연스럽고 자유롭다. 책과 이야기 주변에서 여러 관계가 이뤄진다.

우리는 여기서 중요한 점을 발견한다. 소통, 교환, 대화의 즐거움, 이야기하고 듣는 책읽기의 즐거움을 만난다. 다시 말해 진정한 만남이 이뤄진다. 아이들은 구경거리를 좇는 사람들처럼 길 위의 이곳에서 만난다. 아이들은 이야기 주변에 소란스레 모여들고 책에 시선을 던지며 더 좋아하는 놀잇감을 찾아 흩어진다. 성인들, 작은 오토바이를 탄 청소년들도 오가고 쳐다보다가 발걸음을 멈추고 종종 우리에게 다가와 주저하지 않고 일을 돕기도 한다. 또 더 어린 아이들에게 그림책을 보여 주기도 한다.

부모들은 바깥에서 일어나는 일을 보기 위해 창문에서 아래를 살펴본다. 그들은 자신의 아이들이 우리가 도착하자마자 우리를 보기 위해 고개를 쳐들고 몰려드는 광경을 본다. 그들 때문에 실패할 거라 단정했던 바로 그 아이들이다! "우리 애들이 이렇게 책을 좋아하다니!" 아이들에게뿐만 아니라 책읽기에 대한 새로운 시선이 생긴 것이다. 게다가 우리는 책도 빌려주지 않는가.

집으로 빌려 간 책은 아이들이 우리와 함께 본 것들과 책을 통해 가족들과 함께 나누고자 하는 것들 사이에서 다리와 같은 역할을 한다. 사실 여기에는 어떠한 행정적인 형식도 없다. 우리는 대출자의 이름을 빨리 적어 둔다. 우리는 그들을 신뢰하였으며 전혀 그들을 실망시키지 않았다. 한번은 열두 시쯤 작업을 마치려는데 한 집시 소녀가 우리에게 다가와 책 수거를 도우려고 한 적도 있었다.

규칙성이라는 것은 우리가 스스로에게 부과하는 황금률과도 같은 것이다. 우리는 대중을 위한 부서가 아닌가? 이것은 소외된 대중을 존중한다는 신호이며 실향의 비극을 겪으며 불안정한 생활을 하고 있는 사람들을 위한 위로가 될 수 있다. 그런데 눈이 오거나 비가 오면 어떻게 해야 할까? 그런 상황에서 우리는 이 지역에서 즐겨 사용하는 방법 가운데 하나인 '직접 방문'이란 수단을 이용하였다. 이것은 북아프리카 나라들에서 볼 수 있는 손님을 맞는 전통 관례였고 그들은 우리를 늘 따뜻하게 맞이하였다. 아이들과 부모들은 우리의 활동이 이해 관계를 떠나 진심에서 우러난 일이라는 것을 이해하였다.

우리는 우리가 좋아하며 아이와 부모들도 당연히 좋아할 만한 책들을 빌려준다. 처음에는 아파트 여기저기에 흩어져 뒹구는 책들을 수거하느라 시간이 걸렸다. 하지만 곧 규칙은 지켜졌다. 책들은 약속대로 테이블 위에 놓여 우리를 맞이하게 되었다. 아이들과 부모 사이의 대화는 아주 자연스레 시작되었다. 그들 가운데 몇몇 부모들은 아이들에게 정기적으로 책을 읽도록 하거나 읽기 힘들지는 않을까 염려하며 아이와 함께 책장을 넘기면서 책을 고르기도 한다. 이들 모두는 작은 이동도서관이 무엇을 기대하는지 안다. 우리는 아이들이 도서관에 빨리 오려고 하는 모습을 본다. 그들의 소심함이나 공격성은 모두 사라졌다. 아이들은 스스로 관심받고 인정받고 있음을 느낀다.

우리는 2001년에 이르기까지 이십여 년 동안 예외 없이 매주 수요일 아침이면 이 행복한 경험을 하였다. 그 이후에 이 단지는 비위생적이라는 이유로 아쉽게도 허물어졌다. 그들에게 우리는 결코 적대감과 공격의 대상이 아니었다. 이곳의 아이들과 가족들은 자신들에게 다가간 우리를 거부하지 않았다. 도서 대여와 같은 활동을 방해받는 것이라 생각지 않고 존중하며 동참해 주었다.

우리는 국제 사회 구조 운동인 〈ATD 제4세계: ATD Quart-Monde〉[14]의 움직임에 매료되었다. 하지만 우리는 동네 도서관이기 때문에 좀 다른 입장에 있었다. 우리의 거리 도서관은 어떤 면에서는 도서관의 안테나와 같다. 노천형 열린 도서관에 우리가 정기적으로 제안한 것은 일반적인 서비스이다. 우리가 관심을 기울이고 있는 어려움에 처한 대중이 감동을 받고 다른

---

14) 프랑스에서 최초의 거리 도서관들은 〈ATD 제4세계〉의 구조 운동으로 세워졌다. 이 조직은 가난과 사회적 문화적 소외에 대항하기 위해 조셉 레진스키 Joseph Wresinski 신부가 1957년에 세운 국제 민간 단체 (NGO: Non-Governmental Organization)이다.

아이들과 관계를 맺고 동네의 도서관이 집이 될 수 있고 일과가 될 수 있다는 사실을 수용할 수 있어야 한다. 왜냐하면 이곳은 동네 도서관이기 때문이다. 이 관계는 대단히 중요하다.

이렇게 소박하고 가족적이며 친근한 거리에서 이루어지는 도서관 활동이 제한된다면 매우 유감스러울 것이다. 대규모의 미디어 자료실과 마찬가지로 도처의 작은 도서관들이 매진하고 있는 이런 활동이 반드시 필요한 것임을 알리는 합당한 이유를 찾아야 한다. 이런 활동은 전적으로 필요하다. 책읽기는 소박함과 신뢰, 그리고 친밀감 속에서 활짝 피어나기 때문이다.

나는 클라마르에 적용했던 소박한 경험과 그 경험을 낳은 주된 생각을 아프리카 여러 나라에 아낌없이 소개해 주었다. 이 활동의 규모와 활동을 펼치는 데 필요한 재정 규모는 작다. 확실히 작다. 그러나 가족들과 사서들을 중심으로 점진적으로 진행되고 있는 이 활동은 매우 풍요롭다. 라틴 아메리카와 동유럽 국가들에서 이뤄지고 있는 많은 프로그램들 안에 이제부터 채택될 이 활동들은 운 좋게도 내가 일을 해 나가는 과정에서 만났던 사람들의 의견과 실천을 통해 빛을 보게 된 결과물이다. 그들의 경험과 생각, 그들의 열정은 나의 길을 밝혀 주었고 앞으로 나갈 수 있게 해 주었다. 이제껏 보아 왔던 장소와는 다른 불안정한 곳에서 일하는 이 사람들은 좀 더 많은 공공 도서관을 기대한다. 그들은 높은 이상을 가지고 있다. 이 이상은 도서관이 갖게 하는 긍정적인 이미지와 기대감의 저 높이에 있다. 어떻게 이 이상적 생각을 근본적으로 이해할 것인가, 어떻게 더 잘 이해시키고 폭넓게 인정받을 것인가?

* * *

이 분야에서 듣는 사람들의 목소리

내게 강한 인상을 남겼던 경험들 가운데 개인적으로는 아프리카 나라들에서 실행에 옮겨 보았던 활동들이 특별한 의미를 가진다. 이 경험들은 놀랄 만한 질적인 변화와 발전의 근원이었다. 나는 다행스럽게 아프리카에 전수할 수 있었던 경험과 활동[15]에 대해서 생각해 본다. 이 활동은 월로프어(세네갈의 공용어 중 하나 –역주)로 타캄 티쿠 Takam Tikou 라는 이름으로 불리는데 "정말 좋다. 또 원한다!"라는 뜻이다. 그렇다. 책읽기야말로 아이들에게는 더없이 달콤한 진미가 아닌가. 프로그램의 목표 역시 이와 같았는데, 그것은 곧 '책 읽는 기쁨'을 선사하는 일이었다.

    80년대에 말리 Mali 의 바마코 Bamako 에서 그곳 사서들을 교육하기 위한 연수가 있었다. 그때 나는 공공 도서관 몇 군데를 방문하였다. 그들 가운데 가장 상황이 나은 도서관에서 책들이 선반 위에 얌전히 놓여 있는 것을 보고 놀랐다. 겉보기로도 책들이 대출되지 않는 것이 분명했다. 프랑스 협력부 (MFC : Ministère Français Coopération)의 보조금 문제가 신중하게 검토되었다. 보조금은 〈책을 통한 즐거움 JPL〉 센터의 《어린이 책 리뷰》의 책임자들이 신중하게 책을 선택하고 구매하는 데 도움을 준다. 이러한 작업을 해야 할 운명인 사서와 교사는 선택된 책들을 받아서 세심하게 정리하여 책꽂이에 꽂는다.

    파리에 돌아와서 나는 진정으로 나의 제안을 수락하고 전적으로 후원해 줄 권한이 있는 부서의 장관에게 제안을 하나 하였다. 도서 선택 작업에 아프리카 쪽의 사서들도 동원하자는 것이었다. 그러나 문제가 쉽지는 않았다. 그곳 사서들이 현장에서 프랑스 언어나 아프리카 지역 언어의 도서들에 접근하고 이를 넓게 파악하는 일이 쉽지 않았기 때문이다. 그래서 최고의 출판사에서 발간한 대표작 오십여 권을 프랑스어권 아프리카 지역의 도서관 구십 군데에 해마다 여러 차례 보낼 수 있게 하였다. 이렇게 책의 작업은 모두를 동원한다. 이 분야에서 수집된 의견들은 지속해서 책을 묶고 구성하는 작업에 도움을 준다.

    이러한 분석 작업은 〈책을 통한 즐거움 JLP〉이 1989년에 만든 타캄 티쿠 회보의 기사란을 풍요롭게 만들었다. 이 간행물은 프랑스는 물론 프랑스어권 아프리카에서도 볼 수 있었다. 이 회보의 어떤 기사란은 아프리카와

---

15) 이 활동은 이후에 해외 협력 부서인 RFMC : Régine Fontaine du Ministère de la Coopération의 후원으로 마리 로랑텡 Marie Laurentin과 비비아나 키노네스 Viviana Quinones가 이끌었다.

아랍, 그리고 카리브해 지역의 프랑스어권에서 발간되는 책의 목록을 선별하고 소개하여 널리 알리는 유용한 자료가 되기도 했다. 이렇게 연간 회보가 발간되었고 이 작업을 조직화하고 유지하기 위해 관련 자료를 담당하는 특별 부서[16]가 JPL에 마련되었다.

우리는 책을 선별하는 과정에서 프랑스 전역의 사서들을 동원하였고 이 회보 간행 작업은 60년대 중반에 프랑스 클라마르에서 처음 시작되었던 작업과 연계되었다. 이 분야에서 일하는 사서들에게 맡겨진 평가와 분석 작업은 서서히 교육과 출판 활동의 지지를 받으면서 광범위한 움직임을 이끌었다.

프랑스에서 이 모든 작업은 도서관과 열람자가 큰 혜택을 누리고 출판에 유익한 자료가 되는 것을 목표로 하면서 전개되었다. 아프리카에서도 이와 동일한 과정을 따라 작업이 진행되었다. 기꺼이 함께 나누고 전하려는 사서들의 손을 통해 책이 생명을 얻게 된 것이다.

그렇게 하여 아프리카 쪽의 출판 업무가 진행되었다. 이제부터 출판은 알리고 인식하는 수단을 갖게 된 것이다. 유명한 아프리카 예술가들은 아이들을 위한 책의 세계를 풍요롭게 해 주고 있다. 프랑스에서도 찬사를 보내며 아프리카 쪽의 출판에 관심을 기울이면서, 오랫동안 가려져 있었던 아프리카의 출판물이 도서관 안에서 제자리를 찾았다. 1999년에는 볼로냐 국제 아동 도서전에서 인정받으며 아프리카 도서들이 영광의 주인공이 되었다. 〈책을 통한 즐거움〉이 아프리카 팀을 후원하기 위해 기획한 이 도서전은 말리의 알파 코나래 대통령의 개회로 시작되었다.

그러면 함께 나눈 이 작업은 이 분야에서 무엇을 변화시켰는가? 무엇보다 도서관 내부에서 일어난 변화가 근본적이다. 사서들은 이 점을 힘주어 말했다. 그들은 그저 단순히 책을 배열하고 대여하는 일과는 차원이 다른 새로운 일을 찾아냈다. 그들은 말을 많이 하고, 아이들에게 다가가고, 아이들이 책을 소유하는 방식에 흥미를 가진다. 아이들 또한 열정적으로 책읽기에 빠지며 책에서 느끼는 인상과 소통하면서 행복한 시간을 갖는

---

16) 이 부서는 현재 카리브해 지역의 프랑스어권과 아랍 국가들에서 출판을 고려하고 있다. 반면에 타캄 티쿠는 아프리카 프랑스어권 나라의 경우 이 분야에 대한 정보를 주는 역할을 했던 평론란을 중단시켰다.

다. 이때부터는 모든 것이 도서관 안에서 살아 움직이기 시작한다. 나는 어린 소녀 멜리엔느가 우리에게 써 줬던 편지를 생각해 본다. "우리의 견문을 넓혀 주고 고립된 우리를 풀어 주기 위해 이웃 도시인 가오 Gao 시와 우리 마을을 연결해 주는 데 도로보다도 더 큰 역할을 한 건 바로 도서관이랍니다."

또 90년대 말에 타캄 티쿠 회원인 콩고의 도서관 사서가 분쟁의 한가운데서 써 보내온 감동적인 편지도 있다. "저는 우리 독서 클럽 회원 세 명의 죽음을 통탄해 하고 있습니다. 그 중 한 명은 폭격을 당했고 두 명은 숲에서 생활하면서 영양실조에 걸려 쇠약해져 보살핌도 받지 못하고 병으로 죽었어요. (……) 비탄과 끔찍한 대재앙의 연속입니다. 현재는 소강 상태라고 하는데 이조차 우리에겐 희망을 불러일으킵니다. 우리의 도서관을 다시 지어야 한다는 희망이지요. 브라자빌에서 피난처를 마련한 지역 도서관의 소규모 독서 클럽은 책을 분석하는 작업이 가능할지 아닐지 내게 물어 왔습니다. (……) 아이들은 벌써 자신들이 겪은 모든 부당한 대우를 다 잊은 모양입니다. (……) 책을 다시 수출하는 상황이 오지 않을까 봐 걱정하는 이들도 있습니다. (……) 게다가 그들은 우리에게 JPL의 사진을 보내 주었으면 좋겠다고 청했습니다. (……) 다른 활동을 찾고 기다리는 가운데 그들은 그림을 그리며 시간을 보내겠다는 생각을 했습니다. 우리는 이미 다른 활동을 함께 할 준비가 되었습니다. 그러나 이 활동 모두가 지역 도서관의 허가를 받아야 합니다."[17]

* * *

라틴 아메리카에서 한 경험은 내게 많은 영향을 주었다. 브라질에서 그런 일을 시작한 것은 70년대 중반이었다. 이 거대한 나라에 있는 알리앙스 프랑세즈의 장 로즈 연합장은 브라질의 북쪽에서 남쪽에 이르는 지역, 즉 벨렘 Belém 에서 출발하여 레시페 Recife, 살바도르 드 바이아 Salvador de

---

17) 필자의 기사 발췌문, 〈개발 도상국에서의 어린이 도서관〉, 《어린이 책 리뷰》, 2000년 2월 191호.

Bahia, 리오 Rio 와 그 밖의 다른 도시를 거쳐 포르토 알레그르 Porto Alegre 에 이르는 도시들을 돌면서 도서관 사서 직무에 대한 개념과 역할, 아이들을 위한 독서, 책 선택에 대한 강의와 세미나를 내게 부탁한 것이다. 그때부터 나는 장기간에 걸쳐 배울 기회를 가지게 되었고 매력적인 이 대륙과 자주 교류하게 되었다.

　몇몇 예외를 제외하고 이 시기에 내가 본 상당수의 공공 도서관들은 활기를 잃고 침체되어 있었다. 서가에 가득한 책들은 거의 잠자고 있었다. 그 가운데 중학생들이 학교 과제를 위해 백과사전의 내용들을 옮겨 쓰는 일이 그나마 가장 유익한 사례였다. 사서라는 직업은 제대로 인식되지 않고 있었다. 도서 목록을 만들고 도서관 재정이나 행정 보조와 같은 전통적인 업무가 사서직의 중요한 부분을 차지하는 듯 보였다.

　그런데 몇 년 뒤에 이곳에서 내가 알고 있는 활동을 주도해서 직접 시행해 볼 기회가 생겼다. 운영 체제를 변화시켜야 한다는 절박한 필요성을 느끼고 어떤 조건에서든 도서관과 독서 활동이 해낼 수 있는 예외적인 역할에 공감한 사람들 덕분이었다. 모든 일이 새로운 발견과 만남의 열정 속에서 제자리를 찾으면서 진행되어 갔다. 보고타에서 며칠 동안 마련된 실습에 참여하려고 먼 산골에서 그곳까지 내려왔던 콜롬비아의 어린 인디언 소년이 생각난다. 이 아이는 결국 사서가 되기로 결심했는데, 항상 입에 달고 있던 말은 "도서관은 마법 같아요. 기적이에요." 였다.

　사람들은 중요한 재정 지원과 상부의 지침을 기다릴 사이도 없이 일에 착수하였다. 전통적인 도서관의 특성을 배제하니 전반적으로 소박하게 보이는 그들의 활동은 오히려 놀라운 창의성을 보여 주었다. 새로운 활동은, 좋은 문학 텍스트와 작품과 함께 하면서 감수성을 열어 주는 것이 아끼는 사람들과 아이들을 살리고 서로 간의 신뢰감을 쌓는 일이라는 사실을 증명해 보이는 것이다.

　그러나 이런 활동을 벌이기 위해서는 선입견을 깨야 했다. 나는 브라질의 노르데스트에 있는 알리앙스 프랑세즈의 연합장 한 분이 생각난다. 그는 내가 극도로 가난한 곳들에 독서와 어린이 도서관의 역사 등을 이야기하러 온 것을 친절한 어조였지만 은근히 비난했다. 돈도 없고, 그렇다고 내가 좀 더 분명하게 이런 상황에 대한 개선을 요구하는 것도 아니지 않냐는 것이다. 하지만 문화적인 행동들, 즉 독서와 이야기와 동화들을 실현할 수 있는 개방적 자세와 자유 의지를 너무 과소평가한 것이었다. 살아 있는 요구들에 대한 무시가 일상화된 곳, 바로 그곳에 비인간적 삶이 있을 뿐이다.

브라질에서는 규모에 관련된 또 하나 극복되어야 할 장애가 있었다. 정치 책임자들이 자주 바뀌기 때문에, 성과가 드러나고 비용이 많이 드는 큰 업무에는 예외적으로 특혜가 주어지는 반면 실재하거나 잠재적인 공중들의 다양성이 적용되어야 할 작은 도시 변두리 지역과 지방의 구조에서 많은 업무들이 희생된다는 점이다.

라틴 아메리카와 기타 지역에서 나는 까다로운 사고를 거쳐 기초적 작업을 만들어낸 경험과 여기저기서 취합한 열정 넘치는 경험들을 널리 알리는 작업을 하였다. 또 경제·사회적 상황이 어떻든 도처에서 제자리를 찾을 수 있었던 도서관 활동과 '클라마르'를 소개하는 일도 하였다. 나는 노천형 열린 도서관을 설명하였고 열린 도서관이 여유롭게 소박한 만남의 장소를 제공하며 좋은 책들을 접하고 관찰하고 생각하는 장소가 되는 놀라운 공간임을 강조하였다. 또한 아이와 책이 매개가 되는 활동 가운데 어른의 위치가 얼마나 특별한 것인지 환기시켰다. 또 르네 디앗킨 René Diatkine 과, 세심한 관찰과 집필 활동에 있어서 특별한 위치를 점하고 있는 〈배타와 차별에 반대하는 문화 활동 연합 ACCES: Actions Culturelles contre les Exclusions et les Ségrégations〉을 통해 배운 것들을 소개하였다.

클라마르의 노천형 열린 도서관에서 얻은 소박하고 다양한 경험들과 거기에서 얻은 진지한 생각들은 2000년도에는 라틴 아메리카 쪽에서 아주 독창적인 작품 활동을 하는 작가들에게 영감을 주었다. 라틴 아메리카의 경우, 지난 사 년 동안 가까이서 친분을 맺으며 혜택을 입었던 곳이지만 활동을 전개하고부터는 여기뿐만 아니라 여러 나라에서도 다양한 독서 공간이 태어나게 되었다. 이 프로그램은 〈레아모스 데 라 마노 데 파파 이 마마 Leamos de la Mano de Papa y Mama〉[18]라는 라틴 아메리카식 이름을 갖는다.

---

18) '아빠와 엄마의 품에서 읽다'라는 뜻의 독서 운동. 라틴 아메리카와 아르메니아에서 진행되었다(역자주).

이 기획을 추진한 사람은 세를락 Cerllalc[19]의 주요 도서 기획 담당자인 콜롬비아의 마리아 엘비라 카리아 Maria Elvira Charria 이다. 그녀는 이것을 위해 멕시코에서는 코나쿨타 Conaculta 문화부와 프랑스 대사관의 후원을 받았다. 이 작업의 초반에는 라틴 아메리카 대륙에서 아홉 나라가 참여[20]하였다.

이런 프로젝트였다. 공공 도서관과 청소년 부서의 고충을 잘 알고 있던 이 프로젝트의 선구자들은, 먼저 책읽기와 도서관을 가깝게 여기지 않았던 사람들을 독서 활동에 끌어들이기 위해 이에 동참할 준비가 된 사람들을 불러 모았다. 이는 아주 특별하게 살아 있는 작은 독서 단위를 만들고 발전시키는 일이었다. 문화부에서 '독서방'[21]이라고 부르고 있는 이 책읽기 공간은 평소에는 책이 없던 장소나 거리, 병원의 대기실, 문화 공간, 공원, 그리고 집을 개방하는 데 동의한 독서방 회원의 집에 꾸며진다. 여기저기서 부모와 아이는 물론 이 둘을 엮는 일을 자신의 일로 실천하는 이들을 감화시키려는 노력들이 이어졌다. 이 조직망에 주어진 이름, 〈레아모스 데 라 마노 데 파파 이 마마〉는 부모와 아이들이 교류하며 서로 어우러지게 하려는 바람을 명백히 드러내는 의미를 담고 있다. 책읽기는 가족의 일이 되어야 한다.

중요한 요건 가운데 하나는 서로 나눈 책읽기 경험과 책을 읽으면서 나온 생각들에 대해 기록하고, 고려해야 할 사항이 생기면 정기적으로 운영에 반영해야 한다는 것이다. 기록되는 세부 사항들은 아주 중요하다. 그것들은 생각할 거리들을 제공한다. 이 귀중한 '활동 수첩'[22]은 인터넷을 통해 각 지역 사이에, 나라 사이에 공유되어야 한다. 각자 여기에 참여한다. 세부적인 준수 사항들을 글로 쓴다는 사실은 디앗킨[23]과 〈ACCES 연합〉이 시작했던 활동에서 영감을 받은 것이다. 이런 이유 때문에 활동을 개시했던

---

19) 라틴 아메리카와 카리브 연안 지역 교육 도서 센터 The Centro Regional para el Formento del Libro en América Latine y el Caribe.
20) '제2장 깨어 있는 심장들' 편 참조.
21) 문화부가 제안한 홍보용 지침으로 실제 '독서방'이라고 불리는 프로그램을 전개했다. 독서방의 목적은 공공 도서관을 통해 감동을 받아 본 적이 없는 사람들을 끌어들이자는 것이다. 하지만 사실상 우리 프로그램에서 방과 같은 공간은 중요하지 않다. 그러나 매트가 깔려 있는 작은 공간은 필요하다.
22) 원래는 군대 용어임.
23) '제2장 깨어 있는 심장들' 편 참조.

사 년 동안 이 운동에 참여했던 사서들이 자신의 임무 안에서 필자와 함께 할 수 있었던 것이다. 일 년 내내 이메일 덕분에 조직의 회원들은 생각을 공유하고 관찰하며 질문할 수 있었다. 이런 식으로 관계가 단순해질 필요가 있다. 그래야 움직이면서 끊임없이 생각하게 되기 때문이다.

거리의 도서관에서 영감을 받은 이른바 '임시 변통의 도서관'[24]에서는 어린이를 위한 주요 명작들을 제안한다. 이것이 바로 원칙이다. 명작은 모든 이들이 알고 있다는 장점이 있다. 우리는 집에서 하듯이 책과 아이들 사이에 그냥 편하고 자연스럽게 앉는다. 우리는 아이에게 책을 읽어 주기 시작한다. 다른 사람들도 비밀 이야기를 하듯 서로 다가가 앉는다. 부모와 청소년들이 지나간다. 간혹 그들이 교대로 읽어 주기도 한다. 우리는 행복한 많은 것들을 함께 나누며 살아 간다.

이것이 바로 새로운 활동의 특징들 가운데 하나이다. 이 활동은 아이들과 가족들만큼이나 우리 중재자들에게도 진정한 행복감과 열정을 선사한다. 나는 독서 활동을 돕는 젊은 독서 투사들이 놀랍기만 하다. 그들은 자발적으로 까다로운 관찰 업무와 이를 기록하는 일은 물론 잦은 모임에 참여하기 위해 여기저기 이동해야 하는 일도 주저하지 않는다.

대학[25]들도 이런 새로운 접근 방식으로부터 감화된 아이들의 태도, 문학을 받아들이는 일, 책에 대한 비평 등에 관심을 갖고 있다. 그들은 우리 네트워크의 멤버들에게 함께 풀어갈 수 있는 여러 지원 사업들을 제안했다. 그것은 실험과 이론적 원리, 이를 발전시켜 일반화하는 일들이었다. 책의 비평은 어떤 특별한 책과 아이들 사이에 존재하는 관계의 실재성을 드러내는 데 종종 어려움을 겪곤 했다. 하지만 이런 운동들 속에서 우리가 관찰한 것들은 우리에게 현안을 갖게 해 주었고, 대학의 연구자들과 함께라면 유익한 대화의 장이 열리는 것이었다.

알려 주고 알게 해 주는 것은 중요하다. 매년 열리는 세미나 뒤에는 우리가 함께 마련하고 발견한 가장 유익한 정보를 공유하기 위해, 또 이를 더욱 진작시키기 위해 대중들 - 부모, 교사, 교육자, 사서들 - 과 만나는 시

---

24) 아주 적은 잡동사니로 만들어졌다는 뜻을 가진 단어에서 나온 이름. Cf. à la fortune du pot.
25) 멕시코의 자카테카스 Zacatecas 대학의 교육학과와 같은 경우.

간을 항상 마련했다.

　한편으로 관계 당국도 관심과 신뢰를 보이기 시작했다. 멕시코 교육부가 〈레아모스 데 라 마노 데 파파 이 마마〉 협회 회원들을 초대하여 모든 유치원과 초등학교에 도서를 선정하여 제공하는 일을 제안했다. 이 일은 작지만 훌륭한 작은 출판사들의 명성을 바로 알게 해 주는 일과 함께 엄청난 반향을 불러일으켰다. 이 네트워크의 멤버들은 책의 질을 판단하는 일에 진정한 능력을 가지고 있었다. 우리가 그들에게 알게 해 준 그림책들은 세계적인 규모의 출판물이 될 수 있었다. 그들은 아이들과 어른들이 함께 책을 읽는 시간을 나누는 행복을 만들어 준 것이다. 예술가들과 출판사들에게도 창작의 새로운 길이 열린 셈이었다. 학업의 과정에도 큰 도움을 주었다.

　하나의 도약이 이루어진 것이다. 이런 네트워크를 통한 일은 나라와 지역에 따라 또 다양한 필요에 따라 계속되었다. 활동가들의 열정과 진지함은 식을 줄 몰랐다. 내 눈에 이들이 이루어 놓은 것들은 진정한 본보기들이었다. 무엇보다도 통상적인 문화 기관의 혜택을 못 받는 곳에서 발전시켜 나갔다. 하지만 왜 특정한 곳에서 그곳 공중들에게 맞는 특별한 접근을 해야만 하는가? 남쪽이나 북쪽, 혹은 동쪽이나 서쪽, 부자 동네나 가난한 곳 모두에서 우리가 일하는 방식은 모두 통할 수 있다. 우리의 일은 그 필요만큼이나 열정적인 것이었다. 우리의 직업에 들어오고 싶은 이들은 사람들 가까이서 관찰하고 생각하는 이 중재의 과정을 거쳐야만 한다. 이 '간단한 도서관학'은 결정적으로 관료주의와 기술주의로 가려는 유혹을 뿌리치고 이제 그 자리를 찾았다. 우리의 직업에서는 '사람이 먼저다'.

　나는 2002년부터 아르메니아[26] 다섯 개 도시에 이런 네트워크 조직을 제안하는 일에 관여하기도 했다. 그러면서 라틴 아메리카의 관계자들과도 유대 관계를 갖도록 했다. 〈읽는 즐거움 Joie de lire〉이라 불리는 이 네트워크는 젊은 학생들 사이에서 마찬가지의 열정을 불러일으켰다. '책을 읽는 즐거움'을 함께 알아가는 그 열정 말이다.

---

26)　89쪽 참고.

* * *

　오늘날 우리 스스로에게 다음과 같은 논제들을 자문해 본다. 프랑스에서 순조롭게 가동되기 시작한 어린이 도서관[27]과 독서, 그리고 도서관이 주는 활기가 오늘날 아이들을 위해서는 물론이고 우리와 같은 독서 전문가들에게도 새롭고 신나는 경험을 제안해 주고 있는가? 아이들은 우리에게 말한다. "우리에게 경이로움을 선물해 주세요." 그러면 판에 박힌 일, 반복되는 것을 거부하는 우리 같은 어른들은 대답한다. "얘들아, 우리를 항상 놀라게 해 주어서 고맙구나. 책과 여러 자료들의 질과 다양성, 너희들과 소통하는 가능성은 우리에게서처럼 너희들한테서도 놀라움과 열정을 불러일으켜 준단다. 또 우리가 도서관에서 너희와 이야기하고 너희의 이야기를 듣고 너희와 함께 계획을 세우기 위해 초청한 전문가들과 교류하는 것도 마찬가지로 우리에겐 자극이 된단다."
　모든 것은 이런 소박함과 확신 속에서 이루어진다. 너무 복잡한 활동들을 제안하려는 생각들은 흔히 관심으로부터 멀어지거나, 위압감을 주거나 해서 결국 긴밀하지도 용기를 주지도 못하는 경우가 많기에 우리의 관심 밖이다. 우리에게 있어서 당신들이 감수성을 일깨워 세상을 향한 지성을 펼치는 걸 목격하는 것이 진정한 행복이다. 매일매일이 새롭다. 당신들 모두가 각자 독보적인 존재이기 때문에 독서가 그런 당신의 개성을 일깨워 주기에…….

오늘날의 〈작은 동그라미 도서관〉

　이렇게 확신을 가지고 일하면서 클라마르의 어린이 도서관은 사십 년 넘게 유지되어 오늘날까지 근원지인 시테 드 라 플렌느에 살아남아 있다. 이곳에서 솟아나오는 신선한 물은 대지에 물을 대고 대지를 변화시켰다.

---

[27] 이 책에서 내내 이야기하고 있는 어린이 도서관이라는 개념은 어린이 책 열람실을 갖고 있는 일반 도서관을 포함하는 것이 아니고, 클라마르의 어린이 도서관이나 〈즐거운 시간 도서관〉과 같이 어린이 전문 도서관을 말한다.

무엇보다 구성 면에서 그렇다. 많은 취약 지구[28]에서도 마찬가지이지만 이곳은 정리된 총체적 질서라는 게 존재하지 않는다. 이곳에서는 사회 분열, 문화와 정보의 분열, 때로는 가족 간의 분열 등 다양한 분열 상황을 볼 수 있다. 주민들 가운데 상당수는 가난한 이민자들인데 자신을 되돌아보며 잘 살아 보려고 애쓰는 주민들이 간혹 있는 정도이다. 여기 사는 중간 계층은 다른 곳에 살기 원하며 동네를 떠났다. 학력 수준도 보잘것없다. 실업률 또한 현저하게 높다. 도시 근교의 많은 다른 지역에서처럼 이곳도 고립과 듣기 좋지 않은 평판에 시달렸다.

바로 이런 상황이 도서관을 움직이도록 시동을 걸게 한 것이다. 도서관이 연대를 통해[29] 이룬 역할은 경험할 수 있는 모든 자유를 가능케 하고 변화해 가는 세상에서 새로워지고 적응하도록 해 주는 것이다. 이것이 바로 도서관의 소명이다.

결정적인 폐쇄 위기를 겪은 뒤 클라마르 도서관은 결국 자기만의 색을 되찾는다. 게다가 문화부 장관은 이 도서관에게 공식적으로 새로운 임무[30]를 맡기는데, 그것은 바로 사회 분열에 맞서고 오늘날 어린이 도서관을 위한 새로운 형식 추구에 기여[31]하라는 것이었다. 실제로 이 도서관은 프랑스 국내의 지역에서뿐만 아니라, 국제 교류를 통해 해외에서도 유사한 관심사를 나누는 도서관이나 기타 기관들과 관계 맺는 방법을 취할 수 있게 되었다.

이제부터 도서관은 〈작은 동그라미 도서관 La Petite Bibliotheque Ronde〉[32]이라고 불리게 된다. 60년대에 시작된 〈책을 통한 즐거움〉 도서관 명칭은 2008년부터는 〈국립 어린이 문학 센터; 책을 통한 즐거움 Centre National de la Littérature de Jeunesse; La Joie par les livres〉[33]이라는 이름으로 프랑스 국립 도서관

---

28) 생활이 불안정하고 범죄 우려가 있는 지역을 말한다.
29) 도서관은 클라마르시, 문화부와 문화 예술 후원 단체로부터 비롯된 다양한 재정 혜택을 받는다.
30) 2007년 2월, 정책연구소 IET(Institut d'Etudes Politiques)가 주최한 국정 토론회에서 도서 담당 책임자인 브느와 이베르 Benoit Yvert는 문화부 장관이 지시(일반을 위한 독서 분야에서 사회 균열에 대항하는 논쟁이 필요하다는 내용)한 새로운 정책의 새 임무를 언급하였다. 문화부 장관은 조르주 퐁피두 센터 Centre Georges Pompidou의 공공 정보 도서관 BPI과 클라마르 도서관, 두 곳을 새로운 활동의 장으로 요청하였다.
31) 아이들을 위한 독서 서비스 업무는 전 연령대가 사용하는 공공 도서관의 전체 업무에서 대부분을 차지할 만큼 당연히 중요하다.
32) www.lapetitebibliothequeronde.com ; www.enfance-lecture.com ; www.petitebiblioronde.com
33) 국립청소년 문학 센터와 JPL은 '좋은 문학 작품을 기획하고 발굴하는 작업을 전담'하는 문학·예술부의 한 부서이다.

BNP에 소속되었다. 임무는 완료되었다. 이렇게 하여 이 임무는 지속적으로 왕성한 활동을 벌일 수 있도록 보장되었다.

도서관의 새로운 이름은 의미심장하다. '둥글다'라는 의미의 'Rond'은 세계와도 같이 둥글며 이동하는 바퀴 같은, 위로 오르는 나선의 원형처럼 둥글다는 의미, 그리고 서로 만나기 좋아하는 사람들의 서클을 뜻하는 원형과도 같은 Rond을 의미한다고 볼 수 있다. 'Petit'는 작은 것이 아름답다 Small is beautiful에서 '작다'라는 것을 의미한다. 작은 것이 중요한 이유는 책 읽기가 그룹이나 대규모로 이뤄지는 것이 아니라 작게 비공식적으로, 혹은 서로 머리를 맞댄 작은 규모로 이루어질 때 더 효과가 있고, 친밀함과 신뢰의 관계 속에서 이루어질 수 있기 때문이다. 이렇게 작을 때 이 움직임이 여러 곳에서 일어날 수 있고, 규모가 큰 도서관에서도 이는 마찬가지이기 때문이다.

우리에 앞섰던 훌륭한 유산들을 버리지 말고 오늘날 우리는 시대의 도전에 대한 회답으로 새로운 의미를 가진 유산을 부지런히 만들어 나가야 한다. 도서관은 우리를 둘러싼 세상의 커다란 변화, 넘쳐 나는 풍요로움과 그 안에 담긴 취약점을 고려하지 않고서는 살아남을 수 없다. 우리 아이들이 이끌어갈 미래의 세계를 고려해야 한다.

이러한 운동을 넘어 이제 〈작은 동그라미 도서관 PBR〉이 설 자리는 도처에 있다. 도서관은 '건물'을 빠져나왔다. 도서관은 모든 길에 존재한다. 도서관은 여기저기 곳곳에 개방되어 행인들을 멈춰 서게 하고 그들에게 잠깐의 책읽기 시간을 마련해 준다. 도서관은 학교, 시장, 대중들이 모이는 장소 가까이에, 큰 건물 주변뿐만 아니라 아이들이 많이 모이는 장소, 보건소 앞, 쇼핑몰처럼 시간이 있는 사람들이 모이는 장소에서도 열린다. 〈동그라미 도서관〉을 시행한 뒤, 일 년 동안 도서관이 사람들에게 선사해 준 것은 만남이었다. 신중하게 선별된 책과의 만남, 사람들과의 만남을 통해 사람들은 자연스레 사서들 곁에, 책을 펼쳐 놓은 길가의 전시대 근처에 모여들기 시작한다. 사람들은 고른 책을 편하게 읽기 위해 근처의 조용한 곳을 찾아간다. 그들은 자신의 시간을 갖게 되는 것이다. 행인들은 걸음을 멈추고 마치 원했던 것처럼 무리에 끼어들기도 한다. 이렇게 하여, 길 위에는 〈작은 동그라미 도서관〉이 열리고 이곳이 따뜻한 공간, 시간을 보내며 대화하고 함께 움직이고 행동하는 작은 축제의 공간이 되기를 간절히 열망하고 있다.

부모들에게, 가족에게 공간을

저기 걸어가고 있는 당신. 당신의 나이는 중요하지 않다. 당신은 책들 주변에 멈춰서 있는 아이들에게 다가간다. 당신도 그 아이들처럼 이 순간을 누리기 위해 멈추어 선다. 당신도 근처에 자리를 잡는다. 생활이 어렵고 주민들이 외롭게 고립되어 힘들게 살아가는 이 지역에서 도서관은 이렇게 모든 세대에게 맘껏 개방된다. 도서관은 가족의 도서관이 되기도 한다. 도서관은 일요일 함께 올 수 있는 시간에 열린다. 가장 어린 유아들이 이러한 변화의 주인공들이다. 이 나이는 모든 어린 시절에 지대한 영향을 주는 시기이다. 부모의 손을 잡고 그곳을 찾았던 것이 벌써 몇십 년 전이었다. 그런 경험이 있는 부모들은 이곳에 자신의 아이들을 다시 데리고 온다. 그리고 그들 곁에 진지하게 자리를 잡고 본격적으로 읽기 시작한다. 아이들은 자란다. 이렇게 성장한 아이들은 부모가 되어도 도서관을 떠나지 않는다. 가난하게 자랐지만 이들은 이 작은 공간에 신뢰감을 가지고 있다.

한편 도서관은 어떤 의미에서 보면, 그들에게 확고한 기반이지 않은가. 도서관에는 커다란 미디어 자료실도 갖춰져 있고 다른 문화 시설도 있다. 도서관은 아이들에게 자유로운 사고를 가지고 사는 방법과 가족 단위와 가족의 의무를 벗어나서 살아가는 방법도 가르쳐 준다. 가족 내부에 골이 깊은 고통스러운 가족 분열 상태를 지혜롭게 피하는 방법도 터득하게 한다. 부유한 환경에서 부를 누리며 성장한 아이는 가족 사이에 균열이 생겼을 때, 부모도 마찬가지겠지만 갖가지 변명을 늘어놓으며 적절한 시기에 출구를 찾지 못한다. 반면 자신의 자리를 잘 찾은 성인은 결국 행복한 어른이 된다. 이 어른들은 가정에서도 삶을 잘 꾸려 나간다. 마찬가지로 열린 도서관의 전담 교사들이 종종 옆자리에 아이들을 초대하여 전통에 대한 이야기를 해 주거나 생활 동화나 또는 그들이 좋아하는 이야기들을 읽어 주는데, 이런 경험을 통해 아이들은 자신의 부모들이 말하고자 하는 것을 이해하고 들을 수 있게 된다. 그들의 개인적인 또는 가족의 이야기, 그들의 경험이나 문화에 관한 이야기가 흥미와 관심사가 될 수 있다는 것을 알게 된다.

도서관은 그렇게 마을의 한가운데에 위치한 피할 수 없는 장소, 대화와 만남의 장소가 된다. 그런데 다양한 프로그램이 무엇이든, 아이에게 제공되는 문화 공간이 어떤 곳이든 간에 도서관이라는 이 공간에서 어린이는 가장 최고의 위치를 차지한다. 아주 어린 아이는 이곳에서 아름다운 경험을 배우고 책과 함께 하는 이 최초의 만남들이 얼마나 중요한지 알게 된다. 일곱 살에서 열두 살 사이의 나이가 바로 호기심과 상상력이 열리는 시기가 아닌가?

〈작은 동그라미 도서관〉은 오늘날 상당히 주목받고 있는 연구 주제인 유·아동기와 사춘기 이전 사이의 단계를 중요하게 생각한다. 아이들에게 무엇과도 비교할 수 없는 문학적 경험을 하게 하는 경이로운 아동 문학과 이야기들은 이 시기에 어떤 영향을 미치는가? 이자벨 얀[34]은 70년대에 이 점에 주목했다. "아동 문학이라고 해서 덜 중요하지는 않다. 《바바르 Babar》를 읽은 아이는 《카라마조프의 형제들》을 읽은 사람만큼 책에 빠져드는 독특한 경험을 한 것으로 기억한다. 아동 문학의 중요성은 문학이냐 아니냐를 접어 두고 그것이 어린이를 위한 것이라는 점이 중요한데, 이러한 특수성은 온갖 흥미를 만들어 내고 품격을 부여한다." 〈작은 동그라미 도서관〉은 책을 선택하는 과정에서 이 점을 고려한다. 그녀가 제안하는 문학은 단 두 줄로 나타낼 수 있다. 아이들에게는 언제 봐도 새로운 어린이를 위한 고전 작품들과 요즘 언어로 된 현대 작품들이 그것이다. 이러한 작품들은 그 아름다움과 휴머니티, 독창성이 있기에 다양한 연령대 독자들의 심금을 울릴 수 있다.

---

34) 이자벨 얀 Isabelle Jan, 《아동문학》, 아틀리에 출판사, 1985.

뒤처진 아이들과 함께

그런데 만약 우리가 독서 체험에서 심각하게 실패했다면 어떤 방식으로 다시 좋은 문학 작품에 다가갈 것인가? 이 질문을 우리에게 던져 본다. 우리는 고통스러워하며 '뒤처지고 일탈'하는 것은 물론이고 간혹 폭력까지 일삼는 이 시기의 아이들과 사춘기 이전 시기의 아이들을 잘 안다. 우리 지역에서는 이런 아이들을 흔히 볼 수 있다. 그 아이들에게 어떻게 말을 걸 것인가? 그들에게 무엇을 제안할 것인가?

심리 분석가 세르주 브와마르 Serge Boimare[35]로부터 영감을 받은 〈작은 동그라미 도서관〉은 몇 년 전부터 매우 유익하고 풍요로운 아틀리에를 진행하며 활기를 띠었다. 세르주 브와마르가 프랑스와 외국의 교육 현장에서 추진했던 교육 경험들을 가지고 지원을 아끼지 않기 때문이다. 그녀의 경험이 도서관에서도 적용될 수 있을까? 학교와는 달리 아이들은 단지 오고 싶어서 이곳에 온다. 그렇다면 성실함과 규칙을 요구하는 그런 아틀리에의 운영이 가능할까? 우리는 시험을 해 보았다.

큰 어려움에 처한 아이들 몇 명이 정기적으로 매주 이 프로그램에 나오기로 결정하였다. 우선 그들은 자신의 교사와 함께 이곳에 초청되었다. 이 행사는 특히 자료가 풍부하고 만남으로 활기 있는 분위기를 보여줄 수 있는 도서관에서 열려야 한다는 점이 중요하다. 여기에서는 어린이들과 청소년들이 선생님이 그들에게 큰소리로 읽어 주었던 그 책을 실제로 직접 볼 수 있어야 한다. 그들은 이렇게 행사가 진행되는 동안 잭 런던 Jack London, 그림 형제, 쥘 베른 Jules Verne, 셀마 라젤로프 Selma Lagerlof 등의 작가를 발견하게 되며 오디세이아와 성경에서 뽑아 온 이야기들, 세상의 기원에 대한 이야기뿐만 아니라 오늘날 인디안 호피족에 대한 이야기만큼이나 고대 그리스에서 선택한 이야기들을 듣는다. 기원에 대한 이야기, 죽음, 그리고 간혹 아주 무서운 옛날 이야기를 듣기도 한다. 여러 해 전부터 독서 수련의 기술적인 측면이 이 아이들의 상상력을 가로막았으며 과잉된 지침과 의미들이 넘쳐 났다. 책읽기를 마치면 그들은 함께 이야기 속의 주

---
35) 세르주 브와마르에 대해서는 75쪽 '낙오된 청소년들을 위한 아름답고 강렬한 책들, 세르주 브와마르와 함께' 참조.

인공들에 대하여 이야기한다. 아이들은 이 작업을 이끌어가는 사서로부터 대화 속으로 초대받는다. 이렇게 그들은 점차 이야기를 나누기 시작한다.

몇 주 지나면서 그들이 향상된 모습이 놀라웠다. 도서관, 책, 이야기는 서로 교류하면서 만나는 공간이 되었다. 그리고 이제 어린이 이용자들은 자신의 영감을 쓰거나 그림으로 표현하며 순간의 기억을 간직했다. "이제 우리는 책을 좋아해!" 그들은 또한 아름다운 것, 위대한 것, 재미있는 것, 섬세한 것을 사랑할 줄 알게 되었다. 그러면 책을 어떻게 선택하는가? 이 작업실의 책임자인 어른들의 답은 분명하다. "나는 내가 좋아하는 것, 개인적으로 나를 감동시킨 책들을 추천한다." 거기엔 진정한 변화의 결과가 있다. 어른과 아이들은 이렇게 함께 흥미를 느낀다. 그들에게는 교류와 상호 작용이 있다.

이 모든 것들은 아이로 하여금 책에 빠져드는 여유를 갖게 한다. 그들이 열렬한 독자가 될 수 있을지 누가 알겠는가? 적어도 그들은 이런 만남에 대한 행복한 기억을 가진다. 만남은 그들의 기억 속에서 매우 정확하게 쓰인 관찰 대상이 된다. 실제 〈작은 동그라미 도서관〉은 경험을 넓혀 주고 또 극히 제한된 수의 아이들만을 감동시킬 수 있다 하더라도 다른 사서들과 함께 경험에 대해 오래도록 생각하게 한다.

이러한 경험을 통해 어려움에 처한 아이들은 도서관이 모두에게 선사하는 것을 하나하나 맛볼 수 있게 된다. 작품은 아이들의 감성에 말을 걸고 또 아이들은 여러 가지 방법으로, 특히 도서관에서 마련하는 작업실에서 자신을 표현하는 기회를 찾게 된다.

모든 예술에 개방된 도서관

모든 형태의 지식과 기술 정보, 예술 표현 및 창작, 오락과 놀이에 개방되는 것, 바로 이것이 도서관이 진정으로 추구하는 것이다. 그런데 이는 인터넷이 추구하는 방향과도 일맥상통하지 않는가? 너무나도 광대한 이 디지털 세상을 통해 우리는 세상 모든 분야의 지식들을 온갖 다양한 형태로 접할 수 있게 되었다. 인터넷을 통해 우리는 영화와 각종 동영상을 볼 수 있고, 전 세계의 모든 음악을 들을 수 있다. 인터넷 게임을 즐길 수도 있다. 온갖 지식과 정보들이 넘쳐난다. 하지만 중요한 것을 선별할 줄 알아야 하고 그 안에서 이것저것 헛되이 검색하며 시간을 낭비하지 말아야 한다. 모든 주제에 대한 인터넷의 이러한 풍요로움 덕분에 도서관은 엄청나게 다양한 질문과 의사소통 및 표현 방식에 개방되었다. 바로 이런 이유로 인해 도서관은 오늘날 모든 예술과 지식, 모든 종류의 문화적 표현과 대중적인 여가 활동의 전당으로 자리매김하게 되었다. 그러나 도서관은 인간과 정보의 관계를 선택하고 조언하며 만들어 낸다. 또한 호기심을 유도하고 그 호기심에 답변하며, 어린아이가 질문을 할 수 있도록 도와준다. 도서관은 인터넷에 의해 일깨워진 다양한 호기심에 해답을 제공한다. 이에 따라 〈작은 동그라미 도서관〉은 도서관의 구성을 개편함으로써 어린이들의 새로운 행동 양식에 적합하도록 했다. 이를 위해 〈작은 동그라미 도서관〉은 이 분야[36]에서 특별히 효율적인 도서관과 혁신적인 도서관의 운영 방식을 모델로 삼아 운영하고자 한다.

여러 가지 제약들로 인해 자료의 선정은 어쩔 수 없이 제한적일 수밖에 없으며, 이에 따라 선정 작업은 최대한 세심한 과정을 통해 이루어진다. 여기에서 도서는 여전히 가장 우선적인 자리를 차지한다. 전방위적인 정보의 소용돌이 속에서도 책은 깊이와 개방, 나눔을 위한 공간과 시간을 제공한다. 언제나 변함없이 손이 닿는 거리에 있으면서, 우리의 깊은 내면을 자극하고 순간적인 감동 그 이상의 것을 체험하도록 도와준다. 그렇기 때문에 책은 도서관에서 운영하는 모든 프로그램에서 빠질 수 없는 역할을 맡고 있다.

기준을 어디에 둘 것인가? 어떻게 하면 자신의 관심사가 무엇인지 인식할 수 있을까? 궁금한 질문들을 어떻게 밖으로 끄집어낼 것인가? 이런 질문 과정을 통해 우리는 범람하는 정보의 홍수 속에서 필요한 것들을 제대로 찾아내고 적절히 사용할 수 있게 되는 것이다. 도서관은 만남의 기

---

[36] 발랑쿠르 Ballancourt 의 도서관 에손 Essonne 은 마리 지로Marie Girod 관장의 지휘 아래 여러 해 전부터, 특히 과학 부문에서 새로운 도서 분류 방식을 채택하고 있다. 그녀의 작업은 라 빌레트 La Villette 어린이 미디어 도서관의 창시자들에게 영감을 주었다. '제5장'을 참조할 것. 마찬가지로 파리에 있는 루이즈 미셸 Louise Michel 어린이 도서관의 자료 정리 방식도 듀이 Dewey 분류법과 완전히 다르다.

회와 공간을 제공함으로써 이러한 질문들에 해답을 제시한다. 이것은 동그라미 도서관의 오랜 전통이다. 하지만 이러한 전통은 오늘날 특별히 중요한 의미를 갖게 되었다. 이 세상에는 자신의 삶을 이루어 온 풍부한 지식과 노하우를 기꺼이 어린이들과 나누며 열정적인 삶을 살아온 인물들이 있다. 자리를 잡고 앉아서 이들과 만나는 것은 시간이 필요한 일이다. 감동을 받는 것, 바로 이것이 중요하다. 독자가 감동을 받으면 감동은 그 자리에 머물지 않고 앞으로 나아가서 더 멀리 가도록 독자를 일깨운다. 이것이 바로 독자와 저자의 만남이 이루어내는 진정한 가치이다. 이러한 만남은 열정을 깨우고 질문을 쏟아내게 한다.

동그라미 도서관은 예술가들이 도서관을 방문하고 머물 수 있도록 지원을 아끼지 않는다. 그들의 언어는 근본적으로 어린이들의 언어와 닮아 있다. 그들은 너그러움을 바탕으로 한 하나의 언어로 아주 자연스럽게 대화를 주고받는다. 그렇기 때문에 서로의 만남을 그토록 기쁘게 여기는 것이다. 이들 예술가는 어린이들과 교류하는 것을 기쁘고도 조심스럽게 여기며 그들의 이야기에 귀 기울일 줄 안다. 또한 이러한 교류는 예술가들을 감동시키며 그들의 작품 활동은 더욱 더 풍요로워진다. 예술가들은 아이들에게 자신의 작품에 대해 가르치려 하지 않으며 그저 아이들과 함께 작업을 한다.

작업장에서 그들은 서로 이야기하고, 많은 대화를 나눈다. 전 세계를 무대로 작품 활동을 벌이고 있는 저명한 사진작가 카롤린 알리 데 퐁텐느 Caroline Halley des Fontaines 는 동그라미 도서관에 짐을 풀고 몇 주 동안 머물면서 영상 작업실에 활기를 불어넣었다. 그녀는 그곳에서 자신의 작품들뿐 아니라 어린이들의 개인 작품 및 단체 작품들을 하나로 묶은 전시회를 어린이들과 함께 준비하였다. 준비하는 동안 그녀는 자연스럽게 아이들과 많은 대화를 나누었다. 삽화 예술가로서 도서관의 친구라 할 수 있는 테릴 외브르메르 Teryl Euvremer 역시 여러 주 동안 도서관에 머물면서 아이들에게 크고 작은 작품들을 보여주고 체험하게 했다. 그리고 아이들과 함께 여러 문학 작품과 재미있는 이야기들을 도서관이라는 공간 안으로 끌어들였다. 파리 오페라단의 의상 담당자도 역시 '이야기와 의상'이라는 도서관 프로그램에 관심을 갖고 방문해서, 어떻게 그녀가 상상하고 색상과 재질, 모양을 결정하며 의상을 디자인하는지, 한마디로 어떻게 자신의 일을 해 나가는지를 이야기해 주었다.

우리는 열정이 있는 사람들, 자신의 직업을 사랑하며 어떻게 그 길을 걸어왔는지 이야기해 줄 수 있는 사람들이 도서관에 방문할 수 있도록 노력하며, 그 일을 기꺼이 즐기며 해 나갔다. 날로 커져만 가는 수많은 삶의 난관과 비관적인 미래의 전망으로 음울해진 이 세상에서, 실현 가능하고 희망으로 가득 찬 계획을 꿈꾸며 실행해 가는 사람들을 만난다는 것은 참으로 행복한 일이 아닐 수 없다. 우리는 어린이들에게 바로 그러한 만남을 주선해 주려는 것이다. 사진작가의 방문을 준비하면서 사서들은 어린이들에게 빛과 그림자에 관한 다양한 종류의 책과 자료, 놀이를 제안했다. 그리고 다 함께 그림자놀이 연극을 상연하기도 했다.

동그라미 도서관에서 손에 카메라를 든 꼬마들을 만나는 것은 놀라운 일이 아니다. 그들은 도서관에서 일어나는 일들, 작업실의 특별 행사, 재미있는 사건들, 도서관을 찾아오고 체류하는 방문객들, 소소한 행사 등 모든 것을 촬영한다. 이곳은 그들의 집과 같다. 특별했던 순간으로 되돌아갈 수 있고 그 기억을 보존할 수 있다는 것은 신나는 일이다. 도서관에서 자신들이 찍은 비디오 영상을 상영하기 위해서 어린이들은 멀티미디어 작업실에서 편집 작업을 한다. 이들 중에는 '특파원'도 있는데, 직접 찾아낸 지역 사회의 관심을 끌 수 있는 책, 음악, 영화, 연극, 장소 및 소프트웨어 또는 비디오게임 들에 대한 자신들의 의견을 소개할 수 있는 기회를 갖는다. 어떤 어린이라도 그들이 원한다면 리포터나 특파원이 될 수 있다. 도서관은 그들의 참여와 노력으로 더욱 풍성해진다. 소비와 개인주의가 사회의 규범이 되어 버린 듯한 이 시대에, 이렇듯 소중한 공동체 활동이 이루어지고 있는 것이다. 이들은 스스로를 도서관의 구성원으로 자처한다. 이곳은 그들에게 제 2의 집이라 할 수 있다.

우리 동네처럼 우선 교육 지역 ZEP으로 분류되는 수많은 지역은 단절, 고립, 가난 들의 문제로 어려움을 겪고 있다. 여기에서 도서관은 자체 프로그램 및 유명 인사들과의 만남을 통해 마을 전체의 삶을 풍요롭게 만들어 준다. 예술가, 장인, 여행가와 저명한 과학자들을 초대하여 귀중한 시간을 갖기도 하며, 음악 활동을 장려하여 도서관에 이를 위한 작업실을 만들고 파리에서 열리는 콘서트에 참여하기도 한다. 이제 이곳에서 울려 퍼지는 음악 소리를 듣는 것이 드문 일이 아니다. 바로 어린이들이 연주자이며, 이것은 너무나 멋진 일이기도 하다. 동그라미 도서관은 이렇게 해서 창작과 지식의 모든 조류에 개방된 문화의 장으로서 지역 안에 자리매김하고 있다.

물론 〈작은 동그라미 도서관〉은 모든 분야에 열려 있다. 어린이와 어른 모두가 이용하는 디지털 분야에서도 그 사실을 알 수 있다. 도서관 사이트는 모든 이들에게 활짝 열려 있다. 그들의 참여로 도서관 사이트는 더욱 내용이 풍부해진다. 이들 덕분[37]에 도서관 주최 시詩 전시회 같은 행사가 크게 늘어났고, 폴 포르 Paul Fort 와 자크 루보 Jacques Roubaud 의 발자취에 대해서 어른 아이 할 것 없이 자신의 어휘, 리듬, 운율을 사용해 시를 시도해 보기도 했다. '도대체 활자 총목록은 무엇인가?'[38]라는 프로그램은 여러 가지 다양한 활자와 서예 들을 이용하여 비밀 암호나 수수께끼들을 풀어내는 게임이다.

도서관 사이트에는 인터넷 게임도 있다. 또 인터넷 논의 활동에 적극 참여함으로써 사람들은 당시 사회적으로 큰 이슈가 되고 있는 주제에 대해 교류를 하기도 한다. 아일랜드 화산 폭발로 인한 화산재 문제는 그것과 관련된 여러 책과 비디오의 대출과 상영으로 이어졌다. 사람들은 또한 비디오를 통해 모리스 센닥 Maurice Sendak, 엘즈비에타 Elzbieta 와 같은 위대한 예술가들에 대해 알게 된다. 도서관 인터뷰를 통해 스브젯틀란 주나코빅 Svjetlan Junakovic 과 그의 저서 《동물 초상에 관한 책》이 알려지기도 했다. 영국 국립 도서관이 소장한 이상한 나라의 앨리스 진필 원본을 접할 수도 있다. 심지어 버락 오바마 대통령이 백악관 뜰에서 어린이들에 둘러싸인 채 《괴물들이 사는 나라》[39] 이야기를 읽어 주는 모습을 보고 들을 수도 있다. 어린이들은 세계적인 작품들의 이야기에 흠뻑 빠져서 콜롬비아의 깎아지

---

37) www.lapetitebibliothequeronde.com ; www.enfance-leture.com ; www.petitebiblironde.com 참조.
38) 여기에서는 police라는 단어가 가지고 있는 여러 의미 중 활자 총목록이라는 의미로 사용되었다.
39) 모리스 센닥, 《괴물들이 사는 나라》, 강무홍 옮김, 시공주니어, 2002.

른 산속과 아마존 숲 속을 뛰어다니는 동물들을 상상한다. 그러나 무엇보다도 어린이들을 행복하게 만드는 것은 스스로 도서관에서 직접 참여하는 활동이다. 바로 이 어린이들 덕분에 마을과 도서관의 행사들은 활기를 찾는다. 아이들은 기자나 특파원이 되어 여기에 참여한다. 그들은 그곳에서 관심 있는 것들을 찾아내고 취재 활동을 하면서 행복해 한다. 관심 가는 모든 분야, 책, 음악, 영화 들에 관해 멀티미디어실에서 영상을 준비하고 블로그를 꾸민다. 이를 위해 아이들은 도서관 서가에 찾아와서 관심을 가지고 양서를 찾아 읽곤 한다.

인터넷 사이트 www.enfance-lecture.com 은 어린이 독서에 관심 있는 모든 이들에게 열려 있다. 도서관은 점차 독서 활동의 영구적 관찰자 역할을 한다. 재개관 이래 도서관은 관찰과 기록을 체계적으로 해 오고 있다. 유아들의 독서 체험과 관련하여 르네 디앗킨이 창설한 〈배타와 차별에 반대하는 문화 활동 ACCES: Actions culturelles contre les exclusions et les ségrégations 〉 운동과 파트너십을 맺고 연구하고 있으며 세르주 브와마르와 같은 학자들과도 함께 작업한다. 우리 도서관은 전 세계의 많은 도서관들과 연계하여 경험과 의견을 교류하고 있다. 이러한 활동들을 통해 우리가 오늘날의 도서관에 대해 함께 고민할 수 있다는 사실은 매우 의미가 크다.

제 2 장

책이 필요 없을 것 같은 곳에서
작은 관계의 기적을 만들어 내는

깨어 있는 심장들!

제 2 장
깨어 있는 심장들[40]

내가 지금 하고 있는 활동을 풍요롭게 해 준 사람들 가운데 몇몇은 사실은 사서가 아니라 다른 분야 사람들이었다. 이들 연구자들과, 사회 참여형 사상가들과 운동가들 모두는 정의에 대한 본질적인 질문을 해 오던 사람들이다. 그들은 지구상의 수많은 사람들이 문자의 세계와 단절되어 가고 있는 현실을 거부하고 개선하려 애쓰고 있다. 그들은 도서관의 역할을 매우 긍정적인 시각으로 바라본다. 왜냐하면 도서관이 단지 책을 대출해 주는 단순한 역할에만 한정되어 있지 않기 때문이다. 그들은 똑같은 확신을 가지고 있다. 그것은 바로 현재 가장 큰 어려움에 처해 있는 사람들이 도서관이 맺어 주는 만남 속에서 책읽기를 통해 새로운 길로 나아갈 기회를 갖게 될 수 있다는 점이다. 그들은 다양하고 깊이 있는 책읽기와 그로 인해 맛보는 희열이야말로 불우한 이들을 짓누르는 패배주의적 결정론을 걷어낼 수 있을 것이라고 확신한다. 독서를 통해 갖게 되는 자신에 대한 자각, 타인에 대한 인식, 자유로운 상상력으로 더 나은 삶을 살 수 있게 되리라는 믿음이 있기 때문이다.

르네 디앗킨, 사라 허쉬만 Sarah Hirschman, 세르주 브와마르와의 만남은 나의 마음 속에 깊이 각인되었다. 그들로 인해 우리는 우리 직업 속에 깊이 내재되어 있는 문화적 중재에 관해 근본적인 질문을 하게 되었다. 확신에 찬 독서가이기도 한 그들은 이 문제에 새로운 문을 열었고, 우리를 뛰어난 문학 세계의 길로 인도했다. 문학의 세계는 모든 이들에게 열려 있는 세계임을 그들은 알고 있다. 이 학자들은 어른이건 아이이건 모든 사람들에 대한, 그리고 그들의 문화와 삶의 기본 조건에 대한 믿음과 확신을 가

---
40) 한나 아렌트 Hannah Arendt의 표현 차용.

지고 있다.

이 열정 넘치는 학자 세 명이 수십 년 동안 연구해 온 이론과 경험 덕분에 우리는 임무 수행에 큰 용기를 얻었으며, 더욱 씩씩하게 전진할 수 있었다. 그들의 연구는 우리의 클라마르 도서관 계획과 아프리카 여러 나라에서 진행했던 작업에도 큰 영감을 주었다.

* * *

르네 디앗킨과 함께 지름길을 가다

르네 디앗킨은 진정한 만남의 중요성을 강조하여 왔다. 진정한 만남은 인생의 크나큰 자산이다. 그것은 인생의 방향을 결정하기도 하고 돌려놓기도 한다. 그와의 만남은 내 삶에서 결정적 사건이었다. 내 인생은 디앗킨과의 만남 이전과 이후로 구분된다. 이는 클라마르 도서관 계획에만 국한된 것이 아니라 프랑스의 다른 도서관과 해외에서 벌이고 있는 다른 활동에도 마찬가지로 적용되는 사실이다. 전 세계 여러 지역에서 도서관 프로젝트를 진행해 오면서 나는 끊임없이 그에 대해 언급했다. 그의 사상은 우리의 직업을 풍성하게 해 주었다. 새로움을 불러일으켰으며 사물을 제대로 볼 수 있는 냉철한 눈을 주었다. 우리는 똑같은 고민과 관심을 가지고 있었는데, 그것은 바로 책과 동떨어진 삶을 살고 있는 이들을 도와서 그들 모두를 책의 길로 이끌 수 있도록 전 세계에 환경을 조성하는 것이었다.

우리가 처음 만난 것은 1979년이었다. 교육부 주관으로 열린 중요한 토론회장에서였는데, 당시 주제는 책읽기와 책읽기 수업의 조건이었다. 그는 대번에 연구와 활동을 함께 하고 싶어 했다. 사서였던 나는 당연히 그의 제안을 받아들였다. 나는 당시 파리 13구에서 소아 정신과 의사로서 그가 하는 일들에 대해서 잘 알고 있었다. 또한 그가 책과 이야기, 독서의 즐거움에 특히 큰 관심을 가지고 있다는 사실도 알고 있었다. 그에게 책읽기는 "자기 인생사의 나레이터가 되는 데 도움을 주며, 커다란 내면의 자유를 주는 데 필수적인 정신 활동"[41]이었다.

르네 디앗킨은 프로이트와 위니콧의 뒤를 잇는 프랑스의 저명한 정신 건강 분야, 특히 아동 정신과 분야의 전문가이다. 이민자 밀집 지역인 파리의 한 구역에 위치한 알프레드 비네 센터에서 근무하면서 그는 이민자들의 사회적 통합 및 배척과 관련된 문제들을 직접적으로 접한다. 그는 "무일푼의 부모, 방황하는 청소년, 꿈 없는 아이들"[42]을 매일 만난다.

그가 우리에게 말하고자 하는 바는 명확하다. 어린아이가 언어를 습득하는 시기인 출생 뒤 오 년 안에 모든 어린아이는 공통으로 이야기에 대한 욕구와 관심을 갖는다. 사는 곳이 어디든 모두 책에 대해 같은 관심을 나타낸다. 그의 이러한 확신은 아동 정신과 의사로서, 그리고 정신 분석 학자로서 겪은 그의 직접적인 경험과 연구, 그리고 피아제의 제자 에밀리아 페레이로의 경험과 연구로부터 비롯되었다. 따라서 모든 아이들이 아주 어릴 때부터 보호자의 신중하고 사려 깊은 동반 아래 책과 접할 수 있게 된다면 문화와 독서 앞에서의 불평등은 더 이상 해결 불가능한 것이 아니다. 바로 이러한 인식이 우리를 크게 고무시켰다.

학자이자 적극적 사회 참여 운동가인 디앗킨은 즉각 클라마르 도서관에 관심을 나타냈다. 그는 의사들과 소아정신과 의사, 정신 분석 학자, 심리 치료사, 심리 언어 학자 및 보건 관련 인사들을 주 대상으로 주최한 자신의 세미나에 나를 여러 번 초대했다. 그곳에서 나는 어린이들이 책 읽는 즐거움에 빠질 수 있고 무엇보다도 풍요로운 공동체의 삶이 이루어질 수 있는 이 특별한 집, 도서관의 일상이 어떻게 이루어지고 있는지에 대해 이야기하였다.

나는 어른들의 역할에 대해서도 언급했다. 어른들은 어린이들이 광대한 책의 세계로 발 디딜 수 있도록 조심스럽고 주의 깊게 뒤에서 도와주는 안내자이자 가까운 증인이다. 나는 우리가 하는 모든 것들이 지극히 단순하고 자연스러우며 자유롭고 즐거운 일이라고 소개했다. 우리는 어린이들이 책들 사이를 아주 편안한 마음으로 돌아다닐 수 있도록 애쓰며, 이는

---

41) 플로랑스 프링스-구역 Florence Quartier-Frings, 르네 디앗킨, PUF, 현대 정신 분석 학자, 1997.
42) 플로랑스 프링스-구역.

마치 가정에서 그러하듯 편안하고 친밀한 방식으로 이루어진다. 책읽기는 여러 명과 함께 자유롭고 적극적인 분위기 속에 이어진다. 단순하면서도 풍부한 몸짓들을 여기저기에서 볼 수 있다. 도서관이어도 좋고, 또 낙후된 지역의 경우, 우리가 매주 마련하듯 어느 건물의 주변[43]이어도 상관없다. 그곳에서 부모들은 그저 스쳐 지나가기도 하고, 멈춰 서 보고, 놀라워하고, 감탄하기도 한다. 진정한 책읽기는 바로 그곳에서 자발적으로 자유롭고도 즐겁게 이루어질 수 있다.

르네 디앗킨의 큰 관심을 끌었던 것은 다음과 같다. "불우한 환경에 놓인 어린이들만 독서의 즐거움을 발견하는 것은 아니다. 매우 힘든 삶을 이어가고 있는 그들의 부모들 역시 아이들의 이런 예기치 못한 관심에 감동받고, 다음에는 그들 스스로 손에 책을 집어 드는 것이다. 절대 바뀔 수 없을 것처럼 보였던 것이 변하기 시작한다. 이것이야말로 그동안 우리가 가졌던 고정 관념을 던져 버릴 결정적 이유가 아닐까?"[44]

뜻하지 않은 곳에서 책읽기

르네 디앗킨은 행동하는 학자이다. 그는 우리가 그의 뒤를 따르기를 원한다. 어느 누구도 독서의 즐거움을 빼앗겨서는 안 된다. 온갖 이유로 책읽기의 행복을 빼앗긴 채 살아가고 있는, 그리고 그러한 정신적 풍요로움을 누리지 못하고 비켜 갈 처지에 놓인 부모와 어린이들을 무슨 수를 써서라도 만나야 한다. 그러기 위해 우리는 도서관에서 나와야 한다. 필요한 곳에 강력한 힘을 동원해야 하고 운동을 벌여야 한다. 이것이 바로 르네 디앗킨이 다른 두 명의 정신 분석 학자 토니 레네, 마리 보나페와 함께 하고 있는 일이다. 그 일환으로 도서관 사서들과 전 세계 보건 관련 인사들을 결집한 협회가 창설되었다. 이 협회의 명칭은 〈ACCES〉이다. 이는 '배타와 차별에 반대하는 문화 활동'이라는 의미의 프로그램이다.

르네 디앗킨은 우리에게 이렇게 조언한다. 당신이 오리라고 아무도 기대하지 않는 장소로 가라. 책이 없을 듯한 곳으로 가라. 지혜롭고도 유머

---

43) 33쪽 '클라마르의 바구니 도서관' 편 참조.
44) 르네 디앗킨. 마리 보나페 Marie Bonnafé 의 저서 《책은 아기들에게 좋다》 서문. 칼만-레비.

있게 그는 주장한다. 예사롭지 않은 장소로 가라. 적합해 보이지 않는 장소를 골라라. 당신이 만나고자 하는 이들은 도서관에 오지 않는다. 아직까지는 말이다. 그들은 도서관과 같은 기관에 주눅 들어 있는 사람들이다. 또한 종종 그들은 책읽기에 관한 매우 좋지 않은 기억을 가지고 있기도 하다. 도서관이 아닌 다른 장소에서 그들을 만나야 하고, 놀라움을 느끼게 해 주어야 한다. 그러면 그들은 책이 그들에게 말을 걸 수 있다는 사실을 발견하게 될 것이다. 사람들이 시간적 여유를 느끼는 곳, 심심해 하는 곳, 그런 장소를 찾아라. 그래야만 사람들은 책을 읽을 시간이 있고 새로운 것을 발견할 준비가 되어 있을 것이기 때문이다. 반드시 필요한 장소가 있다. 의료 시설이나 모자 보호 센터[45]처럼 사람들이 드나들 수밖에 없는 곳이다. 이런 장소의 대기실에서 당신은 환영 받을 것이다. 그리고 당신은 어린 아이들과 부모 사이에서 당신의 책 꾸러미를 펼쳐 보일 수 있는 시간이 있을 것이다. 탁아소나 어린이집, 사회 보호 센터와 같이 어린 아이들을 위한 모든 장소도 마찬가지이다.

　이렇게 디앗킨은 우리 사회의 건강한 삶이란 주제를 다룸에 있어서 바로 우연히 만나는 책에 대한 이야기를 했던 것이다. 그는 우리에게 유아들과 그 부모를 만나기 위해 앞에서 말한 여러 장소들에 찾아가 보라고 한다. 부모와 아기들을 함께 만날 수 있다는 점이 매우 중요하다. 책읽기는 함께 나누는 것이며 이를 통해 가족이 풍요롭게 살 수 있도록 한다. 그러므로 부모는 이러한 교감의 과정에서 자신의 역할을 찾을 수 있어야 한다. 르네 디앗킨은 우리에게 이렇게 말한다. 양질의 책을 권하라. 그러면 당신은 부모의 마음을 움직일 수 있을 것이다. 그들이 먼저 작품의 아름다움과 환상을 맛보고 새로운 발견을 경험하게 될 것이다. 아이들이 훌륭한 독자라는 사실을 부모들이 볼 수 있게 해야 한다. 그러면 그들은 황홀한 기쁨을 맛볼 것이다. 부모들에게 이것은 자신의 아이들을 이해하고 친밀한 관계를 맺으며 아이들의 눈높이에서 그들의 상상 속의 세계에 살며시 들어가게 되는 새로운 방법인 것이다.

---

45) 모자 보호 센터 PMI: Protection maternelle et infantile.

책을 볼 수 있게 제공하는 것, 바로 이것이 중요하다. 이것은 수많은 오해를 사라지게 해 준다. 이것은 또한 아이들과 가장 가까운 이들인 보모, 의료 시설 및 탁아 시설 종사자들과 부모들의 관심을 끌 수 있는 가장 효과적인 방법이기도 하다. 책은 그저 아이들을 잠시 맡아 주는 그저 그런 물건이 아니다. 책은 모든 이들에게 열려 있는 교감의 장이다. 어른들은 섬세하고 비밀스럽게 교감하는 이러한 나눔을 알 수 있을까? 물론이다. 그러나 그러기 위해서는, 부모들이 함께 경험하는 이 행복한 순간의 목격자가 되어야 하는 것이다. 그렇게 되면 아이들의 단순함과 경외감이 부모들에게 똑같이 이어지게 될 것이다. 디앗킨은 항상 교육이라는 용어보다 민감화 sensibilisation(느껴지게 하기)라는 용어를 선호했다. 사실상 모든 것이 감성과 관계된 일이다. 중요한 것은 강제적인 어떤 것에 적응하는 것이 아니라 편안함을 느끼는 것이다. 그래야만 교류가 이루어지고 사람들은 조언을 받아들일 준비를 한다.

하지만 사서들이 그 많은 장소에 어떻게 이를 수 있을까? 그들에게 그렇게 시간이 많을까? "파트너를 늘려라"라고 디앗킨은 말한다. "당신이 전폭적으로 돕겠다고 제안하라. 당신과는 다른 각도로 어린이들을 이해하는 사람들의 이야기를 들어 보고 그들과 함께 할 준비를 하라. 그들 역시 하고 싶은 말이 많을 것이다. 그들이 당신에게 새로운 길을 보여 줄 수 있다. 당신은 당신의 임무를 교대해 줄 수 있는 협력자를 갖게 되는 것이다. 그들과 함께 만나고 고민하게 될 것이며, 언젠가는 온 도시에서 부모와 아이들이 함께 책을 읽는 순간이 오게 될 것이다."

함께 고민하는 것, 이것이 르네 디앗킨이 제안하는 것이다. 그는 우리에게 말한다. "당신들, 사서들의 자리는 어린아이들 곁이다. 그들은 거리낌 없이 당신에게 다가온다. 당신의 옆자리에 앉아 이 소중한 나눔의 시간을 함께 경험하고자 한다. 새로운 경험에 감동받는 동안에도 그들은 당신의 바로 그 세심하고 안정감 있는 존재감을 동시에 필요로 한다. 또한 당신 역시 그들에게 이야기를 읽어 준다. 아이들 바로 곁에서, 글과 그림으로 가득 찬 책을 쥐고 있는 그 아이들을 관찰할 수 있다. 어린이의 리듬에 당신을 맡긴 채 그 시간을 즐기고 아이의 말에 맞장구를 쳐 주면서 그 아이가 어떻게 책을 읽는지 보라. 그러면 당신도 깊은 흥미를 느낄 것이다. 뛰어난 스토리와 그림을 보면서 당신은 어떤 책이 그 아이에게 즐거움을 주는 책인지 더 잘 구분할 수 있게 될 것이다."

학자이자 임상의인 르네 디앗킨은 우리의 활동에 크게 기여하였다. 왜냐하면 우리가 의도한 방향으로 그가 진행한 여러 세미나들을 통해 우리는 관찰에 대한 감[46]을 키울 수 있었기 때문이다. 그는 우리에게, 어린이와 그들의 부모, 그리고 그들이 주변 환경과 즉각적으로 맺는 관계 사이에서 일어나는 일에 대해 아주 세밀하게 기록하고자 하는 욕구를 심어 주었다. 관찰하고 기록하라. 세세한 부분들까지 소홀히 하지 말라. 그 세세한 것들을 놓치지 않는 것이 중요하다. 그럼으로써 당신은 그들과 함께 했던 시간들을 다시 한번 깊이 있게 되돌아볼 수 있게 되며, 생각할 수 있는 기회를 갖게 된다. 관찰을 통해 어린이들과 함께 할 수 있는 방법이 풍성해지고 기술이 향상된다. 또한 중재라고 하는 근본적인 역할이 당신의 직업 중심에 있음을 깨닫게 해 준다.

당신의 은근한 관심으로 아이는 마음의 안정을 찾을 뿐 아니라 자신이 그런 관심의 대상이 된다는 사실을 기뻐한다. 그들의 곁에 앉아서, 어떠한 판단이나 통제에 대한 걱정도 배제한 채 애정을 가지고 관찰하라. 설령 아이가 책을 읽고 저자의 의도와는 상관없이 자기 마음대로 해석하고, 당신을 당황케 하더라도, 그들이 마음껏 상상하고 받아들이도록 놔두어라. 이것이야말로 가장 흥미로운 일이다. 이야기를 읽고 듣는 아이, 이것이 핵심이다. 어린이는 자기 나름대로 이야기를 만들어 내는 작가이기 때문이다. 아이가 필요로 하는 것은 자기가 들은 대로 이야기를 상상하고 그 상상 속에서 뛰어 놀 수 있는 자유다. "중요한 것은 책을 읽는 독자의 생각이지 글을 쓴 작가의 의도가 아니다."라고 폴 리쾨르[47]는 우리에게 상기시킨다.

아이들은 온몸으로 이용해 읽고 표현한다. 우리는 아이가 책을 어떻게 자발적으로 받아들이고, 어떻게 표현하는지 기록한다. 어떤 식으로 책을 읽고 어떤 그림에서 멈추며, 되돌아가 어느 부분을 다시 읽는지도 기록한

---

46) 정신 분석가 마리 보나페, 에블리오 카브레조 파라 Evelio Cabrejo Parra와 함께 파리 세인트 안느 Sainte-Anne 병원에서 지금도 그들의 연구는 계속되고 있다.
47) 폴 리쾨르 Paul Ricoeur, 《특별함과 유일함》, 알리스, 1999.

다. 우리는 아이가 한 번 읽었던 책을 읽고 또 읽는 것을 자주 목격하는데, 이때 좀 더 가까이서 자세히 관찰한다. 무엇이 아이의 마음을 그토록 끄는 것일까? 아이의 표현은 놀랍도록 엉뚱하면서 자유롭고 거침없이 질문한다. 이런 모습에 우리는 감탄하지 않을 수 없다. 어린이는 분명 매우 훌륭한 독자인 것이다.

디앗킨과 제자들의 가르침 덕분에 아동의 행동을 해석하고 이해하는 방법을 배웠다. 가장 작은, 세세한 행동의 관찰을 통해 우리는 내면성, 친밀감, 자유 등 무엇이 아이의 마음을 움직이는 지에 대해 더 잘 알게 되며, 그들이 인상 깊게 읽었던 책으로 인해 내면에서 어떤 경험을 겪게 되었는지도 알 수 있게 된다. 이는 마치 발아해서 영혼을 꽃피우는 하나의 작은 씨앗, 혹은 줄기를 타고 올라가 정신적, 지적, 문화적 양분을 제공하는 수액과도 같다. 책은 개인적인 만남의 공간이다. 복잡하고 관념적인 설명 따위는 접어놓자. 우리는 마음 속 깊은 경험에 관한 일을 하고 있는 것이다.

우리는 전문 심리학자의 일을 하는 것이 아니다. 우리 관심의 영역은 매우 넓다. 어린이들을 관찰하면서 기록한 자료들로 인해 우리는 아이가 변화, 발전하는 과정을 쭉 지켜볼 수 있을 뿐 아니라 우리의 경험을 공유하고 관찰 결과를 교류할 수 있다. 또한 어린이 독서에 관한 우리의 지식을 심화시키며, 중재자로서 우리의 정확한 위치를 찾을 수 있다.

그러므로 우리의 연구 활동은 이론이 아니라 백 퍼센트 실제를 기반으로 한다. 우리 연구의 출발점은 일상적 현실에 놓여 있는 현장이며, 어린이고, 그들의 발견과 감정이다. 나는 르네 디앗킨이 우리에게 알려 주었던 것, 즉 독서의 장소를 다양하게 하고, 소외된 사람들을 우선적으로 만나고, 정확한 방법으로 자세히 관찰 기록하고 함께 생활하는 것의 중요성을 라틴 아메리카와 동유럽에 널리 알려 왔다. 이 과정에서 기존의 일반적인 형식과 통계 수치에 대한 집착은 배제했다. 우리는 인간의 마음 속을 파고들어가 아이들과 그들의 부모와 함께 했다. 우리는 만남과 생각과 나눔의 기쁨을 누렸다. 도서관은 여전히 발전하고 있다. 왜냐하면 그 중심에는 인간이 있기 때문이다. 수많은 사서들과 전문가들은 이런 새로운 접근 방법이 어린이와 책에 대한 그들의 시각뿐 아니라 그들의 업무 수행 방식에까지 많은 변화를 가져왔음을 인정한다. 오늘날 사려 깊은 부모들과 사서들은 함께 하는 책읽기와 질적인 만남 덕분에 어린이를 새로운 눈으로 보게 되었음을 고백한다. 그들의 이런 고백을 듣는다는 것이 얼마나 기쁜 일인지 모른다. 이런 어른들을 위해 우리는 최대한 기쁜 마음으로 지원한다.

중요한 것은 '독자를 양성'하고 도서관 관련 통계 자료를 제공하는 것이 아니다. 우리의 프로젝트는 훨씬 더 방대하다. 어린이를 위한 도서관의 중요성을 정당화하고자 많은 사람들이 오랫동안 이렇게 말해 왔다. "어린이 도서관을 지음으로써 미래의 독자를 양성한다." 이러한 주장은 어린이를 위한 것이라고 보기엔 거리가 있다. 제대로 된 책읽기는 아동의 마음을 움직이고 정서를 풍요롭게 해 준다. 중요한 것은 바로 이 점이다. 진정한 독서는 바로 지금 아이의 삶을 더 행복하게 해 준다. 어른들은 모두 훌륭한 독서가인가? 그건 잘 모르겠다. 중요한 것은 바로 현재다. 우리가 살고 있고, 함께 공유하고 있는 지금, 현재인 것이다. 디앗킨은 단순한 즐거움을 얻기 위해 우리 인생에서 중요한 것은 '어디에 쓸모도 없고 공짜인 것'이라고 늘 재미있게 얘기했다. 이는 책읽기의 즐거움을 발견하는 데 종종 방해가 되었던 '교육학'의 비중을 크게 경감시켜 준다.

〈ACCES〉는 아주 어린 유아의 세계를 무엇보다도 중요하게 여긴다. 하지만 도서관에서 우리의 중재·관찰 임무는 아동기의 단계에만 국한되지는 않는다. 우리의 임무는 단계에 따라 방법은 물론 다르지만 모든 연령대에 걸쳐 있다. 성인들을 대상으로 할 때에는 주로 그들의 관심 분야와 관련된 책읽기를 중심으로, 대화 속에서 중재의 역할이 이루어진다. 그들이 별 말이 없더라도 정중히 환영하며 관찰하는 또 다른 방식으로 그들과 함께 한다. 기록하고 교환하고 생각할 것들은 언제나 있게 마련이다.

도서관은 도서관 건물에서 벗어나서 어린이와 청소년들이 모이고 생활하는 어느 곳에나 존재해야 한다. 그리고 이때 정성스럽게 선별한 책들을 준비해야 하며, 이 책들에 생기를 불어넣어 줄 중재인이 함께 해야 한다. 이러한 깨달음과 시도들이 몇몇 선구자들을 중심으로[48] 오늘날 널리 퍼져

---

48) '제2장 깨어 있는 심장들' 편 참조.

나가고 있다. 이러한 움직임은 이제 광범위한 운동으로 번져, 사서들과 중재자들로 하여금 언제나 좀 더 다양한 장소, 완전히 새로운 자리에 나서줄 것을 요구한다. 〈책이 관계를 맺어줄 때〉[49]라는 협회는 프랑스 전역에서 모든 연령의 아이들과 그 가족들을 위한 다양한 시도를 하고 거기에서 비롯된 경험들을 지속적으로 비교·연구하는 사람들과 협회들을 한 곳으로 불러 모았다.

* * *

사라 허쉬만과 함께, 위대한 걸작의 아름다움은 모두를 위한 것이다

르네 디앗킨을 처음 만났을 때 사라 허쉬만을 알게 되었다. 그와의 만남 역시 나에게 깊은 인상을 남겼다. 그 두 사람은 비록 연구하는 대상이 서로 달랐음에도 불구하고 여러 가지 면에서 일치점을 보였다. ACCES는 아기들과 유아 및 다섯 살 이하 아동과 그들의 부모를 주 대상으로 하지만 사라는 성인과 때때로 청소년까지도 고려하였다. 하지만 두 사람 모두 여러 가지 이유로 활자와 문학의 세계로부터 단절된 채 살아가는 사람들에게 우선적인 관심을 갖고 있다. 그리고 그들은 둘 다 이들 소외된 사람들이 어떻게 하면 위대한 작품들을 접하고 기쁨을 느끼게 할 수 있을지를 고민한다. 그들은 인간과 작품에 대한 확신을 갖고 있으며 훌륭한 중재자의 중요성에 큰 의미를 부여한다.

1972년 사라는 미국에서 〈사람과 이야기 People and History〉[50]라는 프로그램을 만들었다. 이 프로그램은 단순하지만 풍요로운 방식으로 시작되었는데, 이는 이 프로그램만의 큰 특징이기도 하다. "사라 허쉬만은 보스턴의 푸에르토리코인 거리에서 어떤 건물 앞 계단에 앉아 있는 한 여인에게 다가갔다. 한 손에 책을 든 채 그녀에게 그 구역에 살고 있는 다른 주민들과 함께 이 책의 이야기를 들어보지 않겠냐고 제안했다. 그는 뜻하지 않은 제

---

49) 〈책이 관계를 맺어줄 때〉 라는 청소년 문학에 대한 국가 문화 활동 기관.
50) 프랑스에서는 카티아 살로몬 Katia Salomon이 이 프로그램을 운영했다.

안에 깜짝 놀랐지만 일상의 지루함을 날려 보낼 수도 있겠다는 생각에 그러겠다고 대답했고, 곧 대여섯 명의 주민을 불러 모아 작은 그룹을 만들었다. 그 첫 번째 모임은 가르시아 마르케스의 작품 《화요일의 낮잠》으로 시작되었다. 그 자리에 참석했던 이들은 정규 교육을 거의 받지 않은 이들이었지만 인생의 쓴맛과 단맛을 모두 겪은 사람들이었다. 그들은 이야기 속 주인공인 어머니와 딸의 대화와 감정에 감동했다. 그들은 이 난해한 책의 이야기를 듣는 기쁨을 발견했을 뿐만 아니라 그 기쁨을 표현할 수 있는 자신들의 능력을 발견했다. 그 감동과 열정이 너무나 뜨거워서 두 번째, 세 번째 모임은 또 다른 이야기들로 쉽게 이어갈 수 있었다."[51]

카티아 살로몬이 전해 준 이 짧은 일화는 만남의 자발성과 단순성, 그것이 불러일으킨 놀라움, 그가 제기한 언어의 특이성, 작업의 풍부함과 복합성을 모두 반영한다. 사라가 쓴 책 《사람과 이야기: 문학의 주인은 누구인가? 사회는 단편 소설을 통해 그들의 목소리를 발견한다》의 부제는 사람과 이야기의 의도를 분명하게 보여 준다.

애초 가졌던 생각은 몇 년이 흐르도록 변하지 않고 그대로 유지되었다. 사라 허쉬만은 문학을 접하지 못한 채 소외된 이들이 명작 문학의 아름다움을 들을 수 있도록 부단히 노력하였다. 당시 사회에서 유행하는 참여 운동에 이 모임을 동원하려는 시도들이 있었지만, 그는 그러한 어떤 시도에도 결코 양보하지 않았다. 수준 높은 도서를 선정하기 위해서 그는 언제나 엄격한 잣대를 고수하였다.

그는 자신의 계획을 실행에 옮기는 데 여러 가지 장애물을 극복해야만 했다. 정규 교육을 제대로 받지 못했거나 독서의 즐거움과는 거리가 먼 힘든 하루하루를 살아가는 성인들에게는 수준 높은 문학 작품이 적절치 못하다는 인식이 지배적이었기 때문이다. 그의 계획이 성공하리라고 믿는 사람은 매우 드물었다. 접근 방식이 너무 엘리트주의적인 것은 아닌가? 복잡하고 까다로운 작품을 제안하는 것이 혹 잘난 체하듯 보이는 것은 아닌

---

51) 이것은 카티아 살로몬의 발표 자료에 언급되어 있다. 불어판 〈사람과 이야기 Gens et Récits〉, 《사람과 이야기: 문학의 주인은 누구인가? 사회는 단편 소설을 통해 그들의 목소리를 발견한다》, 뉴욕: 블루밍턴, 아이유니버스, 2010.

가? 〈사람과 이야기〉에 의해 주도된 이 문학적 만남 운동은 오늘날 미국 공공 도서관 전역에서 아주 자연스럽게 진행되고 있다.

사라 허쉬만의 생각은 그녀의 문학 연구와 작품 선정 문제에서 특히 잘 드러난다. 그는 브라질의 교육자이자 철학자이며 의식화 운동이라는 용어를 탄생시킨 파울로 프레이리 Paulo Freire 를 추종했다. 파울로 프레이리는 억압받는 대중들의 자유를 위해 투쟁해야 한다는 시각을 가지고 있다. 그는 문맹 퇴치 운동을 통해 의식화 운동이 모든 개혁 활동에 우선하는 가장 중요한 것이라고 생각했다. "어느 누구도 다른 사람을 가르칠 수 없다. 스스로를 가르칠 수도 없다. 사람들은 세계라는 중재자를 통해 함께 배울 뿐이다."[52]

사라는 문학을 활동 기반으로 삼는 그만의 방식으로 이 운동에 동참했다. 이것은 전혀 새로운 접근 방법으로 가히 혁명적이라 할 수 있다. 그는 매우 섬세하고 아름다우며 심오한 작품을 중심으로 문학 모임을 열고 활발히 이끌었다. 이러한 모임이 거듭될수록 참가자들은 수준 높은 문학을 접하고 작품에 감동하는 자신의 능력을 발견하게 된다. 카티아 살로몬과 마찬가지로 사라 역시 그들에게 가르시아 마르케스 Garcia Marquez, 헤밍웨이 Hemingway, 후안 룰포 Juan Rulfo, 보르헤스 Borges, 모파상 Maupassant, 셀마 라게를뢰프 Selma Lagerlof, 앨리스 워커 Alice Walker, 나기브 마푸즈 Naguib Mahfouz, 존 업다이크 John Updike, 레이몽 크노 Raymond Queneau의 작품과 그 밖에 신중하게 선택한 다른 작품들을 제안한다. 이제 그들은 자신의 인생 경험이 이 작품들을 감상하는 데 도움을 주며, 이 작품들은 그들의 인생에 새로운 의미를 부여한다는 사실을 인식하게 된다. 독서 모임은 매번 소설 한 편을 중심으로 이루어진다.

사서의 도움이 꼭 필요하다

쉽지 않지만 위대한 작가의 한 작품을 읽은 뒤 독서 모임에 오는 참가자들은 자신의 감정과 의견을 스스럼없이 교환한다. 그들은 문학적 분석을 즐긴다. 그리고 이러한 작품을 비판 의식을 가지고 감성적 언어로 표현

---

[52] 파울로 프레이리, 《페다고지: 억눌린 자를 위한 교육》, 성찬성 옮김, 한마당출판사, 1995.

할 수 있는 자신의 능력에 안도한다. 그들은 각자 의견과 생각을 나누고 다룰 수 있는 능력이 있다. 자신의 삶은 단 하나뿐이며 그 삶은 또한 하나의 커다란 흐름 속에 통합되어 있다는 사실을 깨닫게 된다. 그러한 삶으로부터 힘과 존엄성을 끌어낼 수 있다.

참가자들은 자신들도 뭔가 할 말이 있다는 사실을 깨닫는다. 작품을 다 읽고 난 뒤 진행자는 토론을 유도한다. 진행자는 그들의 반응에 대해 판단하지 않는다. 좋은 대답도, 나쁜 대답도 존재하지 않는다. 중요한 것은 "그들 하나하나가 확신을 느낄 수 있는 환경, 자유롭게 의견을 표현하고, 단어와 묘사 그리고 작품 그 자체가 그들에게 불러일으키는 이미지를 함께 나눌 수 있는 그런 환경이 조성되는 것이다." 카티아 살로몬은 "토론하는 동안 희열이 점점 커진다. 그들은 의견 교환이 활발히 이뤄지는 가운데 풍요로움을 발견한다. 의견과 경험의 활발한 교환을 통해 그들은 책 속에 쓰인 하나의 언어, 문장, 감정을 이해할 수 있게 된다. 한 순간에 그들은 모두가 문학 앞에서 평등해진다."라고 말한다. 토론이 끝나고 나면 많은 이들이 다양한 주제에 대해, 그러나 자주 그 작품에 대해 대화할 필요성을 느낀다.

사라는 자신의 생각을 전달하는 방법을 찾아 이를 토론 진행자들에게 전달한다 —어떻게 책을 선택할 것인가, 어떻게 그 토론을 준비할 것인가, 어떻게 그 토론을 이끌 것인가. 접근 방법은 모든 계층의 대중들을 대상으로 한다는 점, 또한 다양한 장소에서 이루어질 수 있어야 한다는 점을 염두에 두어야 한다.

우리 도서관의 어린이 코너에서는 이러한 문학 모임이 완벽하게 자리 잡았다. 이 모임에는 청소년뿐만 아니라 어른들도 자주 참여한다. 어린 아이들은 보호자의 동반이 필요하기 때문인데, 이 아이들로 인해 부모나 보호자들은 도서관과 가까워지는 기회를 갖게 된다. 보호자들 중 어떤 이들은 거의 교육을 받지 못했거나 받았더라도 아주 조금밖에 받지 못한 이들이다. 바로 이런 사람들이 우리 활동의 우선 대상자들이다. 그들은 때로 분노를 느낀다. "여기 도서관에는 아이들을 위한 모든 게 다 있어. 우리 애들은 이야기 세계에 빠져서 신나게 즐기고 있다구. 하지만 우리 어른들은 뭐지? 우리도 도서관이 좋은데 왜 우리를 위한 공간은 없는 거지?"
사라에 의하면 아이들을 위한 토론이 끝난 뒤 어떤 어른들은 문자 교육 프로그램에 참여하겠다고 결심한다고 한다. 르네 디앗킨이 언급했듯이 계명 외우기보다 음악 자체가 먼저 와야 하는 법이다. 책들이 큰소리로 낭독될 때 모두가 멋진 아동문학을 발견하는 것뿐만 아니라 〈사람과 이야기〉가 제안하는 것과 같은 훌륭한 소설들을 발견할 수 있다.

명작은 예외 없이 모든 사람을 위한 것이다

나는 왜 사라 허쉬만의 제안에 그토록 큰 의미를 부여하는 것일까? 그것은 물론, 그의 제안들이 문화의 전달이라고 하는 우리 도서관의 주요 임무에 완벽하게 들어맞기 때문이다. 뿐만 아니라, 그 일은 매우 훌륭한 텍스트를 중심으로 이루어지기 때문이다. 책을 함께 나누는 것은 아주 중요하다. 명작 문학은 모든 사람들을 위한 것이다. 그런데 이런 수준 높은 문학을 이해하기 위해 우리 가운데 많은 이들은 중재가 필요하다. 중재는 개인의 개성을 존중하면서 예의바르게 이뤄져야 하고, 문학과 인생의 관련성을 강조해야 한다. 세상이 너무나 빨리 돌아가고 변덕스러우며 조급증에 휩쓸리고 있는 오늘날 도서관은 우리에게 이와는 다른 것, 곧 휴식이나 침묵을 제안함으로써 자기 자신을 되찾고 다른 이들과 교류하며 가장 깊은 내면이 보편적 차원에서 인정받을 수 있게 해준다.

우리가 아이들에게 아름다운 이야기들을 알려 주지 않는다면 그들은 영원히 이 이야기들을 알지 못한 채 살아갈 수도 있다. 도서관은 대출 신청을 기록하고 자료 대출만 해 주면서 만족할 수는 없다. 도서관의 임무는 훨씬 방대하다. 사서는 안내인이자 증인이다. 증인으로서의 사서는 다른 사람들이 생각지도 못했던 자원을 찾아낼 수 있는데, 그러한 자원은 안내자로서 그들이 제안한 모임을 통해 드러난 것이다. 중재는 필수적이며, 이것이 우리 임무의 핵심이다.

어떤 연구자와 의사들의 활동이 최근 몇 년 동안 나에게 많은 생각을 하게 했다. 인류학자인 미셸 프티 Michèle Petit는 관찰하고 기록하고 분석한다. 정신과 전문의 세르주 브와마르는 교육자로서 현장에서 일을 하면서 갖게 된 그의 생각을 우리에게 전해 준다. 그들은 자신의 연구와 업무의 하나로 어린이들과 청소년들의 인생 여정을 추적했다. 이들 어린이와 청소년들은 우리 사회에서 소위 '문제아'로 간주되는 아이들로서 학교 생활에 큰 어려움을 겪거나 사회에 적응하지 못한 채 단절되어 있었다. 이 연구는 연구 기간 동안 그룹이 아닌 개인에 초점을 맞추어 읽기에 어려움을 겪는 사람들을 대상으로 정확하고 구체적으로 진행되었는데, 특히 그들의 취향과 평가에 관한 비관론적 일반화에 근본적으로 의문을 제기했다.

미셸 프티는 파리 근교의 한 도서관에 출입하는 북아프리카 출신 젊은이들의 독서 경향에 관해 연구한 바 있다. 이에 따르면 이들 가운데 상당수는 스스로 책을 선택하고 자신만의 책읽기 방법을 가지고 있었다. 이 젊은이들의 놀라우리만치 자유로운 독서 경향은 그들이 이민자라는 사실에서 비롯되었다고 미셸 프티는 단언한다. 이 이민 청년들은 상호 이질적인 여러 문화를, 다양하고도 때로는 예기치 못했던 전혀 새로운 방식으로 결합하고 선택한다. 그는 독서가 어떻게 그들의 삶을 완전히 변화시켰으며, 그들에게 주어진 삶이 아닌 전혀 다른 미래를 꿈꿀 수 있도록 도와 주었는지에 대해서도 언급하고 있다. 그는 매우 설득력 있고 놀라운 여러 사례들을 보고하였는데, 그 중에서도 한 소녀에 대해 이렇게 언급하였다. "프랑스의 한 빈곤한 지역에 살고 있는 이 터키 출신 소녀는 《방법서설》을 읽은 뒤, 논리적 토론을 통해 강제 혼인을 거부할 수도 있겠다는 생각을 갖게 되었다."

널리 퍼져 있는 일반적인 견해 가운데, 책은 거의 자동적, 결정적, 즉각적이며 예측 가능한 행동을 유발한다는 주장이 있다. 이 주장은 다소 지나치게 단순하게 느껴진다. 하지만 좋은 의도로 집필되었음에도 불구하고 결국 마약, 폭력, 근친상간 등 우리 사회의 온갖 문제점들을 집약해 놓는 데 그치고 마는 특정 부류의 소설들이 왜 그토록 넘쳐 나는지 그 이유를 설명해 준다. 이런 부류의 일부 책들은 도서관과 서점에 잔뜩 널려 있으며, 종종 도서관으로부터 퇴출되기도 한다. 청소년에 대해 틀에 박힌 생각을 가지고 있는 이들 작가들과 추종자들은 이러한 종류의 현실 투영 도서들[53]이 때때로 개방이 아닌 폐쇄의 효과를 낳는다는 사실을 잊고 있는 듯하다. 또한 자신의 의도와는 반대로, 그들은 개인의 경험이 개별적이면서 동시에 보편적일 수 있다는 사실을 이해하지 못하고 있음을 보여 주곤 한다. 그들이 잊고 있는 또 하나의 사실이 있다. 그것은 바로 진정한 문학 작품은 지나치게 노골적이지 않으면서 독자로 하여금 책을 읽는 과정 속에서 자연스럽게 길을 찾아가도록 자유롭게 놓아둔다는 사실이다. 이미 아주 어린아이조차도 직관적인 통찰력을 가지고 있음을 목격한 바 있다. 책 속 등장인물과의 놀라운 동일시를 통하여, 어린이들은 자아를 발견하고 되찾기 위한 여행의 즐거움 - 또는 필요성 - 을 알게 되는 것이다. 미셸 프티는 이렇게 말한다. "우리에게는 우리의 일상과 동떨어진 또 다른 세상이 필요하다. 꽉 막힌 삶 속에서 성장해 가면서, 때로 먼 곳으로 잠시 숨어 들어가는 것은 절대적으로 필요한 일일 수 있다."

세르주 브와마르의 경험과 생각은 여러 면에서 미셸 프티[54]의 그것과 일치한다. 그의 저서 《어린이와 배움의 두려움》, 《생각할 줄 모르는 아이들》[55]을 읽다 보면, 우리가 가진 편견을 되돌아보게 된다. 배움과 독서를 격렬히 거부하고, 진정한 책읽기 경험을 전혀 해 본 적 없는 아이들의 가능한 - 또는 불가능한 - 여정과 관련한 우리의 편견 말이다. 그가 우리에게 말하고자 하는 것은 심각한 문제를 갖고 있는 아이들에 대해서만은 아니다. 그는 극한 상황들을 통해 책읽기에 대한 우리의 일반적인 생각을 일깨워 주고, 모든 아이들에게 권해 줄 수 있는 책을 선별하는 데 도움을 준다.

낙오된 청소년들을 위한 아름답고 강렬한 책들, 세르주 브와마르와 함께

교육학자이자 심리 분석가인 세르주 브와마르는 '낙오된' 청소년들의 교육을 맡고 있다. 이들 청소년들은 모든 종류의 규칙과 배움을 거부하고, 특히 책읽기를 격렬히 거부하는 아이들이다. 세르주 브와마르는 이렇게

---

53) 물론 현실 투영 도서가 배척의 대상은 아니다. 진정한 문학 작품의 성격을 갖추고 있을 때에는 필요할 수도 있다.
54) 미셸 프티, C. 발레이 Balley와 R. 라드프루 Ladefroux, 《도서관에서 도시의 권리까지》, 파리: BPI / 조르주 퐁피두 센터, 학습과 연구 전집.
55) 세르주 브와마르의 이 저서들은 두노 Dunod출판사와 남미(멕시코의 FCE, 브라질)에서 출판되었다.

말한다. "내가 교육을 담당했던 대부분의 아이들은 폭력과 명백한 교칙 위반으로 학교에서 여러 번 퇴학당한 경험이 있었다.(……) 교육을 시작한 지 보름이 지나자 교실에 남아 있는 학생이 아무도 없었다. 대부분의 아이들은 밖에 나가서 노닥거리거나, 혹은 내가 그들을 교실로 돌아오도록 설득이라도 할라치면 노골적으로 내게 대들곤 했다. 그나마 내 곁에 남아 있던 몇몇 아이들조차도 공부와는 거리가 멀었다. 내가 할 수 있는 일이라고는 단지 그들을 재미있게 웃겨 주거나 해서 교실에 붙잡아 두는 것뿐이었다. 그렇게라도 하지 않으면 그들마저도 교실 창문 밖에서 나를 조롱하고 있는 다른 아이들의 대열에 섞여 들어갈 것이 뻔했다. 만약 그때 내가 교실 선반 위에 놓여 있던 그림 형제의 이야기책을 발견하지 못했더라면 내 직업을 바꿨을지도 모를 일이다.(……) 하루는 내가 아직까지 내 곁에 남아 있던 서너 명의 아이들에게 이야기책을 읽어 주기 시작했는데, 놀랍게도 그 이야기를 듣기 위해 아이들이 하나둘씩 교실로 들어오는 것이었다. 눈덩이가 부풀어 오르듯 매 순간 손쉽게 폭력을 일삼는 사춘기 초반의 커다란 아이들이 겨우 유치원 수준의 아이들에게나 맞을 법한 이야기를 듣기 위해 아기처럼 손가락을 빨며 자리에 앉아 귀를 기울이는 모습은 정말 예상 밖의 일이었다." "여섯 주가 지나자 나는 매우 고무적인 신호들을 목격하기 시작했다. 우선 아이들이 어느 정도 단합된 모습을 보였으며, 그들과 야유와 욕설이 아닌 대화를 나눌 수 있게 되었다. 아이들은 내가 읽어 준 이야기의 주인공들에 대해서 이야기하기 시작했다."

세르주 브와마르는 자신의 저서를 통해, 제도권의 모든 교육을 격렬히 거부하던 아이들이 어떻게 위대한 문학 유산인 성경, 오디세이아, 고전 신화, 그림 형제 이야기, 잭 런던과 쥘 베른의 작품들에 빠져들게 될 수 있었는지 이야기해 준다. "문화적 주제가 이들에게 지루할 것이라는 편견을 버려야 한다. 이야기야말로 시대를 막론하고 이런 청소년들의 내적 고민들에 가장 가까이 다가가 있기 때문이다." 이런 강한 작품들과는 반대로, '특별한 문제에 봉착한 독자'를 위해 의도적으로 쓰인 무미건조하고 내용이 빈약한 책들은 강하게 거부된다고 세르주 브와마르는 단언한다.[56]

---
56) 세르주 브와마르, 《어린이와 배움의 두려움》, 두노.

어려움에 처한 아이들일수록 강렬하고 특색 있는 작품들을 선호하고 그런 작품들이 필요하다고 생각된다. 비록 처음에는 이러한 작품들을 꺼려하지만 말이다. 소설 속에 평범하게 스며든 일상적 문제들이 아닌 은유와 문학, 거대한 서사 등이 보편적이며 잘 정돈된 문체로 녹아 있는 그런 작품들이 이런 아이들로 하여금 더 많은 생각을 하도록 유도할 수 있다. 소설, 신화, 시에 담겨있는 내용과 그림들은 예술성을 갖추고 있으면서 현실과 적절한 거리를 둔 채 전개된다.

브와마르는 세심하게 분석된 여러 사례들을 통해 우리에게 분명히 말한다. 자신에게 맡겨진 '심각한 독서 거부자'로 분류된 아이들을 보면 "자신이 읽은 내용을 이해하지 못했으며, 소리를 듣고 그 내용을 형상화하거나 추측해 보는 능력이 떨어졌다." 이런 두려움이 아이들을 뒷걸음치게 하고 독서 장애를 일으키므로, 두려움을 극복하도록 하기 위해 그는 문학이 재현된 그림, 조각, 연극 들의 표현물로부터 독서를 시작하도록 제안한다.

책읽기 공포증을 대하는 대담한 교육

어느 날, 브와마르는 아이들에게 성경의 한 일화를 들려주었다. 이 이야기는 거만한 발타자르에 내려진 신의 처벌과 관련된 강렬한 이야기였다. 바빌론의 왕 발타자르가 자신의 아버지이자 그 유명한 느브갓네살이 예루살렘의 신전에서 약탈해 온 성배를 가져다 술을 담가 마시면서 술잔치를 벌이고 있는 장면에서 아이들은 이야기 속으로 흠뻑 빠져들었다. "술기운에 거나하게 취한 발타자르는 그의 아버지가 예루살렘 신전에서 가져온 금과 은으로 된 잔들을 내오도록 명령했다. 그와 그의 가족, 부인과 애첩들의 술잔으로 사용하기 위해서였다……." "흥청거리던 파티 참석자들은 벽 위에서 꿈틀거리는 피에 젖은 손으로 인해 순식간에 술이 확 깼고, 이 악몽과도 같은 광경에 분위기는 일순간 공포와 두려움 속으로 빠져들었다. (……) 왕은 낯빛이 파랗게 질렸고, 그의 정신은 공포에 사로잡히고 말았다."

아이들이 이 이야기에 빠져드는 이유는 "무엇보다도 이 바빌론의 왕이 사로잡힌 감정들이 자신들이 느끼거나 느낄 수 있었던 감정들과 매우 흡사하기 때문이다.", "겉모습에 현혹되어서는 안 된다(……)라고 브와마르는 말한다. 위기의 아이들 교실에서 일어나는 많은 일들은 바빌론 궁궐에서 있었던 일들과 많은 공통점을 가지고 있다. 흥분, 절대 권력과 승리에 대한 욕망, 탐욕, 질투, 규칙에 대한 거부와 같은 감정들은 우리 아이들 무리에도 역시 그대로 적용되어, 법률을 무시하고 복종을 거부하며 의심과 질문을 피하기 위한 도구로 사용된다." 그러나 모든 규칙과 법규를 거부하는 이 아이들이 신기하게도 이 성경 이야기 속 신성 모독 행위에 분노하면서, 이러한 행위는 그에 합당한 엄중한 벌을 받아 마땅하다고 여기고 있다. "복잡하고도 시대에 뒤처진 듯한 이 이야기가 오늘날 아이들의 관심을 끄는 이유는 이것이 그들을 사로잡고 있는 감정들, 곧 그들을 타락시키고 건전한 사고를 가로막는 그러한 감정들을 보여 주고 있기 때문이다."

이 성경 일화는 아이들이 매일 일상적으로 겪는 가족 문제라든가 몽상들이 아닌 완전히 다른 이야기를 함으로써, 아이들이 그 속에 쉽게 빠져들 수 있었다. "만약 어떤 작품이 두려움을 벗어나서 생각에 의해 통제되고 논의될 수 있으려면, 그런 지적 활동을 뒷받침하는 주제는 반드시 시간과 공간적으로 현실과는 떨어져 있는 주제여야만 한다." 이런 강렬한 텍스트를 접하게 되면서, "이 아이들을 가로막고 있던 장애물들이 기운을 잃고 제거되었다."

그러므로 고전 문학이든 현대 문학이든, 최고의 작품은 독자들에게 일어날 수 있는 걱정거리를 단조롭고도 있는 그대로 충실하게 반영하는 것이 아닌 그와 다른 것들을 우리에게 제시한다. 우리는 직설적 방법으로가 아니라 작품이 제공하는 허구적 스토리와 이미지라는 우회적 방식을 통해 문학 작품 속으로 젖어드는 것이다. 문학 작품들은 우리의 근심 걱정이 작품의 강렬함과 섬세함, 그리고 심오함 속에서 우회적 방법으로 살아나도록 우리를 조련한다. 우리가 미처 알지 못하고 의식하지 못하는 사이 어느덧 작품 속에 우리가 들어가 있게 되는 것이다. "바로 이런 점으로 인해 지식에 대한 갈망은 배움에 대한 두려움을 넘어서서 더 큰 생명력을 부여받게 된다."

물론, 브와마르와 같은 교육자의 업적은 예외적인 것이다 - 그가 겪었던 학생들의 어려움도 마찬가지로 컸다 - 그의 교육 방식이나 특히 그의 인내심은 대단한 것이었다. 이러한 일들은 무엇보다도 시간이 필요한 일이다. 이것이 단지 심리학자나 정신과 의사들에게만 주어진 일일까? 그렇지 않다. 브와마르에 따르면 "그것이 문학이든, 과학이든, 예술이든 간에 문화라는 매개체는 자기의 역할을 충실히 수행할 수 있어야 한다. 두려움은 이성적 사고를 가로막는다. 그러므로 문화적 매개체는 이러한 두려움을 극복할 수 있는 방법을 제공해야만 한다."

책읽기와 사서라는 우리 직업에 대한 학자들과 실무 전문가들의 시선으로 인해 나는 중재자로서 우리의 접근 방식에 대해 생각해 보게 되었다. 매너리즘에 빠지지 않기 위해 우리는 아이들이 암시적, 간접적으로 우리에게 말하려는 바를 충분한 시간을 두고 제대로 들어주어야 하며, 그들의 독서 방법과 책의 선택 및 거부, 그들의 행동을 세심하고도 애정 어린 눈으로 관찰해야 한다. 또한 반드시 다른 동료들과 팀을 이루어서 작업해야 하며, 가능하다면 다른 분야의 전문가들과 함께 살펴보고 판단할 수 있도록 관찰한 바를 잘 기록해야 한다.

브와마르와 프티의 관찰 결과가 책을 읽지 않거나 혹은 책읽기에 어려움을 겪는 자들의 독서에 관해 알려 줌으로써, 예외 없이 누구에게나 수준 높고 훌륭한 작품을 권장해야 한다는 믿음을 갖게 되었다. 그리고 수준 높은 작품들을 반복해서 읽을 수 있도록 시간을 줌으로써, 독자들이 고대 신화나 우주 발생론 들에 대해 보편적인 질문을 던지는 높은 수준에까지 이를 수 있게 되리라는 믿음을 갖게 되었다. 그들은 또한 우리에게 종종 오해로 인해 묻혀 있는 훌륭한 작품들을 개인 시간을 투자하여 찾아내라고 요구한다. 이것은 사라지거나 잊혀져서는 안될 현대의 작품들을 우리가 잘 분별해서 골라낼 수 있도록 도움을 준다.

아이들처럼 우리 성인들도 이야기를 귀로 들어볼 필요가 있다. 나이가 몇 살이든 이야기에 대한 이러한 경험은 소중한 것이다. 예민하고도 감각적인 책읽기 방법인 낭독은 읽는 사람에게나 듣는 사람에게나 큰 즐거움이 될 수 있다.[57] 브와마르의 연구 이후 우리는 어린이들이 《해저 이만 리》를 여행하고 《지구 속 여행》이나 북극의 황량한 대지의 횡단을 시도해 보도록 훈련시킬 필요를 느끼게 되었다. 이 책들은 시작과 죽음, 때로 아주 근원적인 공포감 등에 대해 말하고 있다. 물론 우리는 책 속에서 커다란 즐거움을 맛보기도 한다.

어린이들과 학자, 현장 전문가들을 만나면서 우리는 책읽기와 우리 직업이 얼마나 보람 있는 일인가 느끼곤 한다. 물론 이러한 작업은 도서관의 일반 업무보다 훨씬 더 까다로운 일이기는 하다. 하지만 그만큼 더 흥미로운 일이기도 하다. 브와마르는 배우는 것을 두려워하는 아이들에 대해 이야기하면서 생각의 정지에 대해 언급한 바 있다. 주변부로 밀려나 방황하는 이들은 우리로 하여금 끊임없이 질문을 던지게 만든다. 만약 우리가 이들에 대해 고민하며, 도서관 사서라는 우리의 직업에 좀 더 새로운 방식으로 접근한다면, 생각의 정지라는 이 실질적 장애로부터 벗어나게 될 것이다.

* * *

〈국제 ATD 제4세계〉[58] 운동 역시 우리에게 도움을 주었다. 이 단체는 1950년대 말부터 저소득층을 위한 구호 활동을 펼쳐 왔는데 특히 문화 활동과 도서관 활동에 역점을 두고 있다. 이 단체의 적극적 활동은 우리가 나아갈 길을 명확히 해 주었다. 국제 ATD 제4세계 단체의 창설자 조셉 레진스키 Joseph Wresinski는 1965년 개관 때부터 클라마르 도서관에 관심을 가지고 있다. 그는 공공 도서관이 극빈자들을 좀 더 배려해 줄 것을 요구해 왔는데, 빈곤한 사람들이 모여 사는 클라마르의 한 지역에, 그것도 이민자 임시 수용 주택 단지 근처에 그처럼 수준 높고 아름다운 문화 시설이 마련되었다는 사실에 감동받았음을 고백했다. 도서관이 개관되자 협력 작업이

---

57) '제6장 내 집 같은 도서관!' 편 참조.
58) 국제 ATD: Aide à toute détresse 제4세계(Mouvement ATD Quart Monde) 과학 서비스. 조셉 레진스키에 의해 파리 근교에서 창설된 사회 구호 단체. 이 활동은 현재 전 세계로 확대되어 펼쳐지고 있다.

이루어졌다. 그는 우리에게 가장 훌륭한 출판물들을 알려 달라고 요청했으며, 우리는 우리가 채택할 수 있는 새로운 활동 영역을 그를 통해 발견할 수 있었다. 거리의 이동 도서관[59]이 바로 그것이다. 상호 교류로 인해서 우리의 관찰은 세세하게 기록될 수 있었다. 이러한 기록은 이 분야의 지식 습득을 지속적으로 제공하기 위함이었다. 바로 이것이 이 운동의 이름이 〈ATD 과학 서비스 ATD science et service〉가 된 까닭이다. 나는 때로 약간은 비인간적이라고 느껴질 정도의 이 과학적 엄정함에 특히 감사함을 느낀다.[60]

*　*　*

카펫 한 장과 정성스레 선별된 책 몇 바구니만 있으면 충분하다. 도서관이 반드시 갖추어야 할 필수 요건은 그거면 된다. 오늘날의 선구자들은 커다란 짐 가방을 끌고 이곳저곳 소외된 지역을 찾아다니며, 자신들이 개인적으로 간직하고 있는 것, 곧 모든 형태의 문학에 대한 사랑, 그 문학이 전달하는 표현에 대한 사랑 들을 나누고자 한다. 최상의 것을 전해 주기 위해, 그들은 흔하디 흔한 문화 시설로부터 동떨어진 채 사회의 주변부에 머물며 살아가고 있는 이웃들을 만나러 떠난다.

소외 계층 주민들을 만나다

작은 도서관들이 도처에 생겨난다. 이름도 각기 다르고 형태도 제각각이다. 뉴델리의 한 판자촌에 있는 도서관은 천막으로 만들어졌다. 나뭇가지에 천들을 묶어 놓은 형태의 이 도서관에는 심혈을 기울여 엄선한 몇몇 작품들이 있다. 태국에는 이동 도서관이 있는데, 이 도서관은 이동할 때, 그저 오토바이 위에 실어 올리기만 하면 된다. 삼면으로 만들어진 이 미니 도서관은 화보집이나 소책자들을 싣고 다니면서 행인들의 시선을 끈다. 길거리, 공원, 학교, 그 밖에 사람들이 모이는 장소면 어디든 가리지 않고

---

59) 마리 오비네 AMarie Aubinais, 《거리 도서관을 언제 열 것인가?》, 바야르 / 국제 ATD 제4세계, 2010.
60) '제2장 깨어 있는 심장들' 편 참조.

달려가고 또 멈춘다. 이 이동 도서관은 전 세계로 퍼져 나갔다. 예를 들면 이집트, 레바논, 그 외의 난민촌에서도 볼 수 있다. 짐바브웨에는 가정 도서관이라는 것이 있는데, 말 그대로 가정집 도서관이다. 몇몇 엄마들이 일주일에 한 번씩 돌아가며 자신의 집을 그 동네 아이들에게 공개하고, 여기에 모인 아이들은 책을 읽고 많은 이야기를 나눈다.

이쯤에서 일본에 흔한 문고에 대해 언급하지 않을 수 없다.[61] 길가에서 문고를 발견한 사람들, 문고를 운영하는 이들, 어른 아이 할 것 없이 모든 사람들에게 이 소규모 독서 공간은 희망의 공간이다. 규모는 작지만 도서관으로서 갖춰야 할 대부분의 요소를 다 갖추고 있다. 양질의 도서 구비, 그곳에 상주하며 활기를 불어넣는 주의 깊은 어른, 마음껏 원하는 책을 고를 수 있는 어린이들의 자유가 그것이다. 이 세 가지 요소는 도서관의 필수 요건이다. 문고 운동은 도서관 부족과 이를 개선하기 위한 문제 의식을 갖고 있던 단체들과 신념에 찬 몇몇 사람들에 의해 시작되었다.[62] 이들은 책읽기라는 보물을 일부 소수만 누려서는 안 되며, 함께 나누어야 한다고 생각한다. 그들은 책읽기가 새로운 길을 발견하게 도와주고 운명 결정론에 대항할 힘을 준다는 사실을 알고 있다. 또한 책이 인간의 삶과 이 세상에 대한 새로운 시각을 갖게 해 준다는 사실도 알고 있다. 그러므로 어렵다 못해 인간의 존엄성마저 위협받는 삶을 살고 있는 사람들이 모여 있는 지역일수록 도서관은 더욱 필요하다. 이런 일을 시작하기 위해 뭔가 거창한 방법을 찾을 필요는 없다. 지체하지 말고 그들이 살고 있는 곳으로 찾아가, 그들의 손과 그들의 가슴에 그저 책을 전해 줄 수 있으면 되는 것이다. 언제든 책을 접할 수 있는 지리적 접근성이 중요하다.

좋은 생각은 단순하다

나는 이 겸손한 선구자들의 작업을 목격했고, 해결 방법의 단순성에 감탄했다. 그들의 열정과 즐거움이 마음에 들었다. 여러 해 동안 그들의 프

---

61) 이 주제에 관해 데장로스 이어 Déjenlos leer의 언급을 참조할 것. 일본식 문고의 유형은 전 세계 여러 나라에 도입되었다.
62) 해마다 볼로냐 국제 어린이 도서전에서는 선진국이건 빈곤국이건 상관 없이 독서 취약 지역에서 행해진 작지만 특별한 성과들을 선정하여 국제 아동 도서 협의회-아사히 독서 장려상을 수여하고 있다.

로그램을 살펴보았다. 그 프로그램들 가운데 일부는 네트워크 망으로 발전되었다. 앞에 언급한 바 있는 〈레아모스 프로그램 Leamos de la mano de Papa y Mama〉[63]은 남미, 그 중에서도 특히 멕시코[64], 콜롬비아, 니카라과, 파나마, 베네수엘라와 에콰도르에 뿌리를 내렸다. 이 프로그램은 지역, 사람, 사람들의 상상력과 확신에 따라 다양한 형태를 띠고 운영되고 있다.

멕시코의 구아나후아토 Guanajuato에서 리리오 Lirio는 어린이 감옥이라고 불리는 소년원 안에서 작은 도서관을 운영한다. 화가이자 음악가, 시인이기도 한 그는 이 어린 소년범들에게 화집과 세심하게 선별된 시집, 그리고 흥미로운 그림책들을 제공한다. 덕분에 소년원 안의 아이들이 집중적인 책읽기 시간과 문학 창작, 교류와 생각의 시간을 갖게 되었다. 도시 근교에 살고 있는 그는 자신의 동네에 있는 학교에도 작은 도서관을 운영한다. 현재 이러한 경험을 바탕으로 그 지역 도서관 사서들의 교육을 담당하고 있다.

산 루이스 데 포토시 San Luis de Potosi에 사는 아우레아 Aurea는 때때로 코미디언이 된다. 그는 거리의 아이들과 함께 하면서 그들로 하여금 독서의 즐거움을 깨닫도록 도와줄 뿐 아니라, 그때그때 마련된 수단을 이용해 이 아이들이 글로 쓴 내용들을 작은 책으로 엮어 출판하기도 한다. 길거리에서 구걸한다는 이유로 피하고 지나쳐 버린 이 아이들이, 누군가가 자신들의 곁에서 믿음을 갖고 지켜봐 준다는 사실에 책을 읽고, 그리고 그 순간에 얼마나 큰 감동을 받게 될지 모른다고 그는 말한다.

멕시코에 사는 네스토르 Nestor는 의류 가게에서 일한다. 그는 일 주일에 한두 번 저녁때 자신의 집에서 부모님과 그 지역에 사는 청년들과 어린이들을 맞는다. 그의 할아버지부터 청소년인 그의 막내 동생까지 그의 모든 가족들이 '그의 도서관'에 모인다. 집 한편에 마련된 독서 공간은 사람들의 왕래가 빈번한 길 쪽으로 창이 나 있다. 비치된 책들은 매우 훌륭한 책들이다. 도서 편집자들은 그에게 책을 보내 주고, 대신 네스토르의 의견과 어린 독자들의 반응을 알아보고자 한다. 그곳에 모여 있는 동안 어른,

---

[63] 42쪽 참조.
[64] 멕시코에서 이 프로그램은 멕시코 문화부의 전폭적인 지원을 받고 있다. 또한 이 프로젝트는 멕시코 주재 프랑스 대사관의 지원도 받고 있다.

아이 할 것 없이 모든 사람들이 발언 기회를 갖는다. 책에 대해 이야기하고, 그 책의 구절들을 읽는다. 매우 화기애애한 분위기에서 책에 대한 대화가 이어진다.

오딜리아 Odilia는 인도 여인이다. 그리고 열성적인 활동가이기도 하다. 멕시코의 파츠쿠아로 Patzcuaro에 살고 있는 그는 오직 자국을 떠나 미국으로 이민 갈 생각에만 사로잡혀 있는 젊은이들을 걱정한다. 그러므로 침체된 이 마을의 삶에 새로운 흥미를 부여하는 것이 무엇보다 중요한 일이다. 약초가 가득하고 전통이 풍부하게 살아 있는 작업장 근처에 위치한 이 마을의 작은 도서관에서 사람들은 행복한 마음으로 책을 읽고 또 읽으며 넓은 세계로 나아간다. 아이들은 책을 대출해 간다.

멕시코의 산드라 Sandra는 역사학자인데, 매주 장애인들을 위한 데이케어 센터에서 독서 모임을 주관한다. 함께 하는 독서 모임을 지켜본 보호자들은 그 모습에 감동받고 행복해 한다. 그리고 그들도 둥글게 모여 앉아 책을 읽고 자신의 아이들에게 이야기해 준다.

니카라과의 작은 마을 히노테페 Jinotepe에는 리브로스 파라 닌호스 Libros para ninhos라는 어린이 도서관이 있다. 이 도서관은 정해진 도서관 부지가 따로 없는 대신 공원, 광장, 소규모 학교에 이르기까지 도처에 존재한다. 그곳에서 아이들은 책을 읽고 대화를 나누며 책을 대출해 가기도 한다. 그리고 부모와 교사들은 합심해서 질 좋은 도서를 찾기 위해 많은 노력을 한다. 과거 거리의 아이에서 도서관 사서로 성장한 체마 Chema는 주요 활동가 가운데 한 명이다. 공원의 중간쯤 시소와 미끄럼틀 옆에 그럭저럭 작은 도서관의 형태를 띤 건물이 있는데, 아이들과 부모들이 이곳에서 걸음을 멈추고 오랫동안 책읽기에 빠져들곤 한다. 구비되어 있는 책들의 면모도 놀랍지만, 이 소란스러운 장소 한가운데에서 잔뜩 집중한 채 책을 읽고 있는 어린이들의 모습은 더욱 놀랍다. 그림이 그려져 있는 대형 패널 몇 개만이 지나가는 행인들에게 이곳이 활기 넘치는 작은 도서관임을 알려 주고 있다. 앤서니 브라운 Anthony Browne 이나 모리스 센닥 작품의 주인공들처럼, 아이들의 많은 사랑을 받는 작품 속 인물들이 책 속에서 빠져나와 전신상으로 전시되어 있다. 뿐만 아니라 남미의 책에 나오는 익숙한 주인공인 《자전거를 타는 암탉》,[65] 《세상에서 가장 끔찍한 여자》[66]와 같은 주인공들의 모습도 볼 수 있다. 어린이 세계에서 빠지지 않고 흔히 등장하는 월트 디즈니의 캐릭터와는 거리가 멀다.

구아나후아토에 사는 릴리아나 Liliana는 온갖 상상력을 동원해서 어린이들을 불러 모은다. 이야기 듣는 즐거움을 알려 주기 위해 그는 남미의 일상적 풍경이기도 한 덜컹거리는 버스 안에서 기꺼이 오랜 시간을 보낸다. 특히 차별과 배척의 희생자가 된 원주민 가족들이 모여 사는 마을에 들어가 작업을 한다. 거기서 그는 낡은 오두막을 하나 빌린 뒤 그곳을 생동감 넘치는 도서관으로 개조했다.

우리 주변에는 사실 낡고, 부적절하고, 혐오스러우며 저급한 삼류 소설 따위의 책들로 가득 찬 도서관도 많다. 하지만 위에 언급한 도서관들은 그런 류의 도서관과는 전혀 다르다. 실망스럽기 짝이 없는 그런 도서관은 방문객들에게 친화적이지도 않고, 그곳에서 일하는 사서 역시 도서와 시설물을 지키는 관리인 정도의 역할만 하면서 어린이들로부터 멀찍이 떨어져서 그들을 감시하고 도서 대출을 허가해 주는 정도에 만족할 뿐이다. 요컨대 아주 지루하기 짝이 없는 업무인 것이다. 열정과 마찬가지로 지루함도 전염성이 있다.

그와는 반대로 우리의 관심을 끄는 이 소규모의 비공식 독서 모임은 열정을 불러일으킨다. 그곳에 가면 예술적이고 인류애가 담긴 신중하게 선별된 뛰어난 화보들과 어린이 명작에 둘러싸여 어린이들과 함께 행복한 시간을 보낼 수 있다.

우리는 어린이들 한가운데 앉아서 바구니에서 책을 꺼낸다. 마음에 드는 책을 발견하고 기뻐하는 어린이, 그 아이들과 함께 즐거워하는 부모들, 우리는 그들과 기쁨을 함께 느낀다. 아이들과 부모들은 그들의 행동과 말을 통해 문학적 감수성과 지적 호기심을 자유롭게 표현하고, 우리는 이러한 모습을 목격하며 놀라움을 느낀다. 책이 그곳에 있음으로 해서 이들의

---

65) 다니엘 발보 Daniel Barbot 글, 모레야 푸엔마요르 Morella Fuenmayor 그림, 《자전거를 타는 암탉》, 에카레 출판사.
66) 프란시스코 이노호사 Francisco Hinojosa 글, 엘 피스곤 El Fisgón 그림, 《세상에서 가장 끔찍한 여자》 FCE 출판사.

만남은 한없이 소중하고, 흔하지 않은 경험이 된다. 어른 아이 할 것 없이 모든 사람들이 이 행복한 순간들을 함께 나누고 있는 것이다.

이와 같은 방식의 작은 도서관 네트워크는 지리적 근접성을 중요시한다. 이 도서관은 어느 곳에나 자리 잡을 수 있으며 작지만 교육적으로 풍요로운 장소임을 자랑한다. '사서'는 항상 그곳에 있으면서 좋은 책을 권해 주고 그곳에서 일하는 시간을 충분히 즐긴다. 그리고 책을 발견하고 고르는 어린이들을 관찰한다. 설령 아이들이 책의 내용을 '잘못 해석' 하더라도 그것을 고쳐 주려 하지 않는다. 사서는 섣불리 판단하려 들지도 않는다. 각각의 아이들은 자기만의 책읽기 방법을 가지고 있으며, 그렇게 하기를 원하고 필요로 한다.

사서는 자신이 목격한 것을 자세하게 기록하고 쓴다.[67] 이런 네트워크의 모든 회원들은 자신의 관찰을 기록으로 남기고, 그것을 서로 돌려 보기도 한다. 아주 세세한 사항, 의미 없어 보이는 작은 몸짓, 그리고 무심코 내뱉은 말들, 그 모든 것에 어떤 의미가 담겨 있을 수 있다. 이런 것들의 기록을 통해서, 아이들의 영혼과 심리 상태가 형성되어 가는 미묘한 흐름을 이해하며 따라갈 수 있게 된다. 일 년 내내 우리는 새로 기록하고 알게 된 내용들을 메일을 통해 서로 교환한다. 그러므로 이 네트워크라는 장치는 소규모 독서 단체에게 필수적인 것이다. 다른 이들과 함께 서로의 성취점과 어려움을 모두 교환하고 비교해 볼 수 있어야만 한다.

이러한 관계 방식은 오늘날 인터넷의 발달과 함께 크게 수월해지기도 했거니와, 무엇보다도 이 프로젝트를 수행하는 근본적인 방식이기도 하다. 가장 훌륭한 혁신이 주체들 사이의 소통 부재와 단절로 인해 얼마나 쉽게 약해지고 사라질 수 있는지를 우리는 잘 알고 있다. 이제 우리는 다른 이들의 혁신적인 시도를 차근차근 따라갈 수 있으며, 함께 고민하고 서로 가르치고 도울 수 있다. "이런 네트워크에 참여하고, 우리의 생각을 뒷받침할 관찰 결과를 교환함으로써, 우리는 어린이와 책, 독서에 관한 우리의 시각을 완전히 바꾸게 되었다". 네트워크 멤버들의 만남 그 중심에는

---

67) 그러한 경험은 흔하지 않다. 프랑스에서는 주로 〈ACCES〉, 〈파리에서 독서를 Lire à Paris〉, 〈책이 관계를 맺어 줄 때 Les livres qui relient〉 같은 단체에서 실천하고 있다. '제2장 깨어 있는 심장들' 편 참조.

어린이들이 있다.

점점 널리 퍼져 나가는 경험들

이러한 시도는 빠르게 파급되고 있다. 주변으로 씨앗을 뿌리자 이제 그 씨앗들에서 싹이 나려 하고 있다. 예를 들어 멕시코의 카롤라 Carola에서는 어떤 소규모 그룹이 주체가 되어 한 종합 병원의 소아과 대기실에서 매주 책읽기 시간을 제안해서 운영하고 있다. 병원은 언제나 시간이 더디게 흐르고 지루하며, 걱정을 안고 기다리는 곳이다. 그렇지만 늘 그렇듯 쿠션 몇 개와 책이 든 바구니 몇 개만 있으면 상황은 달라진다. 사람들은 책을 읽고, 이야기를 나누며, 즐거워하고, 걱정을 잊어버린다. 부모들 역시 큰 즐거움을 맛본다. 이 첫 번째 시도는 빠르게 다른 병원으로, 다른 나라들로 기름 번지듯 퍼져 나갔다.

보고타의 한 병원에서는 이러한 시도가 의료인들에게 깊은 인상을 심어 주었다. 간호사들과 의사들은 독서로 인한 기쁨과 확신, 친밀감을 나누는 시간들 덕에 어린이들과 부모들의 근심 걱정이 가라앉고 변화되는 것을 목격했다. 그들은 이러한 활동이 그 도시의 다른 병원에서도 시도되기를, 특히 그 중에서도 가장 빈곤한 지역에서 먼저 시도되기를 희망하였다. 한 대규모 제약 연구소는 이 시도의 중요성에 동감하며, 콜롬비아 전역에서 이 프로그램이 실시될 수 있도록 자금을 지원하기로 결정했다. 이로써 양질의 도서를 구입할 수 있게 되었고, 독서 전문가들을 고용하여 아이들과 부모들이 병원에 머무는 동안 친밀하고 소중한 나눔의 순간을 가질 수 있는 환경이 조성되었다. 〈레아모스 네트워크〉의 멤버인 파트리시아 Patricia는 페루에 정착된 이 프로젝트의 책임자이다. 그는 필요한 교육을 위해 어디든 달려간다. 이렇게 해서 탄생된 풍부하고 자세한 관찰 결과는 네트워크를 통해 공유되고, 각자의 생각에 살을 붙여 준다. 단체 회보가 폭넓게 배포되고 있다. 또한 병원에 입원한 아동들을 위한 책읽기라는 새로운 개념이 탄생했다. 이 개념은 아동과 책 사이의 지극히 개인적이면서 친밀한 관계에 기초를 두고 있으며, 아이와 함께 할 감수성 풍부한 성인에 의해 뒷받침된다.

　이 네트워크의 몇몇 회원은 자기 나라 공공 도서관의 책임자들이기도 하다. 작은 공간에서 이루어지는 비공식적 독서 모임은 규모가 크든 작든 모든 도서관에서 완벽하게 자리를 잡았다. 그리고 이것은 레아모스 기획의 목표 가운데 하나이기도 하다. 모든 공공 도서관이 어린이들에게 신뢰감을 심고 친밀한 비공식적 나눔의 시간을 제공하는 것이 바로 그것이다. 보고타에 있는 엘 파르케 El Parque 도서관은 그라시엘라 Graciela의 지휘 아래 활발한 활동을 펼치고 있다. 이곳에 모인 꼬마들은 그 부모와 함께, 마치 자기 집에서처럼 편안한 분위기 속에서 책을 읽으며 오랜 시간을 보내곤 한다. 도서관 책임자들은 저마다 고유한 프로그램을 가지고 있으며, 젊은 혹은 어린 독서가들이 도서관 활동에 진지하게 참여할 수 있도록 보조한다. 이들 독서가들이야말로 진정한 의미의 책임자들이다. 그들은 각자 자신만의 방식으로 도서관에 활기를 불어넣고 있다. 나는 어느 일요일 도서관 축제 행사에 참여한 적이 있는데, 상당히 많은 가족들이 해리 포터를 기념하기 위해 모여들었다. 그 성대한 축제의 모든 부스는 도서관 사서들의 도움을 받아 청소년 독서가들이 상상해서 기획하고 준비하였다.[68]

　그라시엘라처럼 올가도 파나마의 공공 도서관 관장이며 네트워크 회원이다. 다른 멤버들은 새로운 장소를 찾아 일을 하는 데 반해, 올가는 도서관의 일상적인 무거운 분위기를 털어내고, 활기 넘치는 도서관으로 변화시키고자 했다. 그러기 위해 여러 가지 새로운 시도를 받아들였고, 전국의 모든 도서관을 방문하는 어린이들이 늘 따뜻하게 환영받는 느낌을 받도록 애썼다. 그가 정기적으로 주최하는 몇몇 행사에서 말하듯이 책읽기는 축제이다.

　앞에서도 언급했듯이, 이러한 노력과 시도는 때때로 정부 쪽에도 영향을 끼친다. 멕시코 교육부는 〈레아모스 협회〉 회원들에게 전국 초등학교에서 사용될 도서 선정에 적극 참여해 줄 것을 요청하였다.

　큰 도약이 일어났다. 네트워크를 통한 작업은 나라, 지역, 기타 상황에 따라 다른 이름으로 계속 진행되는데, 이러한 업무는 활동가들에게 결코

---

68)　이 훌륭한 도서관은 그러나 불행히도 폐관되었다.

지치지 않는 열정을 불러일으켰다. 그라시엘라는 앞에서 언급한 바와 같이 보고타에 있는 한 활기 넘치는 도서관의 책임자였는데, 이 도서관이 문을 닫게 되었다. 그러자 그녀는 아마존 숲 속 마을에 들어가서 일을 계속하면서 놀라운 발전을 거듭하고 있는 공공 도서관들에 조언해 주는 일을 잊지 않았다. 그녀 덕분에 그곳의 아이들은 우리의 첫 임무 때 우리 네트워크 회원들이 열정적으로 찾아내었던 것과 같은 훌륭한 명작들을 즐겁게 찾아냈다.

2002년 아르메니아에서는 같은 원칙 아래 〈독서의 기쁨〉이라는 프로젝트가 전국 다섯 개 도시에서 실시되었다. 이 프로젝트는 열의에 찬 학생들 몇 명이 주도하였는데, 우리는 이들에게 어린이 책에서 가장 훌륭한 것들을 알아볼 수 있는 방법을 알려 주었다. 그들은 자신들이 관찰한 바를 성실하게 기록했다. 그리고 필요한 경우 라틴 아메리카 네트워크를 이용하여 서로의 기록을 교류하기도 했다. 이로써 아제르바이잔의 산악지역 오-카라바흐 Haut-Karabagh와 멕시코 소도시 구아나후아토 사이에 어린이들이 사랑하는 책들을 중심으로 한 유대가 형성된 것이다. 이 프로젝트는 라틴 아메리카 프로그램에 뒤이어 탄생되었다. 우리는 지구촌 전체를 이어주는 네트워크를 꿈꾸기 시작했다. 이제 인터넷으로 인해, 이 모든 것들이 가능하리라는 사실은 의심할 여지가 없게 된 것이다.

이런 소규모 독서 단위는 유럽과 남미에서뿐 아니라 아프리카와 아시아에서도 찾아볼 수 있다. 이들은 아주 중요한 관측소이기도 하다. 이 작은 단위의 독서 모임들은 매우 다양한 개성을 가진 인물들을 아이들을 위한 봉사에 끌어들일 수 있다는 장점이 있다. 이들 '아마추어'들은 이 작은 조직을 발전시키고, 나아가 소규모 도서관을 관리할 능력을 갖게 될 것이라는 믿음을 준다. 아이들과 만나는 것은 그들에게 경이로움의 원천이다. 그들은 아동 도서에 대한 열정을 가지고 있으며, 문학 지식과 독서에 관한 지식을 쌓고 좀 더 깊이 공부하기를 원한다.

이 에너지를 사용하여 다양한 장소에 진출하고, 파급 효과를 배가시킬 수 있는 방법은 수없이 많이 있다. 이때 무엇보다 필요한 것은 공공 도서관이 어린이와 청소년을 포함한 다양한 계층의 다양한 독서 경험에 대해 열린 자세를 가져야 한다는 점이다. 또한 보호자들에게도 적절한 교육과 정보가 제공되고 자신들이 받은 그 교육과 정보를 주변으로 전파할 수 있어야 한다. 그리고 필요한 책과 자료들이 그들에게 제공되어야 할 뿐 아니라, 그들의 생각에도 관심을 기울여야 한다. 이 모든 것은 낯선 것을 받아들일 줄 아는 능력을 전제로 한다.

유대감을 갖다

유대감을 갖고 공공 도서관이 서로 교류하는 것, 바로 이것이 중요한 점이다. 베네수엘라의 한 후미진 동네 중 한 곳에서 내가 겪었던 상징적인 경험이 생각난다.[69] 이 동네는 남미 대도시 주변에서 흔히 볼 수 있는 그런 동네 중 한곳이었다. 선구자였던 브루노 르노 Bruno Renaud는 어떻게 해서 도서관이 탄생하게 되었는지 이야기해 주었다. 그는 처음 자기 손에 가지고 있던 것으로 시작했다. 두 아이를 위한 책 두 권이 전부였다. 이후 차츰차츰 다른 아이들이 늘어났고, 그래서 조금씩 다양한 책들을 준비하게 되었다. 그의 혁신적 생각과 열정으로 당시로서는 전혀 새로운 기구인 〈도서 은행 La Banque du Livre〉[70]이라는 전례 없는 프로젝트가 만들어졌고, 그 규모가 확대되어 기구로 성장했다. 그리고 이 열성적인 선구자의 노력 덕분에 진정한 도서관인 〈비블리오테카 라 우르비나 Biblioteca la Urbina〉가 만들어졌고, 그곳에서 여러 독서 관련 서비스가 탄생하게 되었다.

소외된 사람들에게 희망과 자신감을 심어 주고 찢겨진 동네를 다시 연결해 주기 위해서는 책읽기와 도서관이 절실히 필요하다는 사실을 브루노는 충분히 인식하고 있었다. 그래서 그는 거창한 무언가를 기대하지 않고 당장 동원할 수 있는 수단만으로 '미니 도서관'을 만들기로 결심했던 것이다. 하지만 그의 계획은 책과 도서관에 대한 사랑을 고취시키려는 데 있기보다는, 그것을 지렛대 삼아 지역 구성원들의 다양성을 문화와 사회 차원

---

69) 이 경험은 〈레아모스 협회〉가 만들어지기 이전에 있었던 일이다. 《어린이 책 리뷰》, No. 95. 1984년 2,3월호에 실린 G. 파테의 〈베네수엘라 맨발의 도서관〉 편 참조.
70) 도서 은행, 좀 더 정확한 표현으로는 〈Banco del Libro〉는 1960년대에 처음 지역 사회 서비스를 시작한 매우 새로운 민간 기구로서, 보다 다양한 방법으로 책읽기를 권장하는 시범적 역할을 했다. 처음엔 베네수엘라 국내에서 시작하여 대륙 전체로 퍼져 나갔고, 이후 점차 전 세계적으로 이름이 알려지게 되었다. 아동 도서의 노벨상이라 불리는 아스트리드 린드그렌 Astrid Lindgren 상을 수상했다.

에서 더욱 발전시켜 나아가고자 하는 데 있었다. 그 방법은 복잡하지 않다. 생기발랄한 청소년들의 열정을 활용하여 어린이들을 위한 봉사 활동을 이끌어 내는 것이다. 차츰 어린이들이 도서관에 관심을 갖게 되고, 그들의 부모를 도서관으로 끌어들였다. 그렇게 해서 마을 공동체가 도서관을 중심으로 하나로 단합되고 더 나은 방향으로 나아가기 시작했던 것이다!

이러한 노력은 완전히 새로운 시도였다. 특히나 공공 도서관의 사회 문화적 잠재력에 대한 의식이 거의 없었던 남미에서는 더더욱 그랬다. 예전에는 전 세계적으로 부모들은 어린이 도서관에 출입하거나 참여할 권리가 거의 없었다. 그때 라 우르비나 도서관은 어떻게 하면 도서관 활동에 어린이의 가족을 참여시킬 수 있을까 하는 고민을 했던 것이다. 그 결과, 도서관 문 앞에서 자기 아이들을 기다리는 대신, 부모들은 자신이 가진 지식과 노하우를 활용하여 도서관의 풍성한 활동에 어떤 식으로든 적극적으로 동참할 수 있게 되었다. 독서 활동가인 사서의 고민은, 어떻게 하면 가난하고 소외된 '침묵하는 다수'에게 표현할 기회를 주고, 서로 유대감을 갖게 함으로써 그들을 짓누르고 있는 운명론을 걷어 버리게 할 수 있을까 하는 것이었다. 그의 도서관은 다른 공간, 존중받는 공간을 대변했다. 왜냐하면 폭력이 그치지 않는 이 지역에서 도서관은 희망의 공간으로서 주민들에 의해 보호받고 지켜지는 곳이었기 때문이다.

이 열성적 활동가의 노력은 드디어 사회의 인정을 받기에 이른다. 사회학자이자 〈도서 은행〉 초기부터 중심 인물로 활동해 왔던 비르지니아 베탕쿠르 Virginia Betancourt는 그 사이 베네수엘라 국립 도서관 관장이 되었는데, 그녀는 작은 도서관 라 우르비나의 효율성과 뛰어난 수준에 찬사를 보냈다. 그리고 그 미니 도서관에 전폭적인 지원을 약속함과 동시에 전국 도서관 네트워크의 일원으로 받아들였다. 라 우르비나 도서관의 고유한 활동 방식을 전적으로 존중해 주었음은 물론이다. 그러면서 그는 브루노에게 그와 유사한 도서관들을 전국의 낙후된 다른 지역에도 열 수 있도록 작업에 동참해 달라고 요청하였다. 이렇게 해서 작은 민간 도서관들이 탄생하게 되었다.

이제, 국립 도서관 및 대형 기관들도 곤충들처럼 안테나가 필요하다는 사실을 깨닫게 되었다. 곤충의 안테나는 다른 사물과 새로운 그룹, 미지의 환경에 대한 섬세한 정보를 교류하고 제공하는 감각 기관이다. 이러한 안테나를 갖춤으로 해서 우리는 진정으로 모든 이들에게 도움이 될 수 있는 매우 유용한 정보를 얻게 되는 것이다.

도서관들의 발전 정도와 상관없이 대중들을 모두 하나로 모으기 위해서는 이들 개척자들의 활동이 반드시 필요한 것으로 나타났다. 그러나 여기에도 네트워크망 안에서 작업하는 것은 필수이다.

제 3 장

그림책 왕국을 누비는

어린이들은 훌륭한 독자다!

제 3 장

어린이들은 훌륭한 독자다

　유년기의 독서, 아니 좀 더 일반적으로 인간의 삶에서 독서는 어떤 위치를 차지하고 있는가? 도서의 선정, 도서관의 활기, 우리 어른들의 역할에 대해 생각하기 이전에 먼저 생각해야 할 문제가 있다. 역설적으로 분명하고도 확실한 대답은 아주 어린아이들로부터 찾을 수 있다. 일반적 의미로 볼 때, 그들은 아직 책을 읽을 줄 모르기 때문에 우리가 그들 곁으로 다가가야만 한다. 시간을 내서 그들에게 책을 권해 주고 읽어 주고 그들의 말을 들어 주며, 그들을 관찰한다. 그들의 행동은 우리들, 즉 부모, 교사 또는 사서들에게 많은 것을 일깨워 준다. 그들을 관찰함으로써 우리는 책 읽기가 어떻게 그들의 내면세계, 타인과의 관계, 세상에 대한 지식을 풍요롭게 만드는지 알 수 있게 된다.

　1980년대 초반 이래, 반갑게도 유·아동이라는 존재의 중요성이 문화 분야에서 분명히 각인되었다. 그때까지만 해도, 유아들은 글을 읽지 못한다는 이유로 도서관 문 밖에 머물러 있어야 했지만, 오늘날 우리는 관찰을 통해 그들의 독서 능력과 더 나아가 독서에 대한 우리의 일반적인 시각을 바꾸게 된 덕분이다. 또한 그들의 잠재 능력을 통해 우리는 전 일생에 걸쳐 깊어지고 성숙해지는 독서의 조건들에 대해 생각해 보게 되었다.

　그렇다면 우리는 왜 그렇게 어린 나이의 아동들에게 책과 이야기를 권장하는 것인가? 그것이 정말 그토록 서둘러야 할 일인가? 우리의 의도는 다른 희생을 감수하고서라도 아동의 조숙한 발전을 '강요'하려는 것이 전혀 아니다. 오히려 그 반대로, 우리는 어린아이들 편에 서 있다. 어린아이들이 책과 이야기와의 첫 만남을 학습에 대한 스트레스가 아닌 즐거움으로 받아들일 수 있도록 충분히 시간을 갖고 여유로운 환경을 조성해 준다.

'어린아이들에게 책읽기를 강요'함에서 비롯되는 지루함이나 싫증과 같은 걱정은 우리가 추구하는 것과는 거리가 멀다.[71] 실용성과 실익만을 추구하는 접근 방식도 물론 우리와는 거리가 멀다. 우리는 효율성만을 고려하여 프로그램화하고 자로 잰 듯한 연구나 통제를 하려는 것도 물론 아니다. 그런 것들은 오히려 우리 교육자들과 부모들이 우려하는 바이며 점증하는 사회적 문제들로 인해 그 우려의 목소리는 더욱 커지고 있다.

아주 어린아이도 가상과 현실을 완벽하게 구분할 줄 안다. 하지만 그림과 말로 풍성해진 상상력은 아이를 둘러싼 현실 세계를 더욱 아름답게 꾸며 준다. 상상력으로 인해 현실이 변화되고 새로운 흥밋거리가 생겨난다. 책으로부터 얻는 기쁨은 어린아이에게 진정한 의미의 정신적 작업을 유발한다. 생각할 거리를 제공하기 때문이다.

이렇게 해서 아이들의 마음 속에는 생생하고 섬세하며 행복한 그 어떤 것이 자연스럽게 생겨난다. 그리고 그것은 아이의 천진난만한 순수함과 풍부함, 그리고 다양함 속에 피어난 문화적 삶의 진수라 할 수 있을 것이다. 책을 읽거나 이야기를 들을 때 그들의 마음 속에는 환희가 피어난다. 아이들은 주저 없이 적극적으로 열의를 표현하고, 일생 동안 잠재력을 발휘하며, 책과 독서를 늘 사랑하는 삶을 누리게 될 것이다. 우리는 이러한 가능성이 아이들 마음 속에 자리 잡았다는 사실에 감동하고 놀라워한다. 어떻게 어린 독자의 마음 속에 이런 확신의 감정들이 존재하는지. 그런 것들을 관찰하면서 어린아이의 이러한 신뢰와 우리의 책임감을 불러일으키는 그 연약함으로부터 그들의 곁에 함께해야 할 우리만의 특별한 위치를 알게 된다.

'책읽기'를 맛보기 위해서 아이는 우리의 존재, 우리의 목소리, 우리의 제스처, 우리의 사랑을 필요로 한다. 다시 말해 아이는 우리의 시간을 필요로 하는 것이다. 첫발을 떼던 그 순간처럼, 아이는 우리가 그 곁에 항상 머물면서 아주 사소한 발전이라도 늘 살펴 주고 기쁜 마음으로 바라봐 주기를 바라고 있다. 우리가 꼭 아이의 곁에서 무언가를 할 필요는 없다. 그

---

71) 텔레비전이나 다른 매체에 대해서도 우리는 이러한 우려를 하고 있는가?

저 함께 있으면서 주의와 관심을 쏟아 주는 것만으로도 충분하다. 하던 일을 멈추고 아이의 곁에 있어 주면 아이는 자신이 중요한 존재이며, 우리를 위해 자신이 존재하고, 자기가 우리의 관심을 받고 있다고 느끼게 된다. 아이의 책읽기, 곧 이해하고 해석하는 아이만의 방법을 우리는 존중해 준다. 바로 이러한 존중이 매우 중요하다. 아이는 이렇게 우리를 자신의 책 읽기 세계로 초대하는 것이다. 이 얼마나 멋진 초대인가!

단어와 그림과 운율로 만들어진 책을 통해 우리에게 보여 주는 것은 세상에 대한 발견과, 그로 인해 갖게 되는 감동이다. 손 안에 놓인 그 단순한 물건 속에 온 세상이 들어차 있으며, 그 세상은 어린아이 앞에서 새롭게 열리고, 펼쳐진다. 아이는 흥미로운 눈으로 자기 앞에 놓인 세상을 천천히 탐험한다. 애정을 담아 책을 쓰다듬고 끌어안는다. 몇 번이고 반복해 보면서 지루함도 잊어버린다. 디테일한 부분까지 놓치지 않고 관심을 가지며, 각각에 이름을 붙여 준다. 우리가 거의 보지 못하고 지나치는 그림의 일부분을 손가락으로 짚어 보이는데, 자신의 관심을 끄는 부분을 우리에게 알려 주려는 듯하다. 신이 난 아이는 부모에게 달려가서 자기가 발견한 재미있고 신기한 것들을 부모에게 보여 준다.

아이들은 자기들이 본 다른 책의 내용이나 개인적인 경험을 곧잘 현재 보고 있는 책의 내용과 연결시키곤 해서, "이건 나랑 똑같아!"라고 말하곤 한다. 일찍부터 아이들은 그림책 삽화가의 스타일을 구별하고, 같은 작가의 그림을 다른 책에서 발견해 내고는 재미있어 한다. 아이들의 호기심과 흥미는 무한하다. 아이들은 분명한 자기만의 취향이 있어서 자신이 선호하는 책이 따로 있다. 그리고 자신이 좋아하지 않는 책에 대해서는 단호하게 거부하곤 한다. 그러나 좋아하는 책은 반대로 싫증날 때까지 읽고 또 읽기를 반복한다. 자신의 책은 자신이 선택하는 것이다. 이 얼마나 앙증맞은 개성인가!

책을 본다는 것은 아이들에게 진정한 경험이며, 생생한 감정의 체험을 의미한다. 책이 가까이 있기 때문에 생생한 감정 또한 손이 닿는 거리에 있다가 언제든 새롭게 되살아날 수 있는 것이다. 아이는 자발적으로 그런 감정들을 되살리며, 거기에 젖어든다. 그런데 놀랍게도 그 자리에 변함없이 놓여 있는 그 단순한 물건이, 매번 읽을 때마다 그때그때의 경험에 따라 조금씩 다른 느낌을 준다.

아이가 자라남에 따라 책읽기의 형태는 달라지고, 아이와 어른의 관계도 마찬가지로 달라지기 마련이다. 하지만 여전히 오랫동안, 아이는 자신의 곁에서 관심과 흥미를 갖고 함께 하는 우리 어른들의 존재를 고맙게 여길 것이다. 설령 아이가 완벽하게 혼자서 글을 읽고 이해하게 된다 하더라도, 누군가 곁에서 같은 경험을 함께 나눈다는 것이 얼마나 행복한 것인지 잘 알고 있다. 우리 어른들도 마찬가지이다. 그들에게 가장 좋은 책들을 권해 주고, 그들과 함께 만나는 이 경험이 우리에게는 커다란 행복이다. 책과 이야기를 함께 나누고 그들의 눈높이에 맞춰서 아이들을 만나는 동안 우리는 순간의 모든 걱정과 근심을 잊어버리게 된다.

오직 즐거움만을 위하여

함께 감동을 느끼고 나눈다는 것, 이것은 사실 흔하게 찾아오지 않는 소중한 시간들이다. 함께 웃고 눈물짓고 미묘한 여러 감정들을 함께 겪으면서, 서로 이해하고 감사하는 방법을 배운다. 아이는 응석 부리지 않고, 어른은 권위를 버린 채 인간 대 인간으로 우리의 경험이 서로 어우러지고 풍부해진다. 아이들은 그들의 천진난만한 눈으로 책 속에서 아주 작은 것들을 찾아내고 즐거워하며, 그 사실을 우리에게 이야기해 준다. 자신이 발견한 세상에서, 아이는 우리 어른들의 눈에는 띄지도 않는 작고 세세한 모든 것들을 찾아내고, 또 그 즐거움을 만끽한다. 그리고 교육자나 안내자 역할을 맡고 있던 우리 어른들은 이 작은 아이들을 통해 또 다른 경험을 하게 된다. 바로 아이들만의 뛰어난 감각과 신선함, 그들이 물어 오는 중요한 질문들, 그들이 느끼는 놀라움과 경이로움 같은 것들이 바로 그것이다. 아이들은 다른 이에 관한 이야기를 책을 통해 접하면서, 매우 친밀하지만 동시에 조심스러운 만남을 갖는다. 이 다른 존재는 아이들에게 마치 형이나 동생 같은 존재로 다가오는데, 그 겉모습은 곰이 될 수도, 고릴라일 수도 있고, 때로는 개구리 혹은 단지 하나의 원색 점일 수도 있다.

물론 아이들이 우리 어른들처럼 책을 읽는 것은 아니지만, 읽고 있는 것은 확실하다. 그들이 그림을 하나하나 세세히 뜯어볼 때 나타나는 그 집중력, 그 얼굴을 보면 알 수 있다. 재미있거나, 뭔가 신기해 보이는 작은 부분을 좀 더 가까이 보려고 그 페이지 위로 몸을 잔뜩 숙이고 있는 그 모습을 보아야 한다. 그들은 활자의 장소, 위치까지도 알아보고 이야기에 의미를 부여하는 표시로 받아들인다. 반면 어른들은 이야기의 구성에 더 관심을 갖는다. 어른과 아이가 함께 하는 책읽기는 그래서 더욱 풍성해질 수 있는 것이다.

《생쥐 이야기 Sept histoires de souris》속에서, 저자 로벨은 피에르 할아버지와 꼬마 장의 산책을 통해 바로 이런 사실을 비유하고 있는 것 같다. 아이와 나, 꼬마와 어른이 함께 하는 책읽기는 마치 생쥐 두 마리가 함께 산책하며 시간을 보내는 것과 같은 것이 아닐까?[72] 함께 길을 가면서, 생쥐 두 마리는 각자 다른 것을 본다. 피에르 할아버지는 지상의 크고 높은 것들을, 꼬마 장은 땅 가까이에 있는 작은 것들을 발견하는 것이다. "피에르 할아버지가 말했다. '안녕 새들아.' 꼬마 장은 말했다. '안녕 무당벌레야.' 정원 근처를 지나게 되었을 때 피에르 할아버지는 말했다. '이 커다란 꽃들 좀 봐라.' 그리고 꼬마 장은 소리쳤다. '우와! 이 작은 뿌리들 참 예쁘다!' (……비바람이 그친 뒤), 피에르 할아버지는 무지개가 떠 있는 걸 보았다. 그는 어린 장을 데리고 창가로 가서 장이 그 무지개를 볼 수 있도록 안아 올려 주었다. 처음으로 그 둘은 같은 것을 함께 보게 되었다." 함께 걸어가는 그 길, 그리고 그 길을 함께 하는 이 두 친구라는 설정이 나는 참 마음에 든다. 이 둘은 각자 자신들을 둘러싼 주변에 관심을 갖고, 서로 상대방의 말과 시선에 관심을 갖는다. 그리고 넓은 지평선을 향해 열려 있는 창문을 통해, 경탄의 눈길로 세상을 바라본다.

아이와 어른이 함께 책을 보는 모습은 얼마나 아름다운 장면인가! 그것은 이야기를 듣는 어린아이와 그 곁에서 관심을 가져 주고 그 아이가 세상을 배울 수 있도록 성장을 도와주는 어른 사이에 주고받는 교류의 모습이다. 감동스러우리만치 풍요로운 현실 앞에서 어른과 아이는 서로 눈길을

---

72) 아놀드 로벨 Arnold Lobel, 《생쥐 이야기》, 엄혜숙 옮김, 비룡소, 1997.

교환한다. 경이로운 만남이다. 진정한 의미의 문화적 삶이란 바로 이런 것이 아닐까? 이러한 시간이 어떤 가정에서는 일상적으로 이루어지고 있다.

　나이가 많건 적건, 아이들과 어른들 모두 좋은 책에는 행복한 마음으로 빠져든다. 진정한 예술은 독자에게 아양을 떨거나 슬픈 분위기를 일부러 자아내지 않고도 그 세련됨만으로 사람의 마음을 움직이는 힘이 있다. 그런 작가들은 어린이의 감성을 작품으로 만들고 책으로 엮어 낸다. 또한 우리로 하여금 어린이의 감성을 이해하고 기억해 내도록 도와준다. 사실 이 예술가들은 자기들 마음 속에 여전히 살아 있는 어린 시절에 대한 생생한 기억을 간직하고 있는 사람들이다. 그들은, 가까운 사람들로부터 이해받지 못한다는 것이 어린아이에게 얼마나 큰 상처인지 잘 알고 있다. 그렇기 때문에 서로가 서로를 인정하는 경험을 함께 공유한다는 것이 그토록 소중하고 행복한 것이다.

　도서관 관계자들은 아이와 어른이 함께 교류하는 시간의 소중함을 잘 알고 있다. 또한 불행히도 여전히 수많은 아이들이 그런 기회를 갖지 못하고 있다는 사실도 잘 알고 있다. 제대로 된 문학적 경험은 일상생활에 향기를 더해 주며 성장의 원천인 상상력과 놀이의 길을 열어 준다. 바로 이런 경험을 모든 이가 누릴 수 있는 방향으로 도서관이 편성, 운영된다.

　얼마 전부터 아주 어린아이들도 도서관 출입이 가능해졌다. 그들은 새로운 것을 알고 싶고, 감동받고 싶고, 여기저기 이름을 붙이고 싶어서, 잔뜩 신이 난 모습으로 도서관에 들어온다. 문화의 세계, 문학의 세계에 입장하는 그들은 혼자가 아니다. 가까운 사람들과, 무엇보다 부모들과 함께 온다. 아이들은 보호자에게 자기와 함께 있어 달라고 요구하고, 책과의 만남을 함께 해 달라고 요구한다. 아이들은 그 대신 자기의 부모 혹은 보호자에게 커다란 행복감을 되돌려 준다.

　매일 유아원을 마치고 나서 이 어린아이들은 도서관에 가고 싶어 안달이난다. 순식간에 우리는 아이들 사이에 마치 한 가족처럼, 편안하고 자연스럽게 함께 뒤섞인다. "책 좀 읽어 주실래요?" 아이는 주변의 어른에게 거리낌 없이 물어본다. 그 어른은 도서관 사서일 수도 있고, 도서관의 실습생일 수도 있으며 큰오빠, 큰언니, 혹은 아이들을 데려온 부모일 수도 있다. 아이는 책의 모양, 표지 색깔, 특이한 그림 등 관심을 끄는 자신만의 기준에 따라 원하는 책을 스스로 고른다. 자신이 가장 좋아하는 책도 찾아내어 싫증도 내지 않고 읽고 또 읽기를 반복한다. 한 아이에게 책을 읽어 주다 보면, 어느새 이 이야기에 관심이 끌린 다른 아이들도 모여들곤 한다. 이것 역시 그들의 선택이며, 그 이야기를 듣기로 스스로 결정한 것이다. 아무도 아이에게 책을 보라고 강요하지 않는다. 책을 읽을지 말지에 대한 선택도 아이 스스로 결정한다. 책 읽어 주는 사람 가까이에서 무릎을 접고 앉거나 곁에 바짝 붙어 있을 수 있어야 한다. 그래야만 그림을 좀 더 잘 볼 수 있고, 페이지를 넘길 수 있으며, 책에 대해 떠오르는 이야기를 하거나, 재미있고 신기한 것 혹은 자기에 대한 무엇인가를 말하고 싶을 때, 그런 표현을 할 수 있기 때문이다.

　신뢰와 안도감을 주는 이러한 친밀한 관계는 커다란 기쁨이다. 아이들은 줄지어서 얌전히 앉아 있지 못한다. 이곳은 교실이 아니다. 편안하게 원하는 대로 자리를 잡고 스토리에 빠져들어, 이야기해 주는 어른의 다정다감한 목소리에 자기를 맡긴다. 아이들에게 우리는 마치 새로운 언어를 해석해 주는 통역사이며, 악보의 음표를 섬세하게 음악으로 표현해 주는 음악가와도 같다.

　많은 아이들은 팔 밑에 책을 하나씩 끼고 앉아 이야기를 듣는다. 기다리고 있다가 기회가 오면 다음에 자기가 고른 책을 읽어 달라고 부탁하기 위해서다. 사실 그들은 책읽기 시간이 너무 빨리 끝나 버릴까 걱정하고 있다. 또 어떤 아이들은 한 가지 책에 너무 빠져 버린 나머지 무리들과 떨어져 그 책을 싫증이 날 때까지 보고 또 보기를 반복한다. '완전히 혼자서' 말이다! 여자 아이들은 사서 놀이를 좋아한다. 자기보다 더 어린 아이들을 모아 놓고, 자기가 특별히 좋아하는 책을 골라서 읽어 주면 어린 동생들은 그 내용에 흠뻑 빠져 그 이야기를 듣는다. 이때 사서 역할을 하는 그 여자 아이는 자기가 읽고 있는 책의 내용을 정확하게 이해하지 못할 수도 있지만, 여전히 사서로서의 위엄을 갖춘 채 거기에 맞는 목소리 톤으로 책을 '읽어 준다'.

　어른들은 권하고, 아이들은 선택한다. 출판 연도와는 상관없이 옛날 책이건 요즘 책이건 소위 명작이라 불리는 책들이 있다. 이런 책들은 흔하지 않으면서 신뢰할 수 있고 또한 재미있기까지 한 특별한 경험을 독자에게 주기 때문에 적극 권장된다. 사서들은 그러한 책들을 잘 알고 있다. 아놀드 로벨, 모리스 센닥, 제르다 뮐러, 브루노 무나리, 막스 벨티우스, 클로드 퐁티, 토미 웅게러, 앤서니 브라운, 마리오 라모스, 그리고 그 밖에 다른 많은 작가와 일러스트레이터의 책들이 어린이들의 인생에 얼마나 중요한 영향을 미칠 수 있는지도 사서들은 잘 알고 있다. 이런 책들은 시대와 상관없이 언제나 사랑받는다.

이야기 낭독 시간에 가장 열심히 듣는 아이들은 가장 나이가 어린 아이들이다. 하지만 그 아이들만이 다는 아니다. 모든 연령의 사람들이 이야기 듣기를 좋아한다. 좀 큰 아이들은 종종 마치 자기는 관심이 없다는 듯 거리를 두고 앉는다. 하지만 그들 역시 한마디도 놓치지 않고 다 듣고 있다. 혹은 큰 형으로서, 어린 동생들에게 책을 읽어 주기도 한다. 이는 독서의 즐거움을 충분히 누리면서도 체면을 잃지 않을 좋은 방법이기도 하다. 우리의 활동에 함께 참여하는 부모들은 양질의 도서에 관심이 많으며, 자신의 아이들이 재미있게 책에 빠져 있는 모습을 보면서 함께 뿌듯해 한다.

부모와 아이들은 도서를 대출받아 집에서 가족들과 함께 책을 볼 수도 있는데, 때로는 그것이 더 나을 때도 있다. 아이들과 함께 책을 봄으로써 부모, 교육자와 사서들은 유년기 아이들과 매일매일 함께 하고, 그들의 자유로운 발견과 천진난만한 감수성, 그리고 그들의 경이로움을 목격하는 증인이 될 기회를 갖는다. 또한 훌륭한 작가들이 어린 시절부터 간직해 오면서 기꺼이 남에게 전달해 주고자 하는 그런 특별한 감정과 감동들을 우리는 아이들과 함께 책을 통해 다시 체험하게 된다.

아놀드 로벨의 《코끼리 아저씨》[73]에 나오는 늙은 코끼리는 매일 아침 찾아와서, 막 시작되는 새로운 하루와 자연이 선물한 모든 사물들, 곧 꽃, 곤충, 새, 해, 구름에게 긴 코를 치켜들고 뿌우뿌우 나팔 소리를 내며 인사를 한다. 《잘 자요 달님》[74]의 저자 마가렛 와이즈 브라운은 어둠과 꿈의 세

---

73) 아놀드 로벨, 《코끼리 아저씨》, 엄혜숙 옮김, 비룡소, 1998.
74) 마가렛 와이즈 브라운 Margaret Wise Brown, 《잘 자요 달님》, 이연선 옮김, 시공주니어, 1996.

계로 들어가기 전, 하루 종일 힘들었을 물건들과 사람들에게 휴식 시간을 주라고 아이에게 권유한다. "잘 자요 의자, 잘 자요 시계, 잘 자요 사람." 이렇듯 사소한 것 하나라도 그냥 지나치지 않으려는 어린이만의 특별한 감각을 잘 살려 준 글이다. 아이들은, 모든 것은 그 나름의 특별한 존재이며, 그 이름을 불릴 권리가 있다고 생각한다. 주변의 온갖 사물에 이름을 붙이고 불러 주는 이 의식에 진지하지만 유머 감각 있는 어른이 시간을 내어 아이 옆에서 함께 한다면, 이 아이에게 얼마나 행복한 일이겠는가! 부폴레 Bufolet[75]와 함께, 부폴레와 똑같이, 매일 아침 우리에게 다가올 행복 리스트를 작성하는 일은 정말 즐겁다. 함께 하루를 시작하기에 이보다 훌륭한 방법이 또 있을까! 우리 어른들에게 이 방법은, 이미 주어진 것이지만 성인으로서의 복잡한 삶 속에 묻혀 더 이상 알아보지 못하고 있는 소중한 것들에 대해 선명하게 인식하는 계기가 된다.

함께 책을 읽으면서 얻은 새로운 발견들은 우리의 생활에 활력을 주고, 삶을 좀 더 흥미롭고 풍요롭게 바꾸어 준다. 아이들은 이야기하고, 관찰하고, 듣는 것을 즐거워한다. 책은 아이들에게 너무나 많은 이야기를 해 주는 것처럼 보인다. 그런 책을 아이가 읽고 또 읽을 때, 그 곁에서 함께 시간을 보내 주고, 그들의 다양한 감정에 호응해 주면서, 우리도 어떻게 그들에게 다가가야 하는지 배우게 된다. 꼬마 곰이 말한다. "엄마 곰이 어렸을 적 이야기를 해 주세요." 엄마 곰과 울새 이야기이다. 나는 이 이야기를 참 좋아한다. "그래 좋아." 할머니가 말하고 바로 이야기를 시작한다. "엄마 곰이 어렸을 때 어느 봄날에……"[76] 사실 우리는 아이들에게 이야기해 줄 것들이 참 많다. 그저 일상적인 작은 사건들이면 충분하다. 이야기를 나눔으로써 우리의 삶에 향기가 더해진다. 대화의 시간을 갖는다는 것은 정말 유쾌한 일이다.

책읽기는 관계이다

아이들은 단번에 '책읽기는 관계다'라는 사실을 알게 된다. 이야기 안

---

[75] 아놀드 로벨, 《개구리와 두꺼비가 함께》, 엄혜숙 옮김, 비룡소, 2009.
[76] 엘스 미나릭 Else Minarik 과 모리스 센닥 Maurice Sendak, 《꼬마 곰》, 엄혜숙 옮김, 비룡소, 1997.

에 있는 단어들의 의미상의 관계, 행간의 관계, 책 속 등장인물들과의 만남으로 인한 관계, 같은 이야기에서 출발해도 각자 개별적인 것을 느끼고 경험하는 사람들 곁에서 아이들과 감동적인 행복을 전해 주는 사람들과의 관계 들. 책읽기는 다양한 관계이다. 아이들에게 안내자이자 일깨우는 역할을 맡는 우리도 실제로 아이들과 맺는 관계의 아름다움을 체험한다. 연약하면서도 신비로운 이 존재를 믿고 있는 우리는 감탄하며 아이들이 세상을 이해하고 발견해 내는 방식과 감수성에 놀란다. 아이들의 시선은 우리의 시선을 풍요롭게 만들고 잊고 있었던 어린 시절을 깨우고 아이들과의 만남으로 우리는 아이들의 눈높이에서 그들과 장단을 맞춘다. 자신을 둘러싼 것들을 신선하고 순진한 시선으로 바라보고 발견하며 놀라고 웃고 우는 아이들과 동행을 하는 우리는 경이로움을 느낀다. 반면 아이들은 이해받는 느낌을 갖는다. 책읽기 시간에, 아이들 세계의 무엇인가를 아이와 함께 경험하겠다고 결심한 어른이 책을 읽어 준다. 이것을 편안히 듣는 느낌은 얼마나 경이로운가! 책읽기는 어린이든 어른이든 자신의 방식대로 흥미를 느끼고 감동을 받기 때문에 이런 관계는 아주 자연스럽게 이뤄진다. 어른은 아이의 감수성과 인지 능력이 깨어나는 과정에 함께 하고 아이는 어른들도 아이들로 인해 감동받을 수 있다는 것을 알게 되면서 스스로가 가까운 사람의 관심의 대상이라는 것을 느낀다.

읽을 거리에 따라 우리는 거의 가족과 다름없는 생생한 등장인물들을 만난다. 좋아하는 이야기들을 읽고 또 읽는 덕분에 우리는 등장인물들을 잘 알게 된다. 우리는 등장인물들이 가족에 합류하도록 그들을 초대한다. 앙드레 프랑수아의 《악어의 눈물》[77]에 나오는 등장인물 가운데 악어는 가족이 되어 한 식탁에서 같이 먹고 외국 여행 이야기를 나눌 수 있어 행복하다. 무민[78], 곰돌이 푸우[79], 원숭이 마르셀[80], 바르바르 왕은 특히나 사랑받는 손님들이다. 그들과 함께 우리는 유머와 재치를 발견하고 익힌다. 이것은 삶에서 꼭 필요한 덕목이다. 우리는 이야기 드라마의 상대적인 가치

---

77) 앙드레 프랑수아 André François, 《악어의 눈물》, 델피르.
78) 토베 얀손 Tove Jansson, 《환상의 요정 무밍트롤》, 조동림 옮김, 곰출판사, 1993 외 번역본 다수.
79) 앨런 알렉산더 밀른 A. A. Milne 글, 어니스트 쉐퍼드 Ernest Shepard 그림, 《곰돌이 푸우는 아무도 못 말려》, 조경숙 옮김, 길벗어린이, 2005 외 번역본 다수.
80) 앤서니 브라운, 《윌리와 악당 벌렁코》, 허은미 옮김, 웅진닷컴, 2003.

를 인정하고 자신의 경험을 비교한다. 그렇게 해서 가족 사이에서뿐만 아니라 학교와 도서관에서도 공통의 문화가 생기게 된다.

한편 죽음에 대한 주제만큼이나 본질적인 문제를 다루는 진지한 아동도서도 있다. 아주 어린아이들도 이 문제에 자문해 볼 수 있다. 어떤 책들은 이 문제에 대해 어떤 답을 주거나 그 문제에 답하도록 도와주기도 한다. 일반적이고 추상적인 단어 몇 개로 간단한 답을 얻는 것이 아니라 이야기가 전개됨에 따라 감성적으로 천천히 이야기의 평온한 끝을 향해 함께 가면서 답을 얻게 된다. 《오소리의 이별 선물》[81]은 이런 관점에서 본 죽음, 이별, 추억, 연민에 관한 최고의 작품이다. 책은 의심할 바 없이 위대한 작가에게서 비롯된다. 이 작가는 자신의 어린 시절을 기억하기 때문에 무엇이 옳은지, 그리고 이 진지한 문제를 아이들과 어떻게 나눠야 하는지 잘 알고 있다. 이것은 어른과 아이를 함께 어울리게 하는 책이다.

나는 아이들과 함께 참기 힘든 현실에 이르렀을 때, 특별한 책 한 권이 그 문제로부터 얼마나 유용한 답을 이끌어낼 수 있는지 주장하던 한 아빠가 생각났다. 그 아빠는 가족과 함께 저녁 뉴스를 본다. 그런데 마침 나치 강제 수용소의 포로 석방이라는 슬픈 역사의 기념일에 대한 기사를 보게 된다. 끔찍한 장면들이 화면에 비친다. 견디기 힘든 상황을 어떻게 극복해야 하고, 아이들과 그 점에 대해 어떤 방식으로 대화할 것인가. 로베르토 이노센티가 그리고 루스 반더 제가 쓴 아름다운 그림책 《에리카의 별》[82]은 이 문제에 상당히 도움을 준다고 그는 말한다. 보기 드물게 품위 있는 이 작품은 죽음의 기차에 탄 한 여인과 아기의 기상천외하면서도 진실한 이야기를 들려준다. 어떻게 이 엄마는 상상을 초월하는 행동을 하는가? 그녀는 기차가 멈춘 틈을 이용해 아이를 기차 밖 평원에 던진다. 그녀는 차라리 그것이 아기가 죽음을 피하는 방법이라고 희망을 걸었던 것이다. 후에 이 아기는 어른이 됐고 자신도 믿을 수 없는 이야기를 들려준다. 놀랍게도 아기는 농부들에 의해 발견되어 길러졌고 천운으로 제2의 삶을 살 수 있었던 것이다.

---

81) 수잔 발리 Susan Varley, 《오소리의 이별 선물》, 신형건 옮김, 푸른책들출판사, 2009.
82) 로베르토 이노첸티 ARoberto Innocenti, 루스 반더 제 ARuth van der Zee, 《에리카의 별》, 밀란.

이런 이야기 덕분에 아이와 어른은 서로 이야깃거리를 공유한다. 관계 맺지 않고 어떻게 살 수 있는가? 관계는 삶에 영향을 준다. 이렇듯 책 읽기는 내면의 작용을 도와 감정을 잘 표현하고 세상의 모든 이치를 경험하고 발견하고 나누도록 언어를 제공하면서 함께 더 잘 살아가도록 돕는다. 정확한 감정 표현으로 잘 조절된 언어는 투박하고 거친 행동에서 차츰 벗어나게 해 준다. 그렇게 많은 어린이와 젊은이들이 오랜 시간 컴퓨터 앞에 머리를 박고 스스로 소외되는 순간에, 그렇게 많은 부모들이 집 밖에서 과도한 업무에 시달리는 순간에, 짧지만 의미 있는 이런 책읽기 시간은 서로 간에 특별한 감정을 갖게 해 준다. 아이들과 편안히 보내는 시간은 쉽게 맛볼 수 있는데, 이렇게 함께 한 시간을 통해 형성된 믿음은 나이와 인격에 따라 다양한 형식으로 자리를 잡는다. 그리고 반항심이 생기는 좀 더 까다로운 단계인 청소년기가 되었을 때 우리에겐 무엇인가가 남아 있다. 우리는 믿음으로 이야기 나누는 것을 배웠기에 서로가 공유했던 이 무엇인가는 쉽게 사라지지 않는다.

함께 하는 책읽기는 허구 상태로 있지 않다. 클라마르에서의 일이다. 은퇴한 한 부인이 여러 해 동안 매주 아이들과 함께 시간을 보내러 도서관에 왔다. 과학과 역사는 물론이고 다른 주제에도 열정을 갖고 있던 이 부인은 아이들에게 그림책 자료들을 소개해 주는 것을 좋아했다. 그녀가 도서관에 도착하면 아이들은 그녀를 둘러싸며 반겼다. 그녀는 아이들 가운데 한 테이블을 잡고 앉아 그들에게 책을 읽어 준다. 그녀는 아이들의 질문과 의견, 지적을 듣기 위해 계속해서 끼어들기도 한다. 또 그녀 역시 아이들에게 자신의 감정, 경험, 읽을거리를 알려 주면서 두서없이 편안한 대화가 이뤄진다.

볼거리, 생각할 거리를 주기

도서관은 아이들이 마치 음식을 맛보듯 모든 것을 시도해 보고 체험해 볼 수 있는 장소이다. 여기에서 연수생처럼 독자는 자신이 좋아하는 것, 좋아하지 않는 것을 차츰 알아간다. 전적으로 자유로운 이 장소에는 보고,

관찰하고, 들을 것이 많이 있다.

아이들은 우리에게 그들이 읽는 방법, 선호하는 것, 어떤 이야기가 왜 어떻게 감동적인지를, 이야기가 어떻게 그들의 지능과 감수성, 심리에 작용하는지를 알려 준다. 아이들이 늘 비밀스레 자신만 간직하는 것이 있긴 해도, 자신들에게 일어나는 일이 무엇인지 관찰할 수 있는 최소한의 가능성은 열어 보일 줄 안다. 그렇기 때문에 우리는 아이들 곁에서 우리의 정확한 위치를, 안내자이자 증언자로서 알맞은 위치를 찾을 수 있다. 우리는 아이들이 어떤 책들을 다시 찾는지, 어느 장면에서 독서의 속도가 느려지는지, 그들의 주장이 감추고 있는 것들이 무엇인지를 알아내도록 노력해야 한다. 아이들이 자발적으로 내뱉은 의견들은 즉흥적으로 보일지 몰라도 아주 중요하고 유용한 정보가 된다. 그들이 좋아하는 책의 선호도, '약간, 많이, 아주 많이, 미친 듯이, 전혀' 등의 정도를 안다면 더욱 흥미롭다. 이 나이의 아이들은 누군가를 기쁘게 하기 위해 애쓸 줄 모른다. 그렇기에 아이들의 답변은 솔직하고 진지하다. 좀 더 나이 든 아이들이라면 상황은 달라진다. 좀 큰 아이들은 취향에 대한 직설적인 질문을 해도 답변은 간혹 너무 예의 바른 틀을 따른다. '너무 정돈된' 답변은 일반적으로 "감동적이지 않아요. 지루했어요."라는 뜻이 아닌가.

도서관, 모두에게 활짝 열린 이 공간에서는 책들이 누구누구를 거쳐 우리에게 대출되는지를 알 수 있다. 또 나머지 다른 책들은 어떻게 서가에 남아 있는지도 알 수 있다. 이것은 조심스럽게 아이들에게 다가가는 시간을 가지다 보면 자연스럽게 알게 되는 사실이기도 하다.

그런데 무엇이 이렇게 아이들을 읽게 만드는 것일까? 어린 독자들이 열광적으로 어떤 책에 애착을 가지고 선택하는 것을 볼 때마다 우리가 항상 자문하게 되는 궁금한 문제가 바로 이것이다. 너무도 많은 정보들이 난무하는 인터넷과 디지털 시대인데도 어째서 아이들은 여전히 책을 선택하게 되는 것인가? 세계 각지의 상황을 살펴보았듯이 그들의 문화가 어떠하든 아이들은 꾸준히 앤서니 브라운과 클로드 퐁티, 레미 찰립이나 마리오 라모스를 찾지 않는가? 왜 이런 작가들의 그림책은 마음 속 깊은 곳으로부터 열정을 불러일으키나? 아제르바이잔(Azerbaïdjan : 서남아시아 카스피해 위치)

의 산악 지대에 사는 아이들이 왜《농장: 옛날 농장 생활에 대한 스케치》[83]에 그토록 심취하여 빠지는가? 이 이야기는 영국의 옛날식 농가에 대한 이야기임에도 불구하고 그 뛰어난 디테일은 거대한 프레스코화를 찬찬히 둘러보게 하고, 시대에 상관없이 이야기 속의 삶 자체를 알고자 하는 독자들의 열망을 채워주고 있다. 아이들의 호기심은 끝을 모른다. 어째서 멕시코의 한 작은 도시에 있는 도서관에 프랑스 아이들이 애착을 가지고 반기는 책인《푸른 개》[84]의 제목이 안내되어 있는가? 또 아이들은 왜 시키지도 않았는데 카라바흐 Karabagh의 어떤 도서관을 자발적으로 〈푸른 개 도서관〉이라고 부르는 것일까? 왜 또 그런 아이는 계속해서《갈레트 빵》[85]에 질주라도 하듯 달려와 열정적으로 읽는 것일까? 그 전파력과 속도감이란! 오리 가족이 복잡한 뉴잉글랜드주의 어느 도시를 산책하는 아주 보스톤적인 이야기가 오래된 진갈색 그림 속에 담긴《오리한테 길을 비켜 주세요》[86]의 어떤 점이 전 세계에 사는 다양한 아이들을 이토록 감동시키는 것인가? 왜 아이들은 전문가들이 권위를 내세워 호평한 책들을 거부하는가? 왜 그런 전문가들은 아이들에게는 새로운 경험이고 즐거움인 어떤 책들을 독창성이 없다고 판단하며 배제하는가? 바로 이 점을 생각해 봐야 한다. 우리는 아이들이 얼마나 편견 없는 다양성에 열려 있는지, 얼마나 공정하게 본능적으로 좋은 이야기를 알아보는지 단숨에 알 수 있다. 아이들과 함께 읽는 즐거움을 갖게 되면서 우리는 이 점을 깨닫게 된다.

아주 어린아이는 우리에게 자신을 감동시킨 것이 무엇인지 보여 준다. 아이는 자신의 존재로 실제 자신이 읽은 이야기 속에 살기도 한다.《유모차 나들이》[87]를 읽고 난 아이가 책 속의 아이를 흉내 내는 것을 본다. 아이는 이야기에 사로잡혀 그 주인공처럼 자연적으로 웅크리고 앉는다. 고전 동화 작가인 마리 홀 에츠[88]는 분명 몸의 움직임까지도 흉내 내게 만드는

---

83) 필립 뒤마 Philippe Dumas,《농장: 옛날 농장 생활에 대한 스케치》, 레꼴 데 루아지르, 아르키메드.
84) 나자 Jadja,《푸른 개》, 최윤정 옮김, 파랑새출판사, 2008.
85) 나타 카푸토 Natha Caputo 글, 피에르 벨베 Pierre Belvès 그림,《갈레트 빵》, 페르 카스토르 컬렉션.
86) 로버트 맥클로스키 Robert McCloskey,《오리한테 길을 비켜 주세요》, 이수연 옮김, 시공주니어, 2006.
87) 미셸 게 Michel Gay,《유모차 나들이》, 레꼴 데 루아지르.
88) 1995년 브뤼셀 국제아동문학심포지엄에서 레꼴 데 루아지르의 디렉터 Arthur Hubschmid는 "제대로 알려지지 않은 미국 작가 마리 홀 에츠 Marie Hall Ets는 짧은 그림책 역사에서 벤자민 라비어 Benjamin Rabier, 베아트릭스 포터 Béatrix Potter, 장 드 브뤼노프 Jean de Brunhoff, 루드비히 베멜만스 Ludwig Bemelmans, 토미

이런 특별한 결과를 직감했을 것이다. 《바로 나처럼》과 같은 그의 이야기도 분명 아이들로 하여금 이야기 속에 재현된 동물들을 흉내 내고 싶은 충동을 불러일으키고 있기 때문이다. 같은 작가의 《숲 속에서》라는 작품에서는 아이들이 매료될 만큼 매혹적인 동물의 행렬이 나온다. 동물들은 당당히 북을 치는 아이에게 이끌려 숲을 가로질러 가는데, 팡파르가 울리고 역동성이 넘치고 왁자지껄한 이 이야기에 아이들은 몸과 마음을 빼앗기게 됨은 물론 행렬에 이끌려 따라가고픈 충동이 아주 자연스럽게 일어난다.

책을 만지작거리고 보듬고 껴안는 것은 아이에겐 흔한 일이다. 나는 어떤 엄마에게서 자신의 아이가 털로 된 곰 인형과 도서관에서 빌린 책을 함께 안고 자고 싶어 했다는 이야기를 들은 적이 있다. 컴퓨터 화면을 통한 독서나 디지털 북을 통해서는 이런 애착 관계를 상상하기 힘들다.

어린아이 '독자'에게 주의를 기울여 보자. 어린 독자를 움직일 수 있는 이야기, 책과의 만남이라는 것을 기초로 하여 다양한 영향력을 가진 탐구자[89]가 우리를 그곳에 초대한다. 탐구자는 모든 도서관을 개방하여 광범위한 사고의 장을 마련하고, 우리가 그날그날 경험한 단순한 일의 분야 가운데에서 무엇을 가르칠 수 있는지 귀를 기울인다. 또한 그들은 나이를 가리지 않고 각자가 친밀하고 관계를 이루는 삶 안에서 책읽기가 의미하는 바를 우리가 깊이 생각해 보도록 돕는다. 또 삶의 조건이나 문화, 사회 환경이 어떠하든 그 과정 안에서 어른의 위치를 살펴보도록 도움으로써 책읽기는 의미를 갖는다. 도서관은 어떻게 관계와 만남의 직조 안에 위치하는가? 이때 사서들은 어떻게 참여하고 부모들은 무엇을 도울 수 있는가?

오늘날 영상과 비디오 게임이 전 세계 아이들을 사로잡았다. 아이들은 각자의 집에서 텔레비전 화면 앞이나 컴퓨터 모니터 앞 혹은 게임기 앞에 혼자 있다. 그런데 이런 무수한 유혹에도 불구하고 어째서 책은 여전히 하나의 선택 사항으로 자리를 지킬 수 있는 것일까? 마찬가지로 어린이책 출판이 성황인 적은 실제로 없었다. 모든 것이 우리를 어서 빨리 가라고 재촉하는 삶에서 왜 우리는 책을 읽기 위해 멈춰 서는 것일까? 우리 사회가

웅게러 Tomi Ungerer, 모리스 센닥 같은 '위대한' 작가들 명단에 나란히 올릴 만한 가치가 있는 작가이다." 라고 말한 바 있다.
89) '제2장 깨어 있는 심장들' 편을 참조하시오.

무한히 변화하고 있는 시기에 지속적으로 어린 영혼들을 강하게 매혹시키는 이 예외적인 대상은 무엇이란 말인가?

책은 대상이다. 책읽기는 경험이다. 작품이 글과 이미지를 가지고 독자에게 전달된다. 작품 안에 살고 있는 혼합된 감정의 소용돌이 안에서 책의 리듬은 책장을 따라 독자에게 어떤 전언을 가져다 준다. 작품은 공유되고 전달되면서 제공된다. 작품은 이렇게 알려진다. 독서는 알게 되는 것이고 확신하게 되는 것이다.

책읽기는 타인과의 관계이다. 책읽기는 아이의 생활에 관심이 많고 세상에 깨어 있는 어른이 아이와 가깝게 있다면 더 즐겁다. 독서는 시간, 즉 이야기가 전개되는 시간이며 가까운 사람, 인생의 안내자이자 증인인 사람과 관계를 맺는 시간이다. 질 좋은 작품을 만나는 축복 속에 그림책은 동일한 움직임 안에서 어른과 아이 모두에게 감동을 준다. 어른은 경이로움을 느낀다. 어른은 아이들에게 감탄하고 아이의 심오함과 숭고함에 또한 탄복한다. 아이는 이해하고 이해받는다는 것을 느꼈기 때문에 스스로 존재한다는 것을 알게 된다.

책은 영원하다. 대상은 거기에 있고 항상 사용 가능하다. 독자는 마음껏 다시 경험하고 살아볼 수 있다. 독자는 대상을 바라고 이야기를 원하며 경험과 감동을 갈구하기 때문이다. 사실 아이들은 읽고 또 읽는 것을 좋아한다. 그들에게 독서란 존재의 영역이지 소유의 영역이 아니다. 일상의 동요에서 멀리 떨어져서 밤이 시작될 때, 이 소박한 대상은 의외의 순간을 제공한다. 조용한 내적 순간에 자신의 온전한 시간을 독서에 내어줄 수 있는 좋아하는 어른과 머리를 맞대고 이 매력적인 순간을 즐긴다. 그러면 아이는 이내 완벽한 주체가 된다.

이야기는 끝나고 책을 덮은 뒤에도, 가족과 공유한 삶과 학교나 도서관에서 보내는 생활 가운데에 무엇인가가 남는다. 책을 통해 공동의 문화는 이렇게 구성된다.

* * *

아이들은 책을 어떻게 인지하는가

모든 것은 너무 빠르고 거대하며 복잡한 데 반해 책은 체계적이고 조직된 세계를 담고 있다. 사람들은 이 세계를 편안하게 자신의 리듬으로 함께 탐색하는 시간을 갖는다. 함께 하니 행복하고, 그래서 자연스레 천천히 여유를 갖게 된다. 아이들 가까이서 우리는 그들의 관심사가 넓은 것에 놀란다. 비록 어리지만 아이들은 놀라운 다양성의 세계에 기꺼이 자신을 연다.

그것은 다양한 이미지들을 하나씩 보여 주는 유아용 이미지에 Imagier[90] (그림을 하나씩 보여 주며 단어를 익혀 나가는 단순한 그림책 - 역주)로부터 시작된다. 아이에게 이 작업은 확인하고 이름 붙이는 즐거움이다. 아이에겐 알고 싶고 소유하고자 하는 열망이 있다. 이름 붙이는 것은 세계와 세계의 다양한 요소들을 소유하는 방식이며 자신의 삶 안에서 요소들을 종합하는 방식이다. 그런데 세상에 대해 이야기하고 알고 공유하려면 언어와 이미지가 필요하다. 인식하고 이름을 붙이는 이 모든 활동은 아이와 동행하는 어른들이 함께 할 때 더욱 효과적이다. 아이가 말하는 것을 어른은 마치 메아리처럼 반복하여 되짚어 주면서 아이를 칭찬하고 아이에게 용기를 준다.

그림책 가운데 어떤 것들은 경이로운 판타지로 가득 찬 진짜 예술 작품이기도 하다. 이런 책들은 전 연령대의 어린이들을 매료시킨다. 카티 쿠프리와 앙투안 루샤르의 책 《뒤죽박죽 세상》[91]은 다양한 그림 언어로 아기들에게 접근하여 본능적으로 책읽기를 시작하게끔 해준다. 이 책의 다양한 표현 방식은 특히 그림을 통한 섬세한 이해를 염두에 둔 것이다. 아주 어린 유아들은 어른들과 같이 이 점을 발견해 나간다. 그런데 우리는 아이들이 어른과 같이 책을 읽다가도 아주 재밌고 시적이며 독창적인 이 작품을 혼자서 페이지를 넘겨 가며 편하게 뒤적거리는 장면을 보게 된다. 아이들은 손에 쥔 이 '굉장한 책'을 감상한다. 일반적인 책과는 다른 적당한 두께의 네모난 이 작은 책은 자신들이 책 안에서 찾아보게 될 것─세상 전부─

---

90) 〈페르 카스토르 아틀리에 Atelier de Père Castor〉의 창시자인 폴 포셰 Paul Faucher 는 이 영역에서 선구자이다. 50년대에 그는 아주 어린 아이들을 위해 이마지에와 유아들을 위한 다양한 도서들을 발간하였다. 페르 카스토르 컬렉션, 플라마리옹.

91) 카티 쿠프리 Katy Couprie, 앙투안 루샤르 Antonin Louchard, 《뒤죽박죽 세상 Tout un monde》, 티에리 마니에, 1999.

을 상상하고 추측하게 만든다. 아이의 시선은 놀라움과 흥미로 가득 차고 상기된다. 나이가 어떠하든 간에.

생애 처음 만나는 이런 작품들은 아주 어린 유아의 인지와 책읽기의 질에 관한 문제를 새로운 표현 방식으로 제기한다. 양질의 독서는 단번에 자신에게 가치 있는 것을 책 안에서 선별하고 찾아내는 독자의 진가를 드러낸다. 이렇게 에르반 병원의 일곱 달 된 아기(아르메니)는 늙은 여인의 얼굴이건 인형의 머리이건 간에 그저 얼굴의 이미지들을 그려 보고 이야기의 줄거리나 사진들, 컬러 아니면 흑백의 이미지들을 떠올려 보거나 펼치느라 한참 머문다. 그 다음에 우리는 아기가 옆에 있는 어른의 얼굴을 주의 깊게 쳐다보는 것을 볼 수 있다. 마치 작품이 아이에게 자신의 주변에 대해 좀 더 주의 깊은 시선을 가지도록 인도하는 것 같다.

우리는 오늘날 어린아이들이 흑백 사진에 큰 관심을 갖는다는 사실에 주목한다. 아이들은 흑백 영상의 섬세한 감성을 즐기는 것처럼 보인다. 《수많은 어여쁜 아기들》이라는 작품은 이렇게 하여 어린아이들 사이에서 명백한 성공을 거뒀다. 사진이 아름다운 이 책의 페이지를 따라가면서 아이는 밝고 간결한 바탕 위에서 모든 종류의 감정들을 표현하는 자연의 위대함과도 같은 아기들의 얼굴을 발견하기도 하고 다양하게 움직이는 소박하고 예쁜 아이들의 사진을 발견하게도 된다. 이 책의 마지막에는 은색 페이지가 거울처럼 펼쳐지면서 어린 독자 스스로 거기에 자신의 얼굴을 비춰 보도록 되어 있다.

《검정색 가운데 흰색, 흰색 가운데 검정색》은 최초의 유아용 이마지에가 가진 기본 원리이며 타나 호번 Tana Hoban이 가장 어린 아기들에게 제안하는 진정한 예술 작품들의 원리이기도 하다. 그녀는 이제 겨우 몇 달 된 아이들이지만 이미 민감하게 반응하는 흑과 백, 거친 느낌과 반들거림의 대조의 원리를 가지고 연출한다.

어린아이의 곁에서 어른은 아이의 세상에 활기를 주는 소박하고 향기로운 감정들과 우리가 잊고 있었던 것들을 나누고 이해한다. 피터 스피어의 《와, 비다》는 비에 대한 즐거움과 물웅덩이에서 첨병대는 재미에 이어

흠뻑 젖은 뒤 편안하고 따뜻한 집에 찾아드는 이야기[92]이다. 존 버닝햄의 《벽장 안에서》[93]는 냄비와 부엌의 도구들이 벽장에서 빠져나오기 위해 벌이는 대소동을 즐겁고 아주 단순하게 그린 작품이다.

아주 일찍부터 아이들은 유머에 민감하게 반응한다. 존 버닝햄은 자신의 작품에 유머를 끌어들이기를 주저하지 않는다. 《네가 만약》[94]은 일상의 삶에서 질서를 교란시키는 모든 요소들이 뜻하지 않게 나타나는 이야기이다. 아이들은 작업복 바지를 입은 알 낳는 닭이 난처함을 겪게 되는 이야기인 《동물들에게 옷을 입혀서는 안 돼》[95]와 같은 작품을 아주 좋아한다.

아이는 모든 각을 여기저기 돌려가며 살피는 나무쌓기 놀이를 하듯 단어들을 가지고 논다. 《탐스럽게 빛나는 모토르뒤 왕자의 배》[96]에서는 흥미진진한 유머를 만나볼 수 있다. 이 짧은 책은 동음이의어, 유사하게 발음 나는 소리들, 장난기 있는 단어들, 잘못 알아듣고 생긴 엉뚱한 놀이에서 비롯된 에피소드를 담고 있다. 샤포(모자)는 샤토(성)가 되고 큰 집을 짓는 모자 쓴 영웅이 되어 본다. 단어에 관한 놀이에 이어 '비틀어진 말'의 이미지로 바꾸는 놀이가 이어진다. 이렇게 재미있게 즐기면서 이야기는 책 저 너머의 일상생활 속에서 벌어지는 끝없는 놀이가 된다.

단어와 단어의 이중 의미에서 오는 놀라움, 이것이 바로 이 분야의 대가인 알랭 르 소 Alain Le Saux 가 제안하는 것이다. 《엄마는 자기 친구가 정말 멋지다고 했어요》라는 그림책에서 보듯 친구는 부엉이가 되어 있고, "선생님이 나(주인공)에게 배운 것을 반드시 복습해야 한다고 말씀하셨을 때", 주인공 아이는 선생님 말씀에 따라 다리미를 가지고 글자들을 다려 버렸다…….[97]

이 책에서 익살스럽게 다뤄진 이러한 오해들은 아이들만 할 수 있는 경

---

92) 피터 스피어 Peter Spier, 《와, 비다》, 한솔교육, 2003.
93) 존 버닝햄 John Burningham, 《벽장 안에서》, 페르 카스토르 컬렉션, 플라마리옹.
94) 존 버닝햄, 《네가 만약》, 이상희 옮김, 비룡소, 2003.
95) 주디 바레트 Judi Barrett, 《동물들에게 옷을 입혀서는 안 돼》, 레꼴 데 루아지르.
96) 페프 Pef, 《탐스럽게 빛나는 모토르뒤 왕자의 배》, 갈리마르.
97) 이 의미를 해석하기 위해서는 프랑스어의 말장난을 이해해야 한다. '멋지다'는 chouette란 단어로 표현되었는데 이는 부엉이란 뜻도 있다. '복습하다'는 프랑스어로 repasser인데, 이 동사는 '다림질하다'라는 또 다른 뜻이 있다. 여기서 비롯된 유머임에 유의 - 역자 주.

험에 해당한다. 코르네이 추콥스키[98]는 어린아이다운 상상력에 대해 잘 알고 있는 작가인데, 아이다운 염려에 대한 이야기를 하나 해 준다. "저 아이는 아빠의 눈을 가졌구나."라는 이야기를 들으면 아이는 "그럼, 아버지가 자기의 아이에게 눈을 준 거야? 그럼 아버지는 장님이겠네?"라는 생각을 하며 동요한다. 《곰돌이 푸우》의 작가인 밀른 A. A. Milne과 같은 최고의 작가들은 아이들의 어학적 상상력은 대단히 논리적인 사고를 따르고 있다는 점을 인정한다. 유머의 시인 레이몽 드보 Raymond Devos가 "파도가 '부서진다면' 언제 그것을 다시 조립할 것인가"라고 묻는 것처럼…….

책은 공간이자 리듬이다

이야기가 진행되면서 책장이 넘어가고 이 그림 저 그림이 펼쳐지면, 책은 공간인 동시에 리듬이 된다. 책의 리듬은 세상에 대한 경험을 구성한다. 가장 처음 경험하는 최초의 책은 손가락이다. 밤이 되어도 아기들의 귓가에는 술래 정하기 노래의 멜로디가 울린다. 부드러운 목소리를 들으면서 우리 세상에 처음으로 온 아기는 태초부터 시작되어 온 전통과 만난다. "사냥을 가서 자고새를 한 마리 잡았다네…….''

후렴구처럼 반복되고 규칙적으로 흔들거리는 노래의 리듬 속에서 아기는 잔느 아쉬베와 함께 작은 이야기와 일상의 몸짓을 보게 된다. 매일의 삶은 이렇게 입체적이고 향기로운 것이다. 그녀의 작품 《나아질 거야!》[99]에서 보면 왼쪽 면은 어두운 색채로 슬픔을 환기시킨다. "오호, 이런! 저기 아기가 울고 있네, 아이는 목이 마르네." 그런데 원색적인 오른쪽 면은 위안을 주는 페이지이다. "아! 좀 낫군. 물을 마시니 한결 나은 걸." 문장의 리듬감, 우리가 넘기는 책장의 리듬감이 느껴진다. 약간의 괴로움이 인정되고 이에 대한 위로도 거기 있다.

책장을 넘기는 것은 다음을 예견하는 즐거움이기도 하다. 위트 있게 놀이하듯 접하는 레미 찰립은 《네드는 참 운이 좋아》[100]라는 책에서 강렬한

---

98) 코르네이 추콥스키 Kornei Chukovsky, 《두 살에서 다섯 살까지: 아이들의 언어 세계와 동화, 동시에 대하여》, 홍한별 옮김, 양철북, 2006.
99) 잔느 아쉬베 Jeanne Ashbé, 《나아질 거야!》, 레꼴 데 루아지르.
100) 레미 찰립 Remy Charlip, 《네드는 참 운이 좋아》, 이덕남 옮김, 비비아이들, 2006.

색채로 행운과 행복을 표현하고 잿빛 색채를 통해서는 불운과 실망을 표현한다. 책장이 넘어가면서 매우 화려한 색과 잿빛 분위기가 즐겁게 번갈아 가며 나온다.

상상하고 경이로움을 만들고 놀라움을 자극하는 것, 이것이 작품이 제안하는 바이다. 브루노 무나리는 《결코 만족하지 않아》[101]에서 무엇을 꿈꾸는가? 암소는 열정을 꿈꾼다. 그런데 무엇이 되고 싶은 열정인가? 상상하는 독자들에게 매번 새로운 상상 거리를 제기하는 문제의 해답은 다음 장에서 찾아볼 수 있다. 이런 방식으로 마지막 장까지 진행되는데, 가장 마지막은 가장 처음과 다시 연관된다.

고경숙의 《마법에 걸린 병》[102]은 놀라움을 가득 담은 책이다. 코카콜라 병 안에는 무슨 동물이 숨어 있을까? 향수 병 안에는 무슨 동물이 있을까? 악어? 코알라? 궁금하면 병 모양으로 오려진 플랩 flap을 열어 보면 된다. 이런 책들의 경우 손으로 조작하는 것이 하나의 즐거움이다. 여기에는 아이들의 참여가 필요하다.

책장을 넘긴다는 것은 아주 바쁜 사람을 따라가거나 생각할 시간을 갖기 위한 리듬을 조절하는 것과도 같다. 닥터 수스는 지루해 하는 아이들에게 하루 동안 비를 뿌려 준다. 그리고 예상하지 못했던 재미있는 상황을 만들어 주는 《모자 쓴 고양이》[103]의 엉뚱한 행위에 홀려 정신없이 따라가는 이야기의 리듬으로 독자를 이끈다. 고양이와 함께라면 "하루는 헛되지 않아! 우리는 곧 웃게 될 거니까!"

인도네시아 작가의 《케이크 도둑》[104] 이야기 안에서 우리는 계속 돌고 돈다. 이야기 속의 세계는 매우 분주하다. 쥐 두 마리가 케이크 한 조각을 훔친다. 또 원숭이 두 마리는 부인의 모자를 훔친다. 추격전은 과도하게 이어진다. 추격전은 여러 방향에서 넓게 두 쪽에 걸쳐 전개된다. 긴 길을 따라 이 장에서 저 장으로 선회하고 구불구불 이어진다. 책도 경계도 없는 것 같은 이 이야기는 도처에서 생겨나서 마구 뒤얽힌다. 기상천외한 세세

---

101) 브루노 무나리 Bruno Munari, 《결코 만족하지 않아》, 쇠이유 출판사.
102) 고경숙, 《마법에 걸린 병》, 재미마주, 2005.
103) 닥터 수스 Dr. Seuss, 《모자 쓴 고양이》, 포켓 청소년.
104) 데청킹 The Tjong-Khing, 《케이크 도둑》, 거인, 2007.

한 무리들의 볼 거리가 넘쳐나기 때문에 아이들은 이 책을 여러 차례 보고 또 본다. 여러 번 봐야만 발견할 수 있는 즐거움이 있고 정말 찾아볼 거리가 많기 때문이다.

또 클로드 퐁티와 같은 작가도 많은 볼 거리를 제공한다. 그의 모든 작품에서 그림은 정말 지배적이다. 그의 책에서는 탐색하는 듯한 분위기의 그림을 볼 수 있다. 숨은 물건과 사람을 발견하기 위해 찾아볼 것이 많이 있다. 문화적인 참고 사항도 상당히 많다. 안노 미쓰마사의 《그날》[105]과 같은 작품에서 참고 사항들은 어린 시절의 세계를 상기시키고, 동시에 퐁티의 《블레이즈와 안느 이베르세르의 성》[106]의 몇몇 장에서처럼 독특하고 고유하다. 아이들은 이 상상의 세계에서 자신만의 고유한 영역을 찾는다. 이것은 매우 공들여 제작되고 분할된 장면들이 만들어 낸 경이롭고 무한한 세상이다.

어떤 작품들은 책의 이야기와 더불어 자신에 대해 깊이 생각해 보고 스스로를 비추어 보게 한다. 《언덕 저 높은 곳》[107]에서는 아이들이 주인공 아이의 꿈과 감정을 나누게 된다. 《괴물들이 사는 나라》[108]에서 두 쪽에 걸쳐 펼쳐지는 그림들은 우리로 하여금 막스와 함께 괴물들의 끔찍한 인상을 맘껏 바라보고 싶은 호기심을 나누도록 제안한다. 막스는 여기서 기꺼이 멈춰서 아이들을 기다린다.

아이들은 책의 예술과 페이지의 편집, 그림의 배치에 매우 민감하게 반응한다는 것을 알 수 있다. 어린 《말라게트》[109]와 늑대와 친구들은 결정적으로 함께 살 수 없기 때문에 헤어져야 하는 장면이 있는데, 여기서 어린 독자들은 책읽기를 멈춘다. 이 장면에서 책의 타이포가 우리의 관심을 끌기 때문이다. 활자들이 이별 장면을 표현하기 위해, 두 쪽에 걸친 큰 화면의 양 끝에 두 친구를 각각 떨어뜨려 배치하고 있다.

세상은 거대하다! 이야기들은 세계 안에서 질서정연하다. 작품이 전개되면 독자들은 나들이와도 같은 이야기 안에서 탐색을 계속하고 길을 찾

---

105) 안노 미쓰마사 Anno Mitsumasa,《그날》, 레꼴 데 루아지르, 1978.
106) 클로드 퐁티 Claude Ponti 《블레이즈와 안느 이베르세르의 성》, 레꼴 데 루아지르, 2004.
107) 일본 작가 다니우치 고타의 그림책.
108) 모리스 센닥,《괴물들이 사는 나라》, 강무홍 옮김, 시공주니어, 2002.
109) 제르다 뮐러 Gerda Muller,《말라게트》, 레꼴 데 루아지르.

아 나서고 시간에 대한 의미를 알게 된다. 잊을 수 없는 따귀 사건 이후 화가 난 몽구스 아이, 마리-루이즈[110]는 다른 엄마를 찾아 집을 떠난다. 페이지가 넘어가면서 몽구스 아이는 만나게 되는 동물 가족에게 염려스럽게 묻는다. "제가 혹시 당신의 아이가 될 수는 없나요? 제 엄마는 저를 사랑하지 않아요."라고. 이 기나긴 엄마 찾기 과정이 책 끝까지 전개된다.

되풀이되고 채워지고 비워지는 것, 아이들에게는 자연스러운 놀이들이다. 작품의 그림은 이야기와 강하게 연계되어 있는데, 독서란 이렇게 아이들이 책의 내용과 그림을 통해 감지하는 또 다른 이야기 안에서 놀이를 재발견하는 것이다. 커다란 무를 뽑으려는 이야기 《커다란 순무》[111]에서도 마찬가지이다. 전통적인 이 이야기에서도 여러 면에 걸쳐 줄이 이어지지 않았던가. 할아버지는 할머니를 부르고 할머니는 손녀를 부르고 손녀는 고양이를 부르고 고양이는 쥐를 부르고······.

좀 더 큰 것에서 좀 더 작은 것으로, 좀 더 작은 것에서 더 큰 것으로, 비움에서 채워짐으로, 꽉 찬 것에서 비움으로, 자 바로 이것이 여러 페이지에 걸쳐 이어지는 줄이 잘 설명해 주고 있는 바이다. 아놀드 로벨[112]이 들려주는 아기 생쥐의 깜짝 놀랄 만한 여행 이야기를 보자. 엄마 쥐가 갇힌 차가 출발해 버린 바람에 헤어지게 된 엄마를 찾으러 떠난 아기 생쥐는 일련의 역경을 겪는다. 아기 생쥐는 롤러 스케이트를 구입해 타고 쫓아가면서 여러 차례의 사고를 당하지만 이를 극복하고 온갖 해결책을 시도한 끝에 제 시간에 도착하게 된다는 이야기이다.

또 아이들은 《도와 주세요, 의사 선생님》[113]이라는 기발한 책을 손에서 놓을 줄 모른다. 이 책은 너무 먹기 좋아하는 아이와 아이를 수술하게 된 능숙한 외과 의사 사이에서 벌어지는 기묘한 이야기이다. 여기에 다소 어리둥절해 하는 아이의 엄마도 등장한다.

아이의 배에서는 무엇이 발견되었을까? 뱃속에는 너무나 이상한 물건들이 뒤엉켜 쌓여 있다. 이 책의 작가 레미 찰립은 여러 페이지에 걸쳐 리

---

110) 호세 아루에고 José Aruego, 아리안 듀이 Ariane Dewey, 《마리-루이즈의 형상》, 레꼴 데 루아지르.
111) 프랄린 게이파라 Praline Gay-Para, 앙드레 프리장 Andrée Prigent, 《커다란 순무》, 김효림 옮김, 한국차일드아카데미, 2006.
112) 아놀드 로벨, 《생쥐 이야기》, 엄혜숙 옮김, 비룡소, 1997.
113) 레미 찰립, 《도와 주세요, 의사 선생님》, 서울, 리틀랜드출판사, 2003.

듬감을 주기 위해 흑백과 다양한 색상, 숨김과 찾음을 번갈아 배치하면서 재미를 준다. 마지막은 이야기의 처음으로 되돌아 가도록 우리를 초대한다. 책이 닫히는 순간, 아이는 엄마에게 말한다. "다시, 또요!" 자신의 모든 작품에서처럼, 작가는 영원히 다시 시작하는 가능성을 열어 두고 책장을 넘기는 행복감을 예술적인 감각 속에 맘껏 펼쳐 보인다.

아이들은 볼 거리가 많은 그림 속에 빠져 있는 시간을 좋아한다. 너무도 자연스럽게 이상하고 기상천외한 것, 먼 곳에 바로 빠져 버린다. 어린 아이들은 친숙하고도 낯선 동물들에 열광한다. 아이들은 이런 식으로 조엘 졸리베의 《똑똑한 동물원》[114]이라는 큰 책에 매료당한다. 이 책은 사백여 마리 동물의 집합소를 재현한다. 동물들은 종에 따라 분류된 것은 아니지만 아이들은 자발적으로 색깔별, 크기별 혹은 생활 모습에 따라 동물들을 분류한다. 분류하는 것은 사실 아이들에게는 그저 재미난 일이다. 수많은 동물들의 수를 세고 그 풍요로움에 사로잡히는 것 또한 아이들에겐 기쁨인 것이다. 이 작품에서 각 동물은 이름을 가지는데, 아이들은 그 이름들을 기억해 내고 불러 보는 것에도 재미를 느끼며 행복해 한다. 만약에 이름이 복잡하다면 그것은 보너스와도 같은 즐거움이다.

피터 스피어의 《노아의 방주》[115]라는 놀라운 책에서 우리는 대홍수로 동물 무리가 방주 안에 대피하면서 서로 만나 알게 되는 장면을 보면서 즐거움을 느낀다.

토미 웅게러의 그림들은 재치 있는 디테일과 거친 묘사가 가득하다. 시선은 페이지의 이곳저곳을 산책한다. 재미있고 예상할 수 없는 세세한 묘사들이 넘쳐나고 독자들은 늘 그 가운데에서 새로운 것을 찾도록 초대받는다. 아놀드 로벨의 《색채의 마법사》[116]는 브뤼겔의 작품과도 같이 찾아보아야 할 세부 묘사들과 많은 장면들이 있다. 아이들은 이곳에서 지칠 줄 모른다. 이미지의 탐험은 자신이 좋아하는 작품 속에서 활발히 전개된다. 여기서는 이야기할 줄거리도 딱히 없다. 이야기를 만드는 것은 바로 어린 독자들의 몫이다.

---

114) 조엘 졸리베 Joëlle Jolivet, 《똑똑한 동물원》, 최윤정 옮김, 바람의아이들출판사, 2009.
115) 피터 스피어 Peter Spier, 《노아의 방주》, 김경연 옮김, 미래아이, 2004.
116) 아놀드 로벨, 《색깔 마법사》, 이지원 옮김, 비룡소, 2014.

이런 작품들 가운데에서 아이들은 읽고 발견하고 이름을 붙인다. 풍요로움을 선사하는 이런 책들에 푹 빠져 보는 것은 매우 좋은 경험이다. 안노 미쓰마사[117]는 이런 것들을 경이롭게 다루고 즐긴다. 그의 그림은 《벼룩시장》[118]에서 보면 다중적인 장면과 엉뚱하고 별난 대상들이 가득하다. 잘 살펴보면 여기서 우리는 익살스런 온갖 종류의 것들을 발견한다. 또 같은 작가의 작품인 《늑대야, 너 거기 있니?》[119]라는 작품은 우거진 초목들 사이에 숨겨져 있는 동물들을 찾기 위해 모든 감각을 동원해서 책장을 여기저기 살펴봐야 한다. 여기서 언급된 그림책 작가들은 책이라는 오브제가 독창적인 자기만의 방식으로 제공할 수 있는 것들을 철저하게 활용한다. 그래서 작가들은 어떤 다른 매체도 보여 줄 수 없는 유일한 방법들을 찾으려 한다. 책은 원하는 리듬에 따라 즐겁게 들춰 볼 수 있는 대상이다. 책은 어떤 크기이든 가능하다. 손에 넣을 수 있는 아주 작은 크기부터 바닥에 펴 놓고 바라볼 수 있는 큰 화집과도 같은 크기까지, 스크린과도 같은 이 독창적인 틀 안에서 많은 정보들이 우리에게 전달되는 순간 감상이 시작된다.

감각 안에서 세상을 펼치는 것은 책을 가지고 할 수 있는 일이며 사실 너무도 놀라운 일이다. 안노 미쓰마사는 다른 작품에서처럼 대부분의 정보를 작품 안에서 끄집어낸다. 《구성놀이》라는 작품의 경우에서도 마찬가지이다. 작가는 구체적으로 불가능하지만 아주 현실적으로 보이는 세상을 재현해 낸다. 또 대조적인 풍경들과 반대되는 시점들을 변화하여 재현한다. 이 책의 그림은 생각하게끔 만든다. 아이는 우리에게 질문을 던진다. "어떻게 이게 가능해요?"

현실과 상상 사이의 이 놀이는 허구와 특히 판타지의 특성이 아닌가? 마르셀 에메의 《착한 고양이 알퐁소》[120]와 C. S. 루이스 C. S. Lewis의 《나니아 연대기》[121]에 대해 생각해 보자. 우리는 우리가 속해 있는 현실, 잘 아는, 쉽게 알 수 있는 세계에서 시작하여 우리에게 새로운 방식으로 생각해 보

---

117) 안노 미쓰마사, 《항아리 속 이야기》, 박정선 옮김, 비룡소, 2001.
118) 안노 미쓰마사, 《벼룩시장》, 레꼴 데 루아지르.
119) 안노 미쓰마사, 《늑대야, 너 거기 있니?》, 레꼴 데 루아지르.
120) 136쪽 참조.
121) 155쪽 참조.

아야 하는 상상의 세계로 차츰 빨려 들어간다.

변화와 계속되는 되풀이

그림책들은 자연스럽게 순환과 되풀이를 재현한다. 작품들은 책 자체로서의 가능성을 완벽하게 활용한다. 이것은 레미 찰립과 브루노 무나리와 같은 위대한 작가들이 제안하는 것으로, 페이지 상에서 연속되다가 출발점으로 되돌아가는 방식을 따른다.

엘라 마리의 작품들은 담백하고 효율적이며 자연스러운 순환과 변화 방식을 활용한다. 《나무》[122]에서 아이들은 페이지가 전개될 때, 일 년 동안 계절의 변화를 리듬감 있게 즐기고 나무들을 세밀하게 관찰한다거나 마을 주민들의 모습을 살펴보는 재미도 느낄 수 있다. 봄에는 움트는 싹을 관찰하고 여름에는 둥지에 알을 낳는 새를 관찰하고 가을에는 떡갈나무가 벌거벗는 것을 보고 겨울에는 먹이를 비축하는 들쥐와 이동하는 철새들을 관찰한다.

그림책들은 이 페이지에서 저 페이지로 계속해서 돌아가는 변화와 계속 되풀이되는 순환의 놀이에 동참한다. 이것은 아이들에게 익숙한 개념이다. 아이에게 "너희가 크게 되면"이라고 말하자, 아이는 어른에게 조른다. "어렸을 적 이야기를 해 주세요."

《달라질 거야》 그리고 모든 것은 놀라울 수 있다. 이것은 앤서니 브라운[123]의 작품에서 아이가 꾼 꿈 이야기이다. 주전자가 고양이가 되고 의자는 고릴라가 되고……. 작가가 어린이에게 주는 아주 어린이다운 놀이[124]이다. 어떻게 단단하고 차가운 물건, 완벽하게 흠잡을 데 없이 만들어진 물건이 온순하고 착한 동물이 되어 버리는 것일까? 세상은 이렇게 다른 차원으로 바뀐다.

그런데 이 변화는 만약 사람들이 알아채지 못한다면 위험할 수 있다. 만약 사람들이 나를 알아보지 못한다면? 이것은 아이들이 가장 좋아하는

---

122) 엘라 마리 Iela Mari, 《나무》, 시공주니어, 1996.
123) 앤서니 브라운, 《달라질 거야》, 허은미 옮김, 아이세움, 2003.
124) 《앤서니 브라운. 작품의 이야기들》의 인터뷰 참조, 칼레이도스코프.

책, 그림, 소설 들에서 찾아볼 수 있는 주제 가운데 하나로,《작은 파랑과 작은 노랑》과 같은 고전적인 작품에서도 볼 수 있다. 친한 두 친구 파랑이와 노랑이가 너무 친해서 초록으로 변해 버렸다면? 이 얼마나 이상한 놀이인가? 부모님들은 그들을 알아보지 못한다. 마침내 두 친구는 울음을 터뜨린다.

소통 불가의 고통, 이해받지 못하는 비극, 진실을 알아 볼 수 없음…… 이것은 아주 어린 나이에 아이가 겪게 되는 고통스런 감정들이다. 어떤 작가들은 윌리엄 스타이그처럼 이런 감정들을 잘 재현한다.《당나귀 실베스터와 요술 조약돌》[125]이나《강아지가 된 칼렙》[126]을 생각해 보자. 여기 마법으로 바뀐 주인공들이 있다. 한 명은 바위로, 다른 한 명은 강아지로 변했다. 그들은 자신만의 방식을 가지고 살아간다. 이 이야기들은 인정받지 못하고 사랑하는 사람들과 소통할 수 없는 상황에서부터 시작된다. 그렇지만 마지막에 가면 시련을 겪은 주인공들은 다행히도 재회의 기쁨을 맛보게 된다.

어떤 작가들은 진정으로 사랑받는 것인지 확인하고 확신을 갖기 위한 방법으로 가까운 사람과 일정한 거리를 두거나 자신을 감추는 변신 장치를 사용한다.《엄마, 난 도망갈 거야》[127]에서는 작은 토끼 이야기가 리듬감 있는 노래와도 같은 대화로 전개된다. 엄마와 아이가 주고받는 대화가 다양한 색채로 그려진 페이지와 흑백으로 그려진 페이지, 두 쪽에 걸쳐 번갈아 가면서 전개된다. "만약 네가 물고기라면 엄마는 어부가 될 거야."라고 엄마가 말한다. 이에 "만약 엄마가 어부라면 난 바위가 될래."라고 아이가 말한다. "그럼 너를 만나려면 산에 올라가야 되겠네!"라고 엄마가 말한다.

우리는 될 거야, 우리는 할 거야. 자, 이것이 이 이야기가 제안하는 것이다. 아이들은 다른 것이나 혹은 타인에 자신을 투사하는 기상천외한 재주를 가졌다. 곰이건 난쟁이건 말이건 달팽이건 털 있는 장난감이건 무슨 상관이랴. 아이들은 그렇게 좀 더 작은 것에서 좀 더 큰 것까지, 가까운 것에서 먼 것에까지 이르면서 세상 안에서 다양성을 발견한다.

---

125) 윌리엄 스타이그 William Steig,《당나귀 실베스터와 요술 조약돌》, 이상경 옮김, 다산기획, 1994.
126) 윌리엄 스타이그,《강아지가 된 칼렙》, 최순희 옮김, 느림보, 2005.
127) 마가렛 와이즈 브라운,《엄마, 난 도망갈 거야》, 신형건 옮김, 보물창고, 2008.

아이들은 또 땅에 떨어진 정원사의 장갑을 열심히 타고 올라가는 《달팽이를 따라가자》[128]에서 보듯 연민과 동정심도 자연스럽게 표현할 줄 안다.

수수께끼와도 같은 열린 결말

어떤 그림책과 이야기들은 수수께끼 같은 결말로 맺는다. 이런 결말은 아이들에게 생각하고 곱씹을 거리를 준다. 미국의 유명한 그림 작가 유리 슐레비츠가 그린 진지한 유대교의 전통에서 끌어낸 아름다운 이야기인 《보물》[129]이 그러한 예이다. 《보물》은 왕궁의 다리 밑에 자신이 꿈꾸는 보물이 숨겨져 있다고 생각하여 그 보물을 찾아 멀리 길을 떠난 한 노인의 이야기이다. 그런데 이야기가 진행되고 긴 여행이 끝나갈 때, 노인은 이 보물이 자신의 손에 닿는 아주 가까운 곳, 바로 집에 있었다는 것을 알게 된다. 결국 노인은 다시 보물을 찾아 집으로 돌아온다. 가난한 자신의 집 난로 아래 아름다운 붉은 색 루비가 있었던 것이다. 이야기를 읽고 난 뒤 혼란스러워진 아이는 간혹 침묵에 빠지거나 의문을 제기한다. 책읽기는 아이에게 심각하게 생각해 보도록 하는 자리를 마련한다. 수수께끼는 이야기 안에 있고 우리는 그것을 기억한다. 우리는 단번에 모든 것을 알지는 못하지만 이야기의 결말은 여러분 안에 있다. 이야기는 여러분 안에 살고 있다.

앤서니 브라운의 《터널》[130]이라는 그림책도 마찬가지로 어린 독자에게 감동과 당혹감을 안겨 준다. 이 작가의 다른 작품과는 달리 여기서는 하나의 우화가 중요하다. 이야기는 한 남매 사이에 계속되는 불화에서 시작한다. 더 이상 참을 수 없게 된 엄마는 남매를 밖으로 내쫓는다. 남매는 공허한 곳에 내던져진다. 남자 아이는 터널을 발견하고 그곳으로 들어가 사라진다. 여자 아이는 걱정스레 그를 찾아 나선다. 여자 아이는 오빠를 잃은 두려움에 사로잡힌다. 그녀도 터널로 들어가게 되고 통과해 나온다. 그때,

---

128) 루스 브라운 Ruth Brown, 《달팽이를 따라가자》, 이상희 옮김, 중앙M&B, 2001.
129) 유리 슐레비츠 Uri Shulevitz, 《보물》, 최순희 옮김, 시공주니어, 2006.
130) 앤서니 브라운, 《터널》, 장미란 옮김, 논장, 2002.

그녀는 숲에서 홀로 넋을 잃고 있는 오빠를 발견한다. 여자 아이는 달려가 오빠를 팔에 안고 회복할 수 있도록 정성스레 돕는다. 잃어버린 것과 되찾은 사랑을 살리고 현실에서 상상의 세계로 가려면 이 터널을 지나야 한다. 이 이야기는 현재 벌어지는 상황이다. 멀고 막연한 과거에나 일어날 법한 '옛날 옛적에'라는 말은 없다. 바로 이 점이 독자들을 당황스럽게 한다.

문학으로 들어가기

아주 어린아이가 책과 더불어 이야기와 처음으로 대면하는 순간에 대해 르네 디앗킨은 즐겁게 다음과 같이 확신한다. "아이는 문학 속으로 들어간다." 그러면 어떻게 책 속으로 들어가는가? 작품은 어떻게 존재하는가? 어떻게 우리를 사로잡아 작품 속에 빠져들도록 하는가? 언어와 그림과 리듬으로 만들어진 잘 쓰인 책 안에서 삶이 돌고 돈다. 작품은 우리에게 이곳에 들어오라고 초대한다.

우리는 집에 사는 것처럼 책 속에 산다. 그렇기 때문에 책 안에서 자유롭게 움직일 수 있는 공간도 필요하다. 《하나 둘 셋 피튜니아씨》[131]에서는 첫 페이지, 처음부터 독자에게 인사하는 소리가 들린다. 책은 팔을 벌려 독자를 따뜻하게 맞이한다. 그러면 독자는 이 반가운 초대에 답해야 한다는 생각만을 갖게 된다. 클로드 퐁티의 《아델의 그림책》[132]의 표지에도 마찬가지로 자신만 아는 은유가 담겨 있다. 지붕과도 같이 커다란 책이 아이의 머리 위에 얹혀 있다. 집의 문을 열듯 우리는 책을 연다. 아이는 책 안의 모든 문체를 제멋대로 맘껏 흩어 놓는다. 이야기에는 햇병아리와 다른 동물들, 그리고 상상 속의 사람들이 등장한다. 아이는 자신이 만든 무리들과 함께 있다. 이것은 어린아이의 상상력과 상상의 세계를 너무도 잘 아는 이 위대한 작가의 많은 작품들에서 드러나는 특징이다. 바로크적이며 기이하고 엉뚱한 그의 작품들은 아연실색할 만한 발견과 다른 무엇보다 유쾌한 것들로 가득하다. 우리는 그곳에 들어가서 놀이를 즐긴다. 상상의 세계에 들어오라고 초대하는 작가가 바로 거기 있다.

---

131) 퀸틴 블레이크 Quentin Blake, 《하나 둘 셋 피튜니아씨》, 갈리마르, 폴리오 주니어.
132) 클로드 퐁티 Claude Ponti, 《아델의 그림책》, 갈리마르.

최고의 작품들 안에서 전개되는 삶을 곰곰이 살펴 보면서 아이는 "저도 당신과 같이 가도 되나요?"라고 말하는 것 같다. 제과점 안에는 나이든 부인이 있다. 그 곁에 있는 아이는 초콜릿 에클레르(과자의 일종: 역자 주)를 맛본다. 아이는 진지하게 소꿉장난[133]을 하는 영국인 아이들과 함께 놀고 있다. 조금 뒤면 아이는 성 안에서 세귀르 Ségur 백작 부인의 아이들과 스스럼없이 놀게 된다. 또 거인 옆에서 아이는 오랫동안 멈춰 서서 제랄다가 마련한 아주 즐거워 보이는 소풍 광경을 바라본다. 이야기로 만들어졌지만 이 세계들은 온전히 존재한다. 아이는 이 세계를 믿게 된다. 지나간 시대에 속한다 한들 뭐 어떤가. 코끼리든 쥐든 아무래도 상관없다. 아이는 이내 곧 자신들의 무리를 찾는다. 아이는 그들과 놀고 함께 살고 싶어 한다. 아이는 자신이 보기에 중요한 것, 사는 데 필요한 것, 마음이 동하는 것에 자연스럽게 참여한다. 모든 문학의 등장인물은 적절하게 제 위치에 존재한다. 우리는 등장인물들이 재미있는 관심사에 너무 빠져 있다고 느낀다. 인물들은 멋진 것만은 아니다. 평범하고 근사한 풍채를 갖지 않은 등장인물들도 있다. 그들이 서로 교환하는 눈빛을 주시해 보라. 서로 관계 맺고 연관되어 인물들과 함께 시간을 보내는 가운데 공간이 열린다. 독자는 그 안에 들어가고 싶어 한다. 얼마나 행복한 초대인가! 실제로 삶이 그곳에 있지 않은가.

어떤 등장인물들은 우리를 초대하여 그들을 모방하고 흉내 내게 한다. 그들은 자신이 좋아하는 일을 하기 때문에 욕망이 크다. 일본 작가 다니우치 고타의 그림책들은 시처럼 느리고 담백한 감동 가운데 명상적이다. 《언덕 저 높은 곳》[134]에 나오는 아이는 항상 뒷모습으로 묘사된다. 이야기가 전개되면 아이는 푸른 평원 가운데에 커다란 노란 모자를 쓴 모습으로 나타난다. 우리는 그가 신중하며 조용하고 명상에 잠겨 있다고 추측한다. 여기 우리는 조심스레 초대받은 듯 그의 곁에 있다. 조용한 가운데 밝아 오는 하얀 새벽에 그와 같이 언덕에 오른다. 정상에 오르면 우리는 그곳에 앉아 기다리면서 기차가 멀리에서 나타나 지나가고 사라지면서 뿌뿌거리

---

133) 헬렌 브로들리 Helen Bradley, 《우리 할머니가 어렸을 적에》, 플라마리옹.
134) 다니우치 고타, 《언덕 저 높은 곳》, 르 세르프.

는 소리를 듣는다. 또 아이는 마리 홀 에츠[135]의 어린 여자 아이 옆에 앉는다. 여자 아이는 동물들이 놀라 도망갈까 봐 연못가에 움직이지 않고 조용히 앉아 있다. 아이는 마치 일본 작가 사카이 고마코[136]의 《아이, 가지 마》와 《눈이 그치면》의 작은 여자 주인공 아이 옆에 있는 것 같다. 이렇게 상상 속의 무리와 어울리면서 아이는 다른 시간을 음미하는 즐거움을 갖는다.

놀라움으로 가득 찬 이야기 《구리와 구라의 빵 만들기》[137]에서는 모든 것이 다르게 전개된다. 유쾌한 쥐 두 마리가 숲으로 소풍을 간다. 바구니에 먹을 것을 담아 노래를 부르며 기분 좋게 길을 나선다. 우리는 여기서 그들을 따라가며 그들과 함께 노래를 부르는 듯한 경험을 한다. "우리는 들에 사는 들쥐, 구리와 구라라네. 우리는 최고의 미식가들, 조심해! 우리가 왔다네, 구리와 구라가." 동일한 방식의 밤의 색조를 띤 아름다운 그림책 《엄마를 기다리는 아기 올빼미》[138]라는 작품은 엄마를 잃은 아가들 가운데 가장 막내의 슬픔을 함께 나누도록 우리를 초대한다. 그림책 속에는 "나는 엄마가 필요해."라는 말이 비극의 합창대가 노래하듯 여기저기 점철되어 있다. 어른과 아이들 모두 다 같이 자발적으로 참여해 외친다. "엄마가 필요해."

허구의 작품 속에서이지만 아이는 쉽게 빠져든다. 책을 열자마자 아이는 자신이 경험한 감정과 겪은 경험들 가까이 친숙한 곳에 놓인다. 모험을 하기 위해서는 먼저 익숙한 땅에 찍히는 자신의 발자취를 신뢰할 수 있어야 한다. 지금까지의 존재는 새로워지기 위해서였음을 믿어야 한다. 그래야 상상의 세상에서 날 수 있다.

《폴라 익스프레스》[139]를 읽는 어린 독자들은 한밤중에 잠옷을 입고 밖으로 나간 아이를 쫓아 따라가도록 초대된다. 독자는 이 아이에게서 스스로의 모습을 찾는다. 생각 속에서 독자는 기차 끝에 있는 니스칠을 한 가

---

135) 마리 홀 에츠 Marie Hall Ets, 《나랑 같이 놀자》, 양은영 옮김, 시공사, 2011.
136) 마리 홀 에츠의 작품에 영감을 받은 일본 작가로 나카와키 하쓰에와 사카이 고마코가 있다.
137) 나카가와 리에코, 오무라 유리코, 《구리와 구라의 빵 만들기》, 이영준 옮김, 한림출판사, 1994.
138) 마틴 워델 Martin Waddell, 《엄마를 기다리는 아기 올빼미》, 김서정 옮김, 한국프뢰벨, 2003.
139) 크리스 반 올스버그 Chris van Allsburg, 《폴라 익스프레스》, 레꼴 데 루아지르.

구와 구리로 꾸며진 '옛날식' 식당 칸, 그의 곁에서 핫초콜릿을 한 잔 맛보고 있는 자신을 아주 자연스럽게 발견한다. 기차는 연기를 뿜으며 풍경을 가로질러 달리다 곧 사라져 버린다. 독자는 아이와 함께 꿈의 세계를 발견한다. 산타 할아버지들을 만나기도 한다. 책의 마지막에 이르면 이런 경험을 함께 나누고 막 돌아온 아이에게 무엇이 남는가? 형용할 수 없는 감정을 경험하였으나 모호한 확신이 남아 있을 뿐이다. 주인공 아이는 꿈을 꾼 듯 아쉬움을 나타낸다. 어린 독자는 마치 미술관에 걸린 그림들을 둘러보듯 이 걸작을 막 감상했다. 아이들이 발견한 경이로운 이 그림책 덕분에 어린 독자는 놀랍게도 아주 가까이서 산타 할아버지와 함께 하기도 했다. "산타 할아버지가 나를 만져 줬으면 좋겠다." 그는 땅으로 돌아오면서 낮은 목소리로 내게 말한다.

《아빠는 식인 괴물》[140]은 아이가 편하게 알고 있는 아빠에 대한 몇 가지 묘사로 이야기가 시작된다. 아이는 이미 '진짜' 아빠 모습을 많이 보아 왔다. 그런데 이 그림책에는 아이들과 함께 어린 말과 노는 아빠의 모습도 나오고 혼자서 전기 기차를 가지고 노는 아빠의 모습도 그려진다. 그런데 책장을 넘기면 모든 것이 바뀐다. 이미지도 이야기도 갑자기 바뀐다. 식인 괴물 아빠가 갑작스레 일상의 세계에 나타난 것이다. 물론 '아이를 지독히 사랑하는' 괴물 아빠이다. 너무도 갑작스런 상황이고 당치도 않다. 게걸스럽게 꿀꺽 삼켜진 아이들은 결국엔 피노키오의 고래 뱃속이나 대중적 우화인《먹보 고양이와 앵무새》를 연상시키듯 탐욕스런 대식가 아빠의 뱃속에 있다. 어린 독자들은 이 이야기들을 즐기며 비슷한 줄거리들을 서로 연관시키기도 한다. 아이들은 이런 상황에 재미있어 한다. 앙리 갈르롱[141]이 그린 우화와 같은 책이나 로베르토 이노첸티[142]가 그린 놀라운 그림책《피노키오의 모험》두 권을 묶어 다시 함께 읽어 보는 것이 그러한 경우이다.

아주 어리지만 아이들은 이미 아이들을 위한 책에 대한 진정한 문화를 가지고 있다. 놀이터 가까이 작은 화단에 엄선한 책들로 가득 찬 바구니들

---

140) 마리 생-디지에 Marie Saint-Dizier, 아마토 소로 Amato Soro,《아빠는 식인 괴물》, 갈리마르, 폴리오 주니어.
141) 사라 콘 브라이언트 Sara Cone Bryant, 앙리 갈르롱 Henri Galeron,《먹보 고양이와 앵무새》, 나탕, 1968.
142) 카를로 콜로디 Carlo Collodi, 로베르토 이노첸티 Roberto Innocenti,《피노키오의 모험》, 갈리마르.

을 가지고 야외 이동도서관을 꾸밀 때면 우리는 이러한 특성을 종종 관찰할 수 있다. 이 때 아이들은 전시된 책들을 자신들의 눈으로 하나하나 살펴보기 시작한다. "이 책, 나 알아. 저기 저 책도." 아이들은 자신들이 알고 있는 책들로 우리의 관심을 끄는 것을 좋아한다. 아이들은 프란치스카 테메르슨[143]이 들려주는 〈생강과자 맨〉 이야기와 나타 카푸토가 쓰고 피에르 벨베[144]가 그린 유명한 《갈레트 빵》 우화를 알고 있다는 것을 자랑스러워한다. 이 책에서 저 책으로 한참을 살펴본다. 슬픈 결말은 같다고 해도 이야기의 과정과 상황은 다양하다. 《황금 고리》는 차분한 분위기의 그림이나 익살스런 분위기의 그림을 통해 다양한 해석과 비교를 할 수 있는데, 제르다 뮐러의 버전이나 폴 갈돈의 버전, 아니면 장-루이 르 크라베가 쓰고 이렌느 보나시나가 그린 매우 섬세한 버전 등 다양하다. 아이들은 이렇게 다양한 이야기들을 자신의 방식으로 조절하는 것에 만족해 한다.

그림책들을 발견해 가는 이 단계는 매우 중요하다. 아이들이 스스로 아름다움에 대한 생각을 해내는 것이 아니라 그저 주어진다면 그것은 아이들의 기호와 경험을 좌우하고 혹은 편협하게 만드는 것일 수도 있다. 또 아이들을 우리 시대의 고정된 이미지 속에 획일적으로 가두는 것도 유감스럽고 척박한 상황이 아닐 수 없다. 아이들에게는 오래된 작품이나 동시대의 작품이나 마찬가지로 새롭다. 폴 갈돈의 《빨간 암탉》[145]과 같은 고전적인 우화들은 아이들이 선호하는 책 목록 가운데에서 늘 빠지지 않는다. 그림의 방식은 상당히 오래됐으나 등장인물의 표현이나 인물의 모습과 장면의 배치와 편집은 오늘날까지도 여전히 독자를 사로잡을 만큼 매력적이다.

그림책에서 이미지는 이야기를 잘 따라가도록 돕는다. 아주 어린 유아들은 어른과 함께 그림책을 보면서 시간을 함께 한다. 아이들은 책의 흐름을 따라가면서 이어지는 이야기의 논리를 마치 놀이를 하듯 함께 알아나가고 발견해 나가기를 좋아한다. 아기 때부터 '입을 통해 들리는' 이야기

---

143) 프란치스카 테메르슨 Franciszka Themerson, 〈생강과자 맨〉, 《나의 첫 우화집과 동요》, 메모출판사, 곰세마리 전집.
144) 나타 카푸토 글. 벨베 그림, 《갈레트 빵》, 페르 카스토르 컬렉션, 플라마리옹.
145) 폴 갈돈 Paul Galdone, 《빨간 암탉》, 엄혜숙 옮김, 시공주니어, 2007.

와 책과의 차이를 잘 느낀다. 아이들은 글로 쓰인 이야기는 변함이 없다는 것을 직감으로 확실히 안다. 그렇기 때문에 이야기를 들려줄 때 조금만 바꿔 읽어도 아이들은 금세 알아차리고 이상하다고 느낀다니 참으로 신기하다. 어른들은 그림책의 본문을 고려하지 않고 큰소리로 편하게 쉽게 읽을 수 있는 책을 선택하는 경우가 많은데 일반적으로 작품을 선택할 때는 질적인 문제를 고려해야 한다.

레미 찰립과 같은 작가의 익살은 무엇을 말하나? 〈곰 세 마리〉가 기획하여 출간된 그의 그림책 《눈이 올 것 같아》[146]에서는 그림은 없고 하얀 종이만 나온다. 마치 눈처럼……. 그리고 책 본문의 아래쪽에는 단 한 줄의 내용만이 조심스럽게 적혀 있다. 넌센스와 농담을 좋아하는 아이들의 취향을 만족시키는 이 책은 이미지를 만들어 내는 말의 힘을 알게 해 준다. 이것은 글로 쓰인 언어에 대한 보기 좋은 경의라고 할 수 있지 않을까!

---

146) 레미 찰립, 《눈이 올 것 같아》, 곰 세 마리 Les Trois Ourses, 2007. (이 책은 하얀 종이에 타이포만 있는 하얀 종이 자체를 재미있게 은유한 책으로 이와 비슷한 기획의 부르너 무나리의 《하얀 두건의 소녀》와 함께 케이스에 담아 한정본으로 기획한 책이다-역주)

제 4 장

아이들이 선험적으로 느끼는 믿음과 신뢰의 구조를 담은

이야기들: 소설과 고전

제 4 장

이야기들: 소설과 고전

내가 좋아하게 될 책을 찾을 수 있게 도와 주세요

아이들의 요구는 대개 이렇다. "이 책과 비슷한 책을 찾을 수 있게 도와주세요.", "방금 전에 내가 읽은 책, 내 마음에 꼭 드는 그 책처럼 내게 감동을 줄 수 있는 책을 찾게 도와주세요." 아이들의 신뢰에 보답하는 길은 무엇일까? 이런 아이들 앞에서 우리 사서들의 책임은 무거워진다. 도서관을 찾는 아이들의 말에 귀를 기울인다면, 아이들을 매료시킬 만한 보석을 찾아내기 위해 충분한 시간을 들여 다양한 분야의 책을 탐독한다면, 우리는 아이들의 기대에 부응할 수 있다. 그렇게 함으로써 우리는 아이들이 그들의 표현대로 '참된 책'의 세계로 들어갈 수 있도록 도와줄 수 있다.[147]

여기서 필자의 의도는 아동문학 전반을 조망해 본다거나 아동문학의 역사를 되짚어 보는 것이 아니다. 또한 길거리 판매점에서 아이들이 부모님께 받은 용돈으로 쉽게 구입하는 저렴한 가격의 조잡한 어린이 잡지들처럼, 어린이용 읽을거리라면 무엇이든 가리지 않고 소개하고 싶지도 않다. 만화는 아이들 혼자서도 질 좋은 것을 가려낼 줄 아는 것 같다. 아이들은 각자가 발견한 것을 서로 돌려 보면서 평가를 내린다. 대부분의 가정에서 흔히 찾아볼 수 있는 어린이 잡지들도 아이들에게 큰 도움이 된다.

여기서는 필자가 직접 만났던 어린 독자들을 감동시키고 그들에게 인상 깊었던 책을 소개하려고 한다. 우리 사서들이 특별히 소개해 주고 싶은 어린이 책들 말이다. 그것은 영어식 표현으로 '놓쳐 버리기에는 너무 아까운 too good to miss' 책들, 우리의 인생 여정에서 그냥 지나쳐 버린다면 유감스러울 정도로 아름답고 멋진 책들이다. 아이들이 우리 사서들을, 우리의

---

[147] 아놀드 로벨과 모리스 센닥이 유치원생과 초등학교 저학년 어린이들에게 추천하는 책들과 비교해 보시오(레꼴 데 루아지르). 미국 하퍼 앤 로우 출판사, I can read books 총서.

중재와 도움을 필요로 하는 것도 바로 그 때문이다.

우리가 좋아하고 아이들을 매료시키는 책, 신간 서적뿐만 아니라 품절되었거나 잊혀져 버린 까닭에 잘 보이지 않는 훌륭한 책들에 관해 이야기할 것이다. 가끔씩 필자는 시간을 내어 아주 어린 꼬마들에게 책 한 권을 읽어 주곤 한다. 이렇게 모든 연령층의 아이들과 교류했던 까닭에 필자는 여기서 아이들이 어떤 책에 어떤 반응을 보였는지 사실 그대로 증언할 수 있다. 아이들이 내가 선택한 책을 통하여 무엇을 느꼈는지, 어떤 감동을 받았는지를 저 나름의 방식대로 내게 알려 주었기 때문이다.

낱말들의 마법, 텍스트의 즐거움

아이들은 아주 어려서부터 이미 텍스트의 즐거움을 맛볼 줄 안다. 아이들은 낱말을 가지고 노는 것을 좋아하고 즐거움을 느낀다. 그러므로 아이들에게 제공하는 언어를 단순화시켜야 한다는 통념에서 벗어날 필요가 있다. 모든 것이 정도의 문제다. 여기서 필자는 베아트릭스 포터(1866-1943. 영국의 아동문학가 -역자 주)의 화려하고 멋진 언어를 인용하려 한다. 20세기 초에 어린아이들을 위한 이야기책을 쓴 이 클래식 작가는 아주 어린 꼬마들도 생소한 단어를 발견하는 기쁨을 맛볼 줄 안다는 것을 잘 알고 있었다. 그의 작품 가운데 하나인 《플롭시의 아기 토끼들 이야기》[148]는 이렇게 시작된다. "상추에는 수면제 성분 soporific이 있다고 사람들은 말한다." soporific은 어른들의 용어지만, 이국적이고 음악적인 단어로서 아이들의 호기심을 끌어당길 만한 매력적인 단어다.

어떤 낱말들은 '정서적 함의'가 풍부하여 낱말 자체가 이야기가 되기도 한다. 언젠가 다섯 살짜리 꼬마가 '나룻배의 유령 les ombres des barques'이 나오는 책을 읽어 달라고 내게 부탁했다. 그런 표현이 들어 있는 책을 찾느라 시간이 한참 걸렸다. "유령들이 들이닥쳤다 les ombres débarquent"라는 구절은 필립 뒤마의 그림책 《말썽꾸러기 로라》[149]에 숨어 있었다. 적어도 그 아이에게는 신비스러운 구절 한 마디가 이야기 전체를 함의하고 있었던

---

148) 베아트릭스 포터, 《플롭시의 아기 토끼들 이야기》, 더 클래식, 2014
149) 필립 뒤마, 《말썽꾸러기 로라》, 박해현 옮김, 비룡소, 1999.

것이다.

그렇다. 아이들은 낱말을 먹고 자라며, 때로는 그 낱말들을 매우 적절하게 자기 것으로 만든다. 지인에게 들은 이야기다. 어느 날, 다섯 살짜리 여자 아이가 정원으로 통하는 문을 열어젖히면서 아주 자연스러운 말투로 아침 산책을 다녀오겠다고 말했다. 아이의 말투는 아주 우아하고 '문학적'이었다! 그로부터 얼마 뒤, 나는 두꺼비 버폴릿 Bufolet(미국 작가 아놀드 로벨의 《개구리와 두꺼비가 함께》의 작중 인물 -역자 주)의 입에서 똑같은 표현을 발견했다.[150] 그가 아침 일과를 시작하는 장면에서 "그는 문을 열고, 아침 산책을 하러 밖으로 나왔다." 아침 산책이라니! 이 두 단어는 소리마저 아름답다. 다섯 살짜리 꼬마가 무의식 중에, 아이들의 마음을 누구보다도 잘 아는 위대한 작가 로벨과 똑같은 말을 내뱉은 것이다. 낱말을 먹는다는 것은 거의 '성서적' 행위다.[151] 말을 자기 것으로 만들고, 소화시키는 것이다. 심지어 이러한 행위를 곧이곧대로 실천하는 경우도 있다. 미국 작가 모리스 센닥에게서 직접 들은 이야기다. 미국이라는 나라에서는 흔히 그렇듯이 어느 소년이 평소 좋아하던 작가인 그에게 편지를 써 보냈다. 날마다 독자들로부터 수많은 편지들이 쇄도했지만, 작가는 시간을 내어 어린 독자에게 답장을 써 줬다. 아이는 좋아하는 작가가 직접 쓴 편지를 받아 보고는 너무 기쁜 나머지 편지를 '문자 그대로' 삼켜 버렸다. 어쩌면 독서라는 행위를 가장 잘 표현한 아름다운 이미지가 아닐까?

우리를 둘러싼 모든 것들에 이름을 붙이는 것, 그것은 세상을 창조하고, 인식하고, 어떤 면으로는 자기 것으로 만드는 한 가지 방법이다. 숱한 아동 문학의 고전들 속에서 자기가 좋아하는 작품 목록을 만들어 보는 데서도 즐거움을 맛볼 수 있다. 수를 세고 분류하고 정리하고 소유하는 것을 아이들은 좋아한다. 낱말들, 또는 감각적이고 관능적으로 그려진 묘사, 이런 것들은 그 자체로 맛보는 즐거움이 있다. "새하얀 작은 깃털이 달린 둥근 밀짚 모자와 검정색 벨벳으로 만든 리본들, 상아 손잡이가 달린 초록색 양산, 장화 네 켤레, 검정색 타프타로 만든 원피스." 세귀르 백작부인(1799-

---

150) 아놀드 로벨, 《개구리와 두꺼비가 함께》, 엄혜숙 옮김, 비룡소, 2009.
151) 마르셀 주스 Marcel Jousse, 《낱말 먹기》, 갈리마르.

1874. 프랑스 동화 작가 - 역자 주)의 작품 《착한 소녀들》[152]의 주인공들 가운데 하나인 마르그리트의 인형의 짐가방 속에 들어 있는 물건들이다. 아이들을 꿈꾸게 하는 매우 감각적인 표현들이다.

  이 모든 것은 과거에, 옛 시대의 문화에 속한 것들이다. 그렇지만 오늘날의 독자들도 즐거움을 공유할 수 있다. 장소나 시대는 중요하지 않다. 아이들은 겉으로 보이는 것 너머의 세계를 볼 줄 안다. 이런 점을 필자는 자신 있게 말할 수 있다. 우리 도서관에서는 일 주일에 한 번씩 이민자 출신 주민들이 다수를 이루는 지역의 어린이 놀이터 옆에서, 책을 담아 나르는 데 쓰는 바구니를 이용한 이동식 도서관을 연다. 도서관을 이용하는 아이들 가운데 일부는 옛 시대의 프랑스 작가 세귀르 백작부인과 생동감 넘치는 그녀의 이야기들을 무척이나 좋아했다. 자라 온 환경과 시대는 다르지만, 디테일이 아이들을 매료시켰던 것이다. 이처럼 디테일은 보편성과 통한다.

  알베르 카뮈가 기억하는 알제리에서 보낸 초등학생 시절, 그의 작품 《최초의 인간》[153]에서 묘사된 그 기억들을 떠올려 보자. "학교에서 쓰는 교과서들은 프랑스 본토에서 쓰는 것과 늘 똑같았다. 하지만 시로코(덥고 건조한 지중해와 북아프리카 지역의 동남풍 - 역자 주), 모래 먼지, 짧고 격렬한 폭우, 바닷가 모래밭, 강렬한 태양 아래 뜨겁게 일렁이는 바다, 이런 것밖에 모르는 아이들은 (……) 저들에게는 신화 같은 이야기, 털모자와 털실로 짠 마스크로 얼굴을 가리고 커다란 나막신을 신은 아이들이 얼음장 같은 추위 속에서 나뭇단을 끌고 눈 덮인 길을 걸어 집으로 돌아온다는 이야기, 굴뚝 위로 피어오르는 연기가 부엌의 아궁이에서 완두콩 수프가 보글보글 끓고 있음을 알려 주는 눈 덮인 지붕이 보일 때까지 터덜터덜 눈길을 걸어 집으로 돌아온다는 이야기를 무척이나 흥미롭게 읽었다. 자크에게 그 이야기들은 너무나도 이국적인 것이었다. (……) 그 이야기들 속에 담긴 시적 정취가 어린아이들의 마음 한편을 차지했다."

  이처럼 도서관을 찾는 어린 독자들은 매우 단순한 책, '인생에서 처음

---

[152] 세귀르 백작 부인 La comtesse de Ségur, 《착한 소녀들》, 갈리마르 청소년, 폴리오 주니어.
[153] 알베르 카뮈 Albert Camus, 《최초의 인간》, 갈리마르, 1994.

으로 만난' 책을 특히 좋아한다. 오늘날 지구 반대편 과테말라에서는 어린 소년 후안이《세상에서 가장 아름다운 장소》[154] 이야기를 들려준다. "내 이름은 후안, 과테말라라는 나라, 산악 지대에 산다. 내가 사는 마을 산 파블로에서 그리 멀지 않은 곳에 커다란 화산이 세 개 있다." 일곱 살짜리 소년은 생활비를 벌어야 한다. 집안 형편이 너무 어려워서 부모님 집에서 멀리 떨어진 할머니 댁에서 살고 있다. 구두닦이 소년에게는 꿈이 있다. 아이는 학교에 다니고 싶었다. 매일매일의 삶은 힘들지만, 그는 매우 자연스럽게 자신의 이야기를 들려준다. 이야기는 책을 읽는 어린 독자들에게 제공되는 소박하지만 매우 감동적인 만남이다. 자신의 현실과는 완전히 다른 현실이 있음을 발견할 수 있기 때문이다. 독자들에게는 즐겁고 흥미로운 체험이다. 모두에게 사랑받을 만한 이야기, 아주 소박하지만 아름다운 이야기다.

    텍스트를 자기 것으로 만든다는 것은 타인의 경험을 체험해 보는 것이다. 그러므로 과거는 현재가 되고, 아주 먼 곳도 가까운 곳이 된다. 타인과 동일시할 수 있는 태생적인 능력을 지닌 어린 독자들은 멀티 플레이어다. 동시에 왕자도 가난한 집 아이도 될 수 있는 게 아이들이다.

* * *

어른과 아이, 모두를 감동시키는 이야기

    좋은 문학 작품은 내밀한 경험을 중심으로 아이와 어른을 모여들게 한다. 그리고 어른과 아이들 모두가 그 내밀한 경험을 각자 자기 방식대로 체험한다. 아이들을 위한 문화 활동 가운데 책읽기만큼 어른과 아이들이 능동적이고 강도 높게 공유할 수 있는 것은 많지 않다.

    완벽한 걸작인《샬롯의 거미줄》[155]은 아이들뿐만 아니라 어른들에게도 매우 사랑받는 작품이다. 어린 자녀를 둔 아버지인 어느 대학 교수가 책을

---

154) 안 카메론 Ann Cameron,《세상에서 가장 아름다운 장소》, 무슈, 레꼴 데 루아지르.
155) 엘윈 브룩스 화이트 E.B. White,《샬롯의 거미줄》, 김화곤 옮김, 시공주니어, 2000.

반납하러 도서관에 찾아와서 들려준 이야기를 필자는 기억한다. 그는 아이들에게 책을 읽어 주면서 저 자신이 얼마나 큰 감동을 받았는지를 이야기했다. 도저히 감정을 숨길 수가 없었다고 털어놓았다. 《샬롯의 거미줄》은 거미와 돼지 사이에 쌓여 가는 우정과 관용에 대한 멋진 이야기다. "엄마를 도와 아침 식사를 차리던 펀은 엄마에게 물었다. '아빠는 도끼를 들고 어디 가시는 거예요?' 애러블 부인은 '돼지우리에. 오늘 밤에 새끼 돼지들이 태어나거든.'이라고 대답했다."

이와 같이 《샬롯의 거미줄》의 첫 부분은 매우 살벌하다.[156] 일상의 평온함과 행복 속으로 비극이, 탄생의 기쁨에 어두운 그림자를 드리우는 죽음의 위협이 갑작스럽게 들이닥친다. 그렇지만 펀이라는 어린 소녀, 그 다음으로는 놀라운 능력을 가진 거미가 돼지를 구해 내려고 노력한다. 거미는 돼지를 비극적인 운명으로부터 구해 내기 위해 자신이 가진 지적인 능력과 에너지를 총동원한다. 온갖 동물들과 함께 살아가는 농장이라는 풍요로운 세계는 탄생과 죽음, 우정과 관용, 축제와 경쟁, 생존을 위한 투쟁, 협조와 단결, 이 모든 주제들이 현실이 되는 공간이다.

이해하고 감동할 줄 아는 어른과 함께 이야기를 체험한다는 것은 아이들에게 더할 나위 없이 좋은 일이다. 가스 윌리엄스 Garth Williams의 흑백 삽화도 텍스트에 격조를 더한다. 차분하고 온화한 그림들은 더욱 감각적인 독서를 가능하게 한다. 이미 고전이 된 이 작품은 인생의 중대한 사건들을 이야기하면서도, 아주 자연스럽게 마법적인 요소들을 사실적인 요소들과 뒤섞는다.

어른과 아이들은 각자 자기만의 경험과 풍요로운 내면의 삶을 바탕으로 소설 속에서 어떤 지혜, 인간 영혼에 대한 어떤 인식을 식별해 낸다. 상징적 형태로 표현된 이야기는 독자들 각자의 내면으로 다가간다. 가족 모두가 함께 이 책을 읽는다면, 그 가족만이 느낄 수 있는 매우 독특한 경험을 하게 된다. 가족과 함께 누렸던 그때의 공통된 경험은 인생의 여러 순간에서 가족 모두에게 놀라운 힘으로 작용한다.

---

156) 2000년 미국의 출판 관련 주간지 《퍼블리셔스 위클리》에서는 모든 시대를 통틀어 가장 많이 팔린 어린이 책으로 이 소설을 선정했다.

농장의 안마당은 무척이나 흥미로운 소우주다. 그곳에서는 동물들과 함께 어울리는 독특한 사회 생활이 펼쳐진다. 그곳은 아동문학의 위대한 고전 가운데 하나인 《착한 고양이 알퐁소》[157]의 등장인물인 두 소녀, 델핀과 마리네트의 행복이 이루어지는 공간이다. 두 소녀는 아주 자연스럽게 농장의 동물들에게 인간의 감정을 이입한다. 그리고 애정과 연민이 뒤섞인 시선으로 동물들에게 생명을 불어넣는다. "만일 내가 ······ 한다면, ······하겠지."라는 식으로 이야기는 마치 놀이처럼 시작된다.

그렇지만 이 단순한 놀이에는 매우 중요한 진실들이 숨어 있다. 예를 들어 〈당나귀와 말〉이라는 제목의 이야기도 그렇다. 보름달이 밝게 비치던 어느 날 밤, 겁이 없고 당돌한 두 소녀는 말과 당나귀가 되게 해 달라는 소원을 빌었다. "다음 날 이른 새벽, 마리네트가 졸린 눈을 겨우 뜨고 델핀의 침대를 바라보았더니 털이 북슬북슬한 커다란 귀 두 개가 베개 위에서 꿈틀대고 있는 게 아닌가! 델핀도 졸린 눈으로 마리네트의 침대를 흘끔 쳐다보았다. 그러자 아주 커다랗고 불룩한 모양의 이상한 물체가 보였지만 델핀은 이내 잠들었다 (······). 델핀과 마리네트는 가까스로 침대에서 내려와 네 발로 걸어 보려 했다. (······) 몸집이 커다란 가엾은 말은 달릴 수가 없었다. 말은 침대 머리맡에 있는 의자 위에 놓인 어린 여자 아이의 원피스를 바라보았다. 앞으로는 그 옷을 입을 수 없는 처지가 되었다는 생각에 마음이 아팠다." 부모님은 처음에는 놀랍고 황당해 하며 짜증을 냈지만, 곧 현실을 받아들였다. 그 두 마리의 동물들이 농장 일에 도움이 되리라고 판단했던 것이다. 두 아이의 부모는 냉정하고 폭력적이고 탐욕스러운 사람들이었다. 그들은 딸들이 쓸모 있고 돈벌이도 할 수 있어야 한다고 생각했다. 델핀과 마리네트는 자신이 본래 사람이었다는 것도, 어린아이였다는 사실도 서서히 잊어버린다. 당나귀와 말이 된 두 소녀는 한동안 부모님의 잔혹한 시선과 욕망에 굴복하는 삶을 살게 된다. 겉으로는 아주 단순한 아이들의 장난처럼 보이지만, 이 이야기는 아이들과 공감대를 형성함으로써 우리 독자들을 아이들에게 가까이 다가가게 함과 동시에 깊은 철학적인 성찰의 세계로 우리를 이끈다.

---

157) 마르셀 에메 Marcel Aymé, 《착한 고양이 알퐁소》, 최경희 옮김, 작가정신, 2001.

델핀과 마리네트의 농장에서는 책과 독서가 주요 관심사다. 농장의 소들은 책읽기를 배우고 싶어 한다. 비 오는 어느 날, 부엌에서 '노아의 방주' 놀이를 하려고 했지만, 농장에는 코끼리라는 동물이 없었다. 그래서 작은 흰색 암탉이 코끼리 역할을 하기로 했다. 그런데 코끼리는 어떻게 생겼을까? "델핀은 언젠가 알프레드 삼촌이 보내준 색깔이 칠해진 그림책이 머리에 떠올랐다 (……). 그녀는 흰색 암탉을 자기 방으로 데리고 갔다. 그러고는 책을 펼쳐서 코끼리가 그려진 곳을 찾아 보여줬다. 흰색 암탉은 호기심이 가득한 눈빛으로 주의 깊게 그림을 살펴보았다. 정말로 코끼리가 되어 보고 싶었던 것이다. (……) 작은 흰색 암탉은 자기 역할에 너무나도 열중한 나머지 나중에는 진짜 코끼리가 되어 버렸다." 실제로 흰색 암탉이 농장의 작은 암탉이라는 본래 모습을 되찾기까지 시간이 꽤 걸렸다. 하지만 흰색 암탉은 허구 세계를 체험하는 동안 틀림없이 큰 즐거움을 맛보았을 것이다.

아이들은 아주 자연스럽게 사물이나 동물에게 감정을 이입한다. 장난감 동물에게 생명을 불어넣는 것, 이것은 크리스토퍼 로빈이 곰돌이 푸우를 대상으로 했던 행동이다.[158] 아이들만 이런 이야기를 읽기엔 아깝다. 어른들도 어린이 유머에 기꺼이 동참하고 장단을 맞춰 줄 수 있다. 부모님이 기꺼이 아이들의 세계 속으로, 그 유쾌하고 기상천외한 세상 속으로 들어와 주면, 아이들은 무척 즐거워한다.

"아기곰 위니가 콧노래를 흥얼거리며 즐겁게 산책하고 있을 때, 다른 애들은 지금 무얼 하고 있을까? 다른 사람이 된다면, 어떤 느낌일까 궁금해졌다." 이런 식의 어린이 유머를, 그리고 작가 밀른의 걸작에 담긴 철학을 부모님과 공유하는 것은 아이들에게 진정한 행복이다. 독자들이 마음 착한 위니, 몸이 통통하고 먹는 것을 좋아하는 곰을 어떻게 예뻐하지 않을 수 있을까? "위니는 오전 열한 시에 간식 먹는 것을 무척 좋아했다." '군것질거리'는 이야기 속에 여러 차례 언급된다. 먹보 위니에게는 심지어 이런 일도 있었다. 어느 날, 토끼가 꿀과 연유를 실컷 먹게 해 주겠다며 위니를

---

158) A. A. 밀른, 《곰돌이 위니의 방문》, 갈리마르, 곰돌이 위니 전집. 이 판본은 월트 디즈니 영화에서 변형된 이야기와는 전혀 다르다. 어니스트 셰퍼드가 그린 원작 그대로의 삽화가 실려 있고, 자크 파피가 원작에 충실히 번역한 갈리마르 출판사의 책을 도서관에서 빌려 읽기를 독자들에게 충고한다. 국내 번역본 다수.

집으로 초대했는데, 나중에는 토끼의 굴에서 빠져나올 수 없는 신세가 된다. 옴짝달싹 못하게 된 위니에게는 이제 살을 빼는 방법밖에 없었다. 살이 빠지기까지는 시간이 한참 걸렸다. 이런 위니에게 토끼는 책을 읽어 주겠다고 했다. 그런데 토끼에게는 현실적인 감각이 있었다. "너의 두 뒷다리를 냅킨 꽂이로 써도 괜찮겠니? 네 뒷다리들은 지금 아무 짝에도 쓸모가 없잖니? 거기에 냅킨을 꽂아 두면 아주 편리할 것 같구나."

픽션, 곧 허구의 이야기는 마법의 세계, 아이들에게 친근한 세상을 우리에게 열어 준다. 그곳에서는 모든 꿈이 가능하지만, 무질서하지 않고 늘 '특정한 논리'가 존재한다. 난쟁이 무민이 그의 가족과 친구들과 함께 살아가는 세상도 그렇다. 마법사의 모자에 떨어진 알 껍질들이 구름으로 변하는데, 이 구름들은 먼 곳을 여행하기에 좋을 듯한 조그맣고 폭신폭신한 쿠션 같았다. "조그만 구름들은 착하고 몸집이 큰 토끼들처럼 하늘로 두둥실 날아올랐다. '어떻게 운전을 할까?' 발로 가볍게 누르자, 구름은 다른 쪽으로 방향을 틀었다."

작은 기쁨, 작은 슬픔

《무민 가족과 대홍수》[159]의 작가 토베 얀손, 그리고 아놀드 로벨 같은 위대한 예술가들은 일상적인 삶에서 작은 행복을 찾아낼 줄 아는 사람들이다. 무민의 나라에서 거센 폭풍우가 휩쓸고 지나간 뒤, "바닷가 모래밭에는 어떤 물건들이 파도에 떠밀려 왔을까?" "그는 나무껍질 부스러기, 부표와 해초들 사이로 코르크 낚시찌 하나, 라피아 섬유로 짠 카펫 하나, 굽이 완전히 닳아 버린 낡은 등산화 한 짝, 거의 온전한 상태의 선박용 삽 하나를 찾아냈다." 그뿐만이 아니었다. "그는 속이 비어 있는 이상한 유리병을 발견했다. 유리병을 흔들었더니 눈송이 같은 것들이 빙글빙글 돌며 공중으로 날아올랐다. 그러고는 은종이로 된 창문들이 있는 작은 집 위로 살며시 내려앉았다. 스니프가 소리쳤다. '아! 코르크 낚시찌와 겨울용 부적, 이 두 가지가 가장 마음에 들어.'" 이 모든 물건들은 파도에 실려온 경이로운 보물들이다! "외딴 섬에서나 볼 수 있는 놀랍고 신기한 표류물들이야!"

---

159) 토베 얀손, 《무민 가족과 대홍수》, 김옥수 옮김, 소년한길, 2014.

잡동사니 물건을 수집하는 취미를 가진 아이들이 많다. 아이들은 호주머니 속에 애지중지하는 물건들을 꽁꽁 감춰 두지 않는가! 무민 엄마가 항상 지니고 다니는 주머니 속에는 '언제든지 가족들에게 필요한 잡다한 물건들'이 가득 들어 있다. '갈아 신을 양말, 사탕, 철사, 아스피린 등등.' 무민 엄마에게는 어떤 일이 닥쳐도 응급 처치할 수 있는 방법이 있고, 아주 사소한 문제들까지 해결할 수 있으리라는 안도감과 행복을 느끼게 하는 물건들이 있다.

아놀드 로벨은 작중인물 훌훌[160]에게 눈물을 흘리게 하는 작은 슬픔들을 이야기한다. "그는 슬픈 것들을 떠올려 보았다. 너무 짧아져서 더 이상 글을 쓸 수 없는 몽당연필, 여러 장이 찢겨져 나가 더 이상 읽을 수 없는 책, 가사가 생각나지 않아서 부를 수 없는 노래, 태엽을 감아 주는 사람이 없어서 멈춰 버린 추시계." 1층과 2층, 위층과 아래층에 동시에 있을 수는 없을까? 전속력으로 계단을 오르내려 봐도 아무런 소용이 없었다. 해야 할 일들을 잔뜩 적어 놓은 종이 쪽지가 어디론가 사라져 버렸을 때, 그 실망감이란! 모든 게 내 맘대로 되지는 않아. 하지만 친구가 생겼을 때, 누군가와 무언가를 공유할 때, 얼마나 큰 기쁨을 맛볼 수 있는지! "래늘롯이 그에게 말했다. '꽃씨를 좀 나눠줄게. 땅에 꽃씨를 심는다면, 너는 곧 예쁜 정원을 갖게 될 거야.' '곧 갖게 된다고? 얼마나 걸리는데?' '아주 금방이야'라고 래늘롯이 대답했다."

자신의 이야기를 들려주는 아이들

책과의 첫 만남은 인생 전반의 책읽기 습관을 좌우할 수 있을 만큼 중요하다. 소설책 한 권을 혼자서 읽는 것은 아직은 자신감이 부족한 아이들에게 자칫 두려움을 줄 수 있다. 이럴 경우, 아이들의 마음을 단번에 사로잡을 수 있는 책들을 우리 사서들은 잘 알고 있다. 예를 들어 일인칭 화법의 이야기들이 그렇다.

《꼬마 니콜라》는 아이들에게 가장 사랑받는 책들 가운데 하나다. "해마다, 그러니까 작년과 재작년에, 그 전에는 너무 오래 돼서 잘 기억나지 않

---

160) 아놀드 로벨, 《집에 있는 부엉이》, 엄혜숙 옮김, 비룡소, 2009.

는다. 엄마와 아빠는 휴가를 어디로 떠날지 의논하다가 크게 다투셨다. 엄마는 울면서 외할머니 댁으로 가겠다고 말했다. 나도 울음을 터뜨렸다. 나도 외할머니를 많이 사랑하지만, 외할머니 댁이 있는 곳에는 바다도, 모래밭도 없기 때문이다. 결국에는 엄마가 원하는 곳으로 가게 되었지만 외할머니 댁은 아니었다."

여기서 이야기하는 사람은 꼬마 니콜라다. 우리는 정말로 그 애를 만난 듯한 느낌이 든다. 니콜라는 또래 아이들처럼 말을 하고, 현실 속의 어린 아이 같기 때문이다. 그는 얼마 전에 겪은 일들을 횡설수설, 중구난방 식으로 두서없이 이야기한다. 《꼬마 니콜라》는 《월로 씨의 휴가 (프랑스 자크 타티 감독의 유명한 영화 - 역자 주)》와 몇 가지 공통점이 있다. 실제로 꼬마 니콜라[161]는 아이들에게는 당혹스러운 어른들의 세계를 알게 해 준다. 이야기는 아주 자연스럽게 진행되며, 매우 사실적이다. 실시간 녹음된 듯한 느낌이 들 정도다. 여기서는 구어가 문학적인 언어가 된다. 그 난해한 기법을 고시니는 완벽하게 구사하고 있다. 독자들은 리듬과 단어들을 하나하나 음미할 수 있다. 아이들에게 사랑받는 모든 시리즈물이 그렇듯이 여기서는 인물들 모두 캐릭터가 분명하다. "조프루아는 부자 아빠를 둔 녀석"이고, "아냥은 일등 모범생으로 담임 선생님의 사랑을 독차지하는 녀석"이다. 이 작품은 책읽기에 어려움을 겪는 아이들, 혼자서 책읽기를 두려워하는 아이들에게 추천할 만한 책이다. 《꼬마 니콜라》는 정말로 매력적인 책이다. 도서관에서 일하는 사람이라면 누구나 인정하겠지만, 이런 종류의 책들은 도서관 서가에 머무를 겨를이 없다. 책을 빌리러 오는 독자들이 끊이지 않기 때문이다.

일인칭 화법의 이야기는 독자들에게 일상 속의 사소한 일들을 다시 한 번 눈여겨보게 한다. 이런 작품들은 비교적 흔하다. 작가 콜레트 비비에는 우리에게 어린 소녀의 일기를 보여 준다. 그것은 1939년에 출간된 아동문학의 고전 《작은 행복이 흐르는 집》이다[162]. "내 이름은 알랭 뒤팽, 다가오는 8월 16일에 열 한 살이 된다 (……) 우리 가족은 석탄 가게 앞뜰 맞은편

---

161) 르네 고시니 Goscinny 글, 장 자크 상폐 Sempé 그림, 《꼬마 니콜라》, 윤경 옮김, 문학동네, 2013 외 번역본 다수.
162) 콜레트 비비에 Colette Vivier, 《작은 행복이 흐르는 집》, 부렐리에, 1939.

에 있는 집, 자크몽 거리 13-2번지에 산다." 주인공 소녀는 일기 형식으로 자신의 일상생활을 차분하고 담담하게 이야기한다. 그는 세상의 모든 아이들이 그렇듯이 일상 속의 작은 기쁨과 슬픔들을 체험한다. "정말로 일이 많았던 하루였다! 무슨 이야기부터 할까? 어젯밤에 나는 아주 멋진 꿈을 꿨다. 꿈 이야기를 친구 에스텔에게 들려주고 싶었지만, 에스텔은 두 손으로 귀를 막으며 듣지 않으려 했다." 이 책에서는 거짓으로 꾸며낸 듯이 보이는 게 전혀 없다. 그런 까닭에 필자는 학부모님들에게 자주 이 책을 추천한다. 아이들의 세계 속으로 조심스럽게 들어가서, 아이들의 삶에서는 의미가 큰 그 사소한 일들에 관심을 가져 볼 수 있는 좋은 방법이기 때문이다. 이야기는 1930년대 말 프랑스 파리 서민들의 삶을 다루고 있지만 그건 상관이 없다. 세밀하고 정교하게 묘사된 그 세계는 요즘의 아이들에게도 충분히 감동적이다. 일상적인 삶이 매우 감각적으로 그려지고 있기 때문이다. 요즘과는 완전히 다른 사회 환경에서 일어난 일들을 들려주는 즈느비에브 브리삭의 작품들도 마찬가지다. 작가는 올가라는 아이의 삶을 가득 채우는 사소한 일들을 무겁지 않고 섬세하게 이야기한다.[163]

1995년에 출간된 마리 데플레생의 소설 《우정의 호수에 일렁이는 사랑의 물결》[164]의 주인공 수잔은 열 한 살 소녀다. 수잔은 사람들이 자신을 어떻게 생각하는지에 관심이 많다. "'정말로 날 사랑하는 거예요?' 그러자 유모가 대답했다. '그럼. 너는 또래 아이들보다 훨씬 영리하잖아.(……)' 아이들에게는 모두가 똑같은 대답을 한다. 5프랑짜리 동전을 넣어 작동시키는 기계처럼 말이다. '그럼 물론이지. 나는 널 사랑해.' (……) 아이들이 정말로 알고 싶어하는 물음에 진정한 답을 주려고 조금이라도 애쓰는 어른은 아무도 없었다."

"정말로 나를 사랑하나요?" 수잔이 그토록 바라던 이상적인 대화, 그녀는 팀이라는 영국인 대학생과 "가볍고 섬세하고 깊이 있는" 교류를 하는 동안, 그런 대화를 하게 된다. 이야기를 나누는 동안, 수잔은 우정이라는 것을 발견하게 되었다고 소탈하게 말한다. 우아하게 유머를 구사하고,

---

163) 즈느비에브 브리삭 Geneviève Brisac, 《올가의 책》, 레꼴 데 루아지르.
164) 마리 데플레생 Marie Desplechin, 《우정의 호수에 일렁이는 사랑의 물결》, 레꼴 데 루아지르, 1995.

서투른 프랑스어를 매력적으로 사용하는 영국인 대학생과 체험했던 그 우정을 말이다. "얼마 지나지 않아 팀은 내 인생에서 중요한 존재가 되었다……. 우정이라는 가벼운 감정 안에 진지한 감정이 그래도 조금은 담겨 있지 않을까? 우정, 그것은 즐겁고 마음 편하게 수다를 떨 때 느끼는 행복일 거야."

한 아이가 이 책을 읽고 나서 내게 말했다. "난 이 소설책이 너무나도 마음에 들어요. 사랑과 우정에 대해 이야기하고 있어서요. 매일매일의 일상생활에서 일어나는 작은 일들을 이야기하는 책이었어요. 책읽기를 시작하고 나서는 도중에 그만둘 수가 없었어요. 벌써 여러 번 읽었을 정도로 제가 정말 좋아하는 책이에요."

탐정소설 중에도 독자들의 마음을 일시에 사로잡는 책들이 있다. 1931년 독일 작가 에리히 캐스트너가 쓴 《에밀과 탐정들》[165]은 여러 세대의 어린이 독자들에게 큰 사랑을 받아온 고전이다. 언제 처음으로 출간되었는지는 중요하지 않다. 유머로 가득한 묘사들이 계속해서 이어지는 까닭에 어린 독자들은 책읽기를 시작하자마자 그 시대, 그 상황으로 곧장 빠져들 수 있다. 아이들은 곧 "에밀의 엄마인 미용사 티쉬바인 부인, 매우 중요한 장소인 기차의 객실, 중산모를 쓴 남자(요주의 인물이다), 자전거 클랙슨을 울리는 소년"에 대해서도 알게 된다, "이제부터 이야기가 시작된다." 이제 독자들은 베를린이라는 도시를 배경으로 기차에서 우연히 만난 악당, 그 도둑으로부터 피해를 당한 에밀과 함께 신기한 모험을 할 준비가 되어 있다. 독자들은 끈질기고 단결심이 강한 아이들, 모두들 능수능란하며 놀라울 정도로 잘 조직되어 있는 그 아이들과 함께 베를린 시내를 종횡무진하며 추격전을 벌인다.

전쟁과 평화

우리 도서관에 찾아온 어느 신문기자가 책을 읽고 있는 어린 소녀 독자에게 가장 감명 깊게 읽은 책은 어떤 책들인지 물었다. 대답은 망설임 없

---

165) 에리히 캐스트너 Erich Kaestner, 《에밀과 탐정들》, 장영은 옮김, 시공사, 2000.

이 튀어나왔다. "《안네 프랑크의 일기》[166]요. 저는 큰 충격을 받았어요. 잘 알지 못했거든요." "뭐라고? 제2차 세계대전 중에 유대인을 색출하는 일이 벌어졌다는 것을 알지 못했다는 뜻이니?" "아니에요. 그런 일이 있었다는 것은 당연히 알고 있었죠. 역사 교과서에도 나와 있으니까요. 학교 수업에서도 배웠어요. 하지만 그것과는 전혀 다른 이야기였어요. 책을 읽는 동안 저는 안네 프랑크라는 아이와 함께 있었어요. 그 아이가 살아가는 모든 순간을 함께 하고, 그 아이의 깊은 속마음까지 체험하는 듯했어요. 그 애가 존경스러웠어요. 저는 그 애와 함께 아팠어요. 역사책에 기록된 사실이 아닌, 그때의 끔찍한 현실을, 실제 현실을 알게 되었죠."

"나의 행복했던 시절이 종말을 맞이하던 그날 아침, 나는 아빠의 서재 앞에 있는 라일락 나무에 물을 주지 못했다. 1941년, 폴란드 북동부에 있는 도시 빌노에서 있었던 일이다. 그때 나는 열 살이었고, 이런 아침에는 온 세상 사람들이 정원을 돌본다고, 그게 너무나도 당연한 일이라고 생각했다." 에스터 호이치히 Esther Hautzig의 아름다운 자전적 이야기 《광활한 스텝: 시베리아에서 성장기》[167]는 이렇게 시작한다. 바로 그날, 모든 게 갑작스럽게 달라진다. 예쁜 침실, 인형들, 가족의 행복을 안전하게 지켜 주던 집을 버려두고 떠나야 했다. 에스터는 가족들과 함께 시베리아로 추방된다. 그곳에서 에스터는 1941년부터 1945년까지 수용소 생활을 한다. 그곳에서는 살아남는 게 최우선 과제였다. 매일매일이 굶주림, 극심한 추위나 더위와의 싸움이었다. 하지만 가족들 사이에는 사랑과 온정, 인간으로서의 존엄성을 지켜 내려는 용기가 자리하고 있어서 에스터는 믿음을 갖고 온갖 어려움을 이겨낼 수 있었다.

《광활한 스텝》은 우리 도서관에서 어린 독자들에게 가장 사랑받는 책들 가운데 하나다. 필자는 아이들과 함께 가장 인상 깊었던 대목을 찾아서 다시 읽어 보는 시간을 갖곤 했다. 바니아라는 이름의 부랑자가 에스터 가족이 거주하는 비좁고 초라한 오두막으로 찾아와 함께 살게 된다는 대목을 우리는 자주 읽었다. "그는 마을에서 구걸하는 거지였다. 그가 도둑질

---

166) 《안네 프랑크의 일기》, 갈리마르 청소년.
167) 에스터 호이치히 Esther Hautzig, 《광활한 스텝》, 레꼴 데 루아지르.

을 한다고 사람들이 말했다. 그가 우리 식구들과 함께 살게 된 것이다." 엄마는 "그가 혹시 도둑질을 했다면 그럴 수밖에 없는 이유가 있었을 거야."라고 말씀하셨다. "부랑자 바니아가 현관문 앞에 나타났다. '들어가도 되나요?' '그럼요.' 하고 엄마는 자리에서 일어나면서 대답했다."

모두가 함께 살아갈 수 있는 평화로운 세계를 꿈꿀 수는 없을까? 이것은 아이들뿐만 아니라 어른들도 좋아하는 위대한 작가 마이클 모퍼고의 작품에서 자주 다뤄지는 주제다. 작가는 실화를 바탕으로 한 소박한 이야기를 우리에게 들려주기도 한다. 《워 호스 War Horse》[168]는 아이들과 어른, 모두를 위한 걸작이다. 이것은 1914년 성탄절 전야, 참호 속에서 실제로 일어났던 이야기다. 영국군 병사들과 독일군 병사들은 그날 하루 동안 평화롭게 지내면서 함께 이야기하고 그들 나름의 방식대로 성탄절을 치르기로 합의한다. 이것은 가장 치열한 현실 속에서 포착해 낸 평화에 대한 아름다운 찬가, 과장이나 허세 따위는 완전히 배제된 찬가다. 두껍지 않은 책이라서, 매우 소박하며 인간 사이의 따뜻한 정을 과장 없이 그려내고 있는 이 이야기책을 소리 내어 읽어 보는 것도 좋다. 마이클 모퍼고의 언어는 아름답고 간결하며 사건의 성격에 걸맞게 격조가 있다. 독자들은 고요함 속에서 명상을 하듯이 이 책을 천천히 읽어 보면 좋을 듯하다. 아주 아름다운 이야기다. 폭력의 세계에서 아름다움은 필수이다.

"나는 열 두 살 되는 생일 전 날 밤에 실종되었다. 1988년 7월 28일이었다. 오늘에서야 비로소 그 놀라운 이야기, 내가 실종된 뒤에 겪은 모든 이야기를 할 수 있게 되었다. 켄즈케 할아버지는 10년이 지나기 전까지 아무 말도 하지 말아 달라고 내게 신신당부했다. 그것이 켄즈케 할아버지가 마지막으로 내게 했던 말이다." 《켄즈케 왕국》[169] 이야기는 핵전쟁을 배경으로 한다. 여기서 작가 마이클 모퍼고는 지금 당장이라도 다른 세상을 만들 수 있다고 자신 있게 말한다. 이것은 허구인가? 실제 이야기인가? 주인공은 작가와 똑같은 이름을 갖고 있지 않은가? 이야기는 온통 애매모호함 투성이다! 분량이 얼마 안 되는 작은 책이지만 대작의 느낌을 주는 이 책에

---

168) 마이클 모퍼고 Michael Morpurgo, 《워 호스》, 김민석 옮김, 풀빛, 2011.
169) 마이클 모퍼고, 《켄즈케 왕국》, 김난령 옮김, 풀빛, 2001.

서는 모든 게 제멋대로 뒤섞여 있다. 프랑수아 플라스라는 뛰어난 화가가 그린 소박한 그림도 작품을 돋보이게 한다. 이것은 어느 외딴섬에 좌초한 영국인 소년, 나가사키의 비극을 겪고 난 뒤에 고독한 삶을 선택하여 그곳에서 살게 된 일본인 노인, 이 두 사람의 우정에 관한 아름다운 이야기다. 언어는 간결하면서도 화려하다. 이야기에서 거장의 손길이 느껴진다. 몇몇 세부 사항에서 알 수 있듯이 (아버지가 실직한 뒤에 받은 실업 수당으로 온 가족이 여행을 떠나게 되었다는 사연 등) 이야기에 나오는 사건들은 그리 오래되지 않은 것들이다. 모든 게 세밀하고 매우 정확하고 사실적이다.

낚시질을 하는 동안 일본인 노인은 자신의 이야기를 털어놓는다. 그는 정치인과 군인들의 광기와 폭력성을 비판하는 자신의 철학을 이야기한다. 소멸과 기억에 관한 노인의 심오한 성찰이 은연중에 드러난다. 소년과 노인은 각자 자신 있는 기술과 놀이를 서로에게 가르쳐 주면서 시간을 보낸다. 노인은 문어 먹물로 납작한 조개껍질에 그림을 그리기도 하고, 어린 소년과 축구 경기도 마다하지 않는다. 사냥꾼들이 섬에 들어올 때는 동물들을 지켜 주고, 알을 깨고 나와 바다로 향하는 새끼 거북이들을 도와주기도 한다. 자연을 사랑하는 마음으로 스승과 제자는 더욱 가까워진다.

인정받기 위해 저항하는 아이들

"다른 사람들은 나를 어떻게 생각할까?" 남들과 소통하기 어렵다는 사실, 자신을 있는 그대로 이해하고 인정해 주는 사람을 찾아보기가 어렵다는 사실을 깨닫고 난 뒤의 고통과 슬픔, 이것은 아이들이 아주 어려서부터 일상적으로 경험하는 감정들이다. 윌리엄 스타이그[170] 같은 몇몇 작가들이 이런 주제들을 탁월하게 다루었다. 어떤 집단, 타인, 어떤 태도나 행동 양식을 강요하는 사람들, 이들에게 어떻게 저항할 것인가? 어른들이나 사회의 요구에 순응하지 못할 경우 어떻게 살아가야 할까?

모범적인 아이가 되는 것, 이것은 크리스티네 뇌스틀링거의 유머러스

---

[170] 120쪽 참조.

한 작품 《깡통 소년》[171]에게 주어진 운명이었다. 바르톨로티 부인은 좀 특이한 사람이었다. 그녀에게는 홈쇼핑 취미가 있었다. 어느 날 커다란 깡통이 집으로 배달되었는데, 그 안에는 "어른들의 취향에 맞추어 완벽하게 제작된" 아이가 들어 있었다. 그런데 생산 공장에서 어떻게 배달 사고가 났는지 확인하는 동안 그 "완벽한 아이"에게 심어 놓은 프로그램들이 조금씩 헝클어진다. 그 아이를 주문했던 부부는 버릇없고 말도 잘 안 듣는 그 아이를 반품하겠다고 한다. 앞으로 그 아이는 어떻게 될까?

저항이라는 의무 혹은 필연성. 이것은 쿠엔틴 블레이크, 토미 웅게러, 로알드 달 등 아이들에게 사랑받는 몇몇 작가들이 쓴 수많은 이야기에서 유머러스하게 다뤄지는 주제다. 아주 간단한 예로 어른들의 지나친 요구, 감당할 수 없을 정도로 지나친 애정, 관심과 집착에 저항하는 경우가 있다. 토미 웅게러의 《엄마 뽀뽀는 딱 한 번만!》[172]에 등장하는 고양이, 뒤퐁 교수님의 시선과 그의 지나친 관심에서 벗어나려고 기상천외한 장소에 몸을 숨기는 등 온갖 방법을 동원하는 쿠엔틴 블레이크의 《앵무새 열 마리》[173]가 그렇다.

로알드 달의 《멋진 여우 씨》[174]는 오만함과 어리석음에 대한, 자신을 괴롭히는 자들에 대한 약자들의 복수를 다루고 있다. "골짜기에는 농장이 세 군데 있었다. 농장 주인들은 모두 사업에 성공한 부자들이었다. 하지만 그들은 악당이었다." 그런데 근처에 있는 어느 땅굴 속에 여우 가족이 살고 있었다. 아내가 저녁거리로 닭이나 오리나 거위가 필요하다고 말하자, "여우 씨는 칠흑 같은 어둠을 뚫고 골짜기를 향해 내달렸다. 그렇게 여우 씨는 먹을 것을 구해 왔다." 여우 가족은 살아남아야 했고, 살찐 암탉이 필요했기 때문에 어리석고 오만하고 뚱뚱한 농장 주인 세 명과 사사건건 부딪쳐야 했다. 여기서는 생존을 위한 저항의 의무를 이야기하고 있다. 놀라울 정도로 영리하고 쾌활하고 아이디어가 넘치는 아빠 여우의 지휘 아래 가족들 모두가 일사불란하게 움직인다. 부유한 농장 주인들의 과도하게 쓸

---

171) 크리스티네 뇌스틀링거 Christine Nöstlinger, 《깡통 소년》, 유혜자 옮김, 대한교과서, 2007.
172) 토미 웅게러, 《엄마 뽀뽀는 딱 한 번만!》, 조은수 옮김, 비룡소, 2003.
173) 퀀틴 블레이크, 《앵무새 열 마리》, 장혜린 옮김, 시공주니어, 2014.
174) 로알드 달 Roald Dahl, 《멋진 여우 씨》, 햇살과나무꾼 옮김, 논장, 2007.

데없는 노력, 여우 가족의 경쾌하고 효율적인 전략, 이 두 가지 요소를 대비시키는 작가의 탁월한 이야기 기법 덕택에 이야기는 흡사 '놀이'처럼 느껴진다. 여우 씨의 행동은 신출귀몰하다. 게다가 존경할 만한 박애 정신의 소유자다. 오소리, 족제비, 두더지, 산토끼 등 털 달린 동물이라면 누구나 여우 씨 가족의 식사에 초대받는다. 책을 읽는 독자들도 그 매력적인 동물들과 한편이 되지 않을 수 없다.

로알드 달은 유머와 진지함을 동시에 구사하면서 감수성이 예민하고 아주 영리한 꼬마 소녀《마틸다》[175] 이야기를 들려준다. 마틸다는 호기심이 많고, 모든 것을 이해하고 모든 것에 관심을 가진 아이였다. "책들은 마틸다를 미지의 세계로 데려가고, 흥미진진한 삶을 살아가는 특이한 사람들을 만나게 해 줬다." 하지만 부모님은 그런 마틸다를 조금도 이해해 주지 않았다. "무지하고 옹색한 삶을 살다 보니 어쩔 수 없이 마음이 편협하고 옹졸해진 부모님은 자기 딸이 다른 애들과 다르다는 것을 알아차리지 못했다." "책이라고? 하느님, 맙소사! 56인치짜리 멋진 텔레비전이 거실에 떡 버티고 있는데 책을 사 달라고?" 그리고 라미 누아르 교장 선생님은 아이들을 싫어하고 무섭게 군다. 하지만 마틸다는 담임 선생님과 무척 친하다. 담임 선생님인 미스 캔디는 마틸다의 특별한 성품, 순수함, 그 애가 지닌 신비로운 재능을 알아보고 놀라워한다. 고슴도치와 말의 심장 박동 등 이 세상의 모든 것을 알아 버리겠다는 듯이 두 눈을 반짝이며 질문을 하는 어린아이의 지식에 대한 열정을 사랑했다. 마틸다는 마법을 쓸 줄 알았지만, 담임 선생님의 충고에 따라 꼭 필요한 경우에만 마법을 사용했다. 마법이라는 주제에 대해 철학적으로 깊이 생각해 보게 하는 대목이다. 아이와 어른이 서로 사랑하고 존중하는 관계를 맺을 수 있다는 점도 매우 놀랍다. 담임 선생님과 어린 학생은 서로에 대한 우정으로 삶을 더욱 풍요롭게 한다. 이 모든 것들로 인해 빠른 속도로 전개되는 이야기는 행복감, 진정한 문화의 의미, 지성, 시정, 이런 요소들을 함축하게 된다. "담임 선생님은 혼자서 생각했다. '저 애는 정말로 이 세상의 모든 것에 관심을 갖고 있는 것 같아. 저 애와 함께라면 지루할 틈이 없어. 정말 매력적인 아이야!'"

---

175) 로알드 달,《마틸다》, 김난령 옮김, 시공사, 2004.

'특정 집단이나 어른에게 저항하는 것', 이것은 탁월한 이야기꾼인 로알드 달이 즐겨 다루는 주제이며, 소설 《잃어버린 얼굴을 찾아서》[176] 등 뛰어난 작가 루이스 새커의 몇몇 작품에 등장하는 주제이기도 하다. "스콧이 데이비드에게 말했다. '재수 없게 굴지 마. 로저와 랜디 패거리에 들어오고 싶다면, 잘난 척 좀 그만해.'" 어떤 집단, 다른 사람들, 혹은 또래 친구들에게 맞서기 위해서는 어떻게 해야 할까? 독자들은 데이비드라는 아이, 감수성이 예민하고 자신감이 부족한 그 아이에게서 자신의 모습을 발견한다. 데이비드는 어느 집단에 들어가려다가 사실은 피하고 싶었지만 결국 불미스러운 사건에 휘말리게 된다. 그는 좀 괴팍하지만 인정 많은 어떤 할머니를 습격하여 지팡이를 뺏어 오는 장난에 가담하고 만 것이다. 그런데 그 할머니가 혹시 나쁜 주문을 거는 마녀가 아닐까? 그 일을 벌인 뒤로 데이비드는 마녀의 저주 때문에 뜻밖의 사고들이 연달아 생기는 거라고 믿는다. "아이들에게 습격당한 할머니가 그 아이에게 이런 저주의 말을 퍼붓지는 않았을까? '자신의 분신 도플갱어가 네 영혼을 타락시키리라.'라고".

이처럼 루이스 새커는 잔인함과 순수함이 공존하고, 감수성이 풍부하고 의심과 질투심과 의례들, 이런 것들로 이루어진 아이들의 세계를 탁월하게 그려냈다. 대부분 대화로 구성된 이 책은 매우 섬세하다. 문체는 간결하면서도 아름답다. 그 정교함과 치밀함으로 이 책은 아이들뿐만 아니라 어른들에게도 사랑받고 있다.

기나긴 여행과 대추격

좋은 어린이 소설들 중에는 아이가 주인공으로 등장하여 직접 체험하고 즐기는 흥미진진한 여행 이야기가 많다.

《도미니크》[177]는 "넘치는 기운을 주체할 수 없어 늘 무슨 일을 벌여야 직성이 풀리는 강아지다. 역마살이 유난히도 그를 괴롭히던 어느 날, 그는 자신의 모험심을 충족시키기에는 일상적인 삶이 너무 밋밋하고 지루하다는 생각을 했다. 그래서 당장 여행을 떠나기로 결심했다." 그는 악어 마녀

---

176) 루이스 새커 Louis Sachar, 《잃어버린 얼굴을 찾아서》, 김영선 옮김, 현북스, 2014.
177) 윌리엄 스타이그, 《도미니크》, 서애경 옮김, 대한교과서, 2003.

의 지시대로 모험을 떠난다. 악어 마녀는 "음식물을 씹는 데 필요한 것보다 훨씬 더 많은 수의 이빨을 갖고 있다는 생각이 들었지만" 그게 무슨 상관인가! 도미니크는 으레 그렇듯이 쾌활하게 그를 맞이한다. "난 뜻밖에 일어나는 일들이 좋아." 그는 자신의 운명을 미리 아는 것보다 위험천만한 모험을 더 좋아했다. 그는 주어진 삶에 당당히 맞서고, 매 순간을 있는 그대로 충만하게 맛보고 싶었다.

도미니크는 인간적인 면모를 충분히 갖추고 있지만 충직함과 예민한 후각을 가진 강아지다. 남을 돕기 좋아하는 그는 여행하는 동안 악질 깡패 집단에게 시달리는 불쌍한 사람들을 구해 낸다. 그뿐만 아니라 무자비한 사람들에게 잡아 먹힐 위험에 처한 거위를 구해 준다. "두 발이 묶인 채 장터로 끌려 나갈 뻔했어요. 남편도 없이 혼자서 돌봐야 할 어린 자식들이 다섯이나 되는 내가!" 인정 많은 도미니크는 무거운 짐 보따리에 들어 있던 보물들을 남들에게 내준다. 하지만 그는 여행 중에 만난 수많은 친구들을 거느린 마음의 부자가 되어 있었다. 이 책에서는 처음부터 끝까지 쾌활함, 관대함, 삶을 긍정하고 자유를 사랑하는 마음, 이런 주제들로 가득하다. 그리고 유머러스한 그림들은 뛰어난 예술가의 손길을 느끼게 한다[178]. 책을 대충 훑어보는 것만으로도 당장 작은 짐꾸러미를 하나 싸들고 도미니크를 따라가고 싶다는 생각이 든다.

긴 여행 이야기는 대부분 성장 소설이다. 주인공은 지금 살고 있는 곳에서의 삶이 너무 단조롭고 지루해서, 혹은 삶이 너무 힘들어서, 아니면 따스한 온정을 찾아서 여행을 떠나기로 결심한다.

장 클로드 무를르바의 작품 《거꾸로 흐르는 강》[179]의 주인공 토멕은 작은 잡화상을 운영하는 소년이다. 가족 하나 없는 고아였지만 행복하기 위한 모든 것을 갖고 있는 듯했다. "토멕이 가게에서 파는 물건들을 일일이 열거할 필요도 없다. 한 마디로 없는 게 없었다. 파리채나 페르드리종 신부님의 '역효과를 내는' 묘약처럼 쓸모 있고 적절한 물건들이 있는가 하면, 고무로 된 주전자와 곰잡이용 칼처럼 없어서는 안 되는 물건들도 있었

---

[178] 윌리엄 스타이그는 미국의 주간지 《뉴요커》에서 오랫동안 디자이너로 일했다.
[179] 장 클로드 무를르바 Jean-Claude Mourlevat, 《거꾸로 흐르는 강》, 정혜승 옮김, media2.0, 2006.

다." 이렇듯 모든 것을 가진 토멕이었지만, 어느 날 문득 여행을 떠나기로 결심한다. 가게 안에서 얼핏 보았던 자기 또래의 소녀 한나를 찾아서 떠나기로 한 것이다. 토멕은 그 소녀에게 완전히 마음을 빼앗겨 버렸다. 그녀를 찾기 위해서는 우선 생명을 되살리는 물을 찾아야 한다. 한나는 꾀꼬리의 목숨을 구하려고 긴 여행을 떠났기 때문이다. 토멕은 망각의 숲, 존재하지 않는 섬을 비롯하여 여러 환상적인 세계를 체험한다. 장면들은 아주 세밀하게 묘사되어 있어서 독자들도 그 세계에 발을 들여놓은 듯한 착각이 든다. 그곳에서 이루어지는 여러 사람들과의 만남은 토멕에게 삶과 죽음, 시간, 기억, 사랑과 우정에 대한 깊은 성찰을 하게 한다. 그것은 일종의 '통과 의례'다. "내 아들아, 내 아들아, 너는 참으로 강인하구나! 네가 여행을 떠났을 때는 어린애였지만, 지금 너는 어른이 되었어."

무슨 까닭으로 길을 떠날까? 사랑과 자유를 찾아서 길을 떠난다. 대개 완고하고 인정머리 없고 사랑할 줄 모르는 인물들이 운영하는 사회 기관의 상징인 고아원을 떠나는 경우가 대부분이다. 그곳에서의 생활은 견디기 힘들고, 아이들에게는 가족의 따뜻함이 절실하다. 아홉 살 소년 라스무스[180]도 그렇게 고아원을 도망쳐 나와 길을 떠난다. 길을 가던 도중에 그는 '하느님의 뻐꾸기'를 자처하는 매력적인 방랑자 오스카르를 만난다. 오스카르는 훌륭한 길동무였다. 두 사람은 강도 패거리들과 마주치는 등 박진감 넘치는 모험을 함께 겪으면서 진실과 정의가 무엇인지를 깨닫게 된다.

《징고 장고》[181]는 매우 현대적인 유머 감각이 돋보이는 탁월한 모험 소설들 가운데 하나다. 이야기 주인공은 친아버지를 자처하는 어떤 건달 아저씨의 도움으로 고아원에서 탈출하지만, 그가 정말로 자기 친아버지인지 의심을 떨칠 수 없다. 어쨌든 그와 함께 여행하는 동안 고아원에서 지낸 생활보다 훨씬 더 흥미진진한 삶이 있다는 것을 깨닫는다. 그리고 능수능란한 그 흥미로운 인물과 함께 하는 생활을 즐기게 된다. 그 사람은 마치 속옷을 갈아입는 것처럼 수시로 이름을 바꾸고 낡고 망가진 포장마차를 타고 다닌다. 또한 폭력을 쓰지 않고서도 놀라운 기지를 발휘하여 노상

---

180) 아스트리드 린드그렌, 《라스무스와 방랑자》, 문성원 옮김, 시공주니어, 2001.
181) 시드 플라이슈만 Sid Fleischman, 《징고 장고》, 레꼴 데 루아지르.

강도단을 물리친다.

길 위에서 겪는 삶은 멋지고 아름답다. 그곳에서는 자유와 지성과 관용의 바람이 분다. 게다가 좋은 사람들을 만날 수 있다. 아이들이 추구하는 것은 따스한 정, 참된 지성, 진정한 자유, 이런 것들을 사랑하고 존중하는 행복이다.

디킨스, 스티븐슨, 필딩과 동일한 계열에 속하는 작가 레옹 가필드의 작품들은 분위기가 사뭇 다르다. 18세기 영국의 더럽고 누추한 길들과 도시의 골목길을 무대로 이야기가 펼쳐진다. 책을 읽는 독자들은 오싹하리만큼 무섭지만 흥미진진한 악당들의 세계 속으로 들어가 볼 수 있다.

《표적이 된 스미스》[182]의 주인공은 비록 나이는 어리지만 런던 구시가지에 있는 으슥한 뒷골목과 빈민가를 누비면서 종횡무진 활약한다. 폭력과 가난함의 런던, 누추한 집들이 모여 있는 런던 뒷골목이 이야기 무대다. "스미스는 동작이 민첩했다. 비좁은 골목길을 순식간에 빠져나가는가 하면, 막다른 골목에서도 어디론가 바람처럼 사라져 버리는 재주가 있었다. 직접 보지 않으면 믿기 어려울 정도였다." 소매치기하는 손동작은 날렵하면서도 재빨랐다. 그는 소매치기를 하다가 뜻하지 않게 자기 목숨마저 위태롭게 할 수 있는 일련의 사건에 휘말린다. 그로서는 해독이 불가능한 미스테리한 종이쪽지를 뜻하지 않게 손에 넣게 된 것이다(스미스는 글을 읽을 줄 몰랐다). 악당 패거리들이 런던 구시가지의 어둠침침한 골목길을 질주하며 그를 뒤쫓는다. 하지만 그는 마음이 넉넉한 아이였다. 앞을 못 보는 노인이 넘어지는 것을 보고는 그냥 지나치지 못한다. 스미스의 인생 행로는 폭력, 의심, 배신, 이런 것들로 얼룩져 있었지만, 그런 중에도 어려운 사람들을 돕는 따뜻한 마음을 결코 잃어버리지 않는다.

픽션은 세상의 끝에 이를 수 있는 여행을 위한 초대장이기도 하다. 잭 런던의 작품을 통해 독자들은 생존을 위해 투쟁하는 인간과 동물들을 만나게 된다. 예를 들어 〈생명 사랑〉[183]에서 주인공은 식량도 탄약도 없이 혼자서 캐나다의 어느 북극 지대를 걸어간다. 살아남기 위해서는 혹시라도

---

182) 레옹 가필드 Leon Garfield, 《표적이 된 스미스》, 포켓 청소년.
183) 잭 런던 Jack London, 단편 〈생명 사랑〉, 《불을 지피다: 잭 런던 소설집》, 이한중 옮김, 한겨레출판, 2012.

고래잡이배가 있을지 모르는 북극해에 도달할 수 있기를 희망하면서 계속해서 걸어가는 수밖에 없다. 그러던 어느 날 아침, 그보다 더 굶주린 늑대가 그를 쫓아오기 시작한다. 조금이라도 나약한 기색이 보이면 언제라도 덤벼들 태세다. 잭 런던의 〈모닥불 피우기〉[184]는 매우 간결하면서도 강렬하고 표현성이 풍부한 작품이다. 주인공은 영하 30℃의 알래스카 변방 지대로 혼자서 떠나기로 결심한다. 늑대 개 한 마리가 유일한 동반자였다. 여기서는 얼어 죽지 않으려면 불을 피워야 한다. 불을 피우는 것은 생명을 살리는 것이다. 두껍지 않은 이 책에서는 자기가 갖고 있는 지식과 신체적인 저항력밖에는 의지할 게 없는 고립된 한 인간의 맹목적인 인내심과 집념을 이야기한다.

다른 세상들

환상의 세계는 일관성, 견고함, 신빙성, 이 세 가지가 필수적이다. 그런 요건들을 갖춰야 비로소 환상의 세계는 존재 가능하다. 환상의 세계는 어떤 방식으로든 우리가 살아가는 현실 세계와 차이를 두려 하면서도 (실제로 현실 세계의 몇몇 법칙과 요소들은 단연코 거부한다), 결국에는 현실 세계의 본질적인 진실들을 드러내어 보여 준다. 예를 들어 미니어처의 세계는 우리가 사는 이 세상에서 볼 수 있는 것들과 다름없는 갈등과 시련과 기쁨이 존재하는 매우 복잡한 사회 생활이 이루어지는 공간이다. 어린 독자들이 이러한 이야기 속 세상으로 들어가는 것은 '아이들 스스로가 충분히 제어할 수 있는' 놀이의 세계로 들어가는 것이나 다름이 없다. 아이들은 자신감 있게 그 세상 속으로 들어가서 그 세계를 파악하고 이해한다.

아이들에게는 '미니어처의 세계', 곧 축소된 세상을 좋아하는 성향이 있다. 아이들은 어디엔가 다른 세상이 존재하며, 삶은 어느 곳에서나 존재한다고 믿고 싶어하기 때문일까? 《마루밑 바로우어즈》[185]에서 작가 메리 노턴은 오래된 집의 마루 밑에서 살아가는 난쟁이들의 세계를 그려낸다. 가끔씩 바늘, 골무, 안전핀 같은 물건들이 없어지는 까닭이 마침내 밝혀진

---

184) 잭 런던, 단편 〈모닥불 피우기〉, 위의 책에서.
185) 메리 노턴 Mary Norton, 《마루 밑 바로우어즈》, 손영미 옮김, 시공사, 2002.

다. 감춰진 세계, 비밀스러운 세계가 그 정체를 드러낸 것이다. 위협받는 그 세계에서는 살아남기 위해 생존에 필요한 것들을 '다른 곳에서 빌려 와야' 한다. 난쟁이들의 기발한 상상력은 독자들을 사로잡기에 충분하다. 그것은 인형의 집들의 세계다. 아이들 스스로가 얼마든지 제어할 수 있는 세상인 것이다. 장롱은 작은 성냥갑으로 만들어졌다. 난쟁이들은 훔쳐 온 안전핀을 이용하여 '마루 위쪽 사람들'의 거실 커튼을 기어오른다. 아이들이 그렇듯이 난쟁이들은 재치가 넘친다. 주위에서 흔히 볼 수 있는 물건들을 본래의 용도와 달리 필요한 데에 적절하게 사용할 줄 안다. 난쟁이들은 여기저기에 있다. 난로에 붙어 살아가는 가족, 거실에서 살아가는 가족, 농사꾼 가족도 있다. 이처럼 소인국 사회에도 사회 계층이 존재한다. 매우 정교하게 묘사된 난쟁이 세계는 친숙하면서도 미스테리하다. 생쥐들로부터, 마루 위쪽 세상으로부터 지켜내야 하는 위태로운 세계이기도 하다. 그렇지만 다행스럽게도 주인공 소년이 그들을 이해하고 보호해 준다. 다정하고 친절한 메이 할머니도 그 세계를 알고 있으며, 소년과 공모자가 된다. 메이 할머니도 그 세상이 얼마나 신기하고 경이로운지 잘 알고 있기 때문이다.

    아이들은 그런 소우주와 어른들의 세계 사이에서 자기들만의 자리를 찾는다. 그것은 난쟁이들과 가깝게 지내는 주인공 소년이 찾아낸 자리이며, 인형들의 세계와 어른들의 세계, 이 두 세상의 틈바구니 속에서 살아가는 《작은 거인》[186]의 주인공이 찾아낸 자리이기도 하다. 또한 책을 읽으면서 이야기를 갖고 놀이를 하는 어린 독자들이 찾아낸 자리다. 아이들은 키티 크라우더의 매우 독특한 그림책 《그래서?Alors?》[187]를 읽으면서 이야기 속에 등장하는 동물 인형들 곁에서 멋진 자기들만의 자리를 찾아낸다. 힘과 소박함이 적절하게 배합된 이 이야기에서 동물 인형들은 한 마리씩 차례로 등장하여 큰 방 안에서 자리를 잡는다. 늘 똑같은 인물에게 똑같은 질문을 한다. "그럼, 그가 왔나요?" 대답은 간결하지만 알쏭달쏭하다. "아직은 아니에요." 대체 누굴 기다리는 걸까? 마침내 아이가 도착한다. 기다

---

186) 필립 뒤마, 《작은 거인》, 레꼴 데 루아지르.
187) 키티 크라우더 Kitty Crowther, 〈그래서?〉, 파스텔.

림과 욕망을 이야기하는 그림책, 강한 아이, 사람들이 기다리고 기대하는 아이, 사랑받는 아이, 존중받는 아이로서의 자부심을 이야기하는 멋진 그림책이다.

"토비 롤네스[188]는 키가 1.5 밀리미터로 또래 아이들에 비해 큰 편이 아니었다. 오직 그의 발끝만이 나무껍질 틈새로 비죽 튀어나왔다. 그는 꼼짝도 하지 않고 가만히 있었다." 어린 토비의 모험 이야기는 이렇게 시작된다. "몇 시간 전부터 그의 삶은 멈춰 있었고, 지금 그곳에서 무엇을 해야 할지 깊이 생각하고 있었다. (……) 그렇지만 그는 아직 살아 있었고, 하늘보다도 더 큰 자신의 불행을 잘 알고 있었다. (……) 열 세 살 소년 토비는 자기 부족들에게 쫓기고 있었다." 자기 부족들이란 아주 오래된 참나무에 사는 부족, 나뭇가지 속에 집을 짓고, 나무껍질에 패인 골에 길을 내고, 애벌레를 길러 먹는 부족이었다. 유명한 학자인 토비의 아버지는 커다란 발견을 했지만, 참나무에 피해를 줄 수도 있는 거라서 세상에 알리기를 거부했다. 그래서 토비네 가족은 어둠침침하고 황무지나 다름없는 곳으로 추방된다. 그러던 중에 어린 토비는 뜻밖에도 끔찍한 모험 속으로 휘말린다. 이렇게 주인공 토비는 독자들을 매우 복잡하고 활기 넘치는 세상으로 끌어들인다. 그곳은 매우 사실적인 세계로 우리가 사는 세상과 놀라울 정도로 닮아 있는 세상이다. 규모만 작을 뿐, 우리 산업 사회의 문제들, 공해, 지구 온난화, 대기업의 횡포 등 모든 문제들이 존재하는 세상이다. 그곳에서 토비는 사랑과 우정을 경험하고, 배신이라는 혹독한 시련을 여러 차례 겪는다.

오늘날에는 아이들이 이미 '고전'으로 간주할 수 있을 만큼 훌륭한 현대 작품들을 충분히 맛볼 수 있는 여건이 조성되었다. 작가들은 어린이 독자들을 대상으로 작품을 썼지만, 어른들도 아동문학이라는 아이들의 영토로 들어가서 아이들과 만나고, 더욱 인간적인 세상을 만들기 위한 투쟁과 시련 속으로, 이야기 세계 속으로 빠져들어가 보는 특별한 즐거움을 맛볼 수 있다. 이는 오늘날 문학적이고 사회적인 현상이다. 실제로 그런 이야기책들은 유례없는 성공을 거두었다. 그런 책들은 연령이나 문화 같은 경계

[188) 티모테 드 퐁벨 Timothée de Fombelle, 《토비 롤네스》, 김주경 옮김, 김영사, 2008.

를 쉽게 넘나들면서 다양한 계층, 다양한 국적의 수많은 독자들에게 열광적인 반응을 일으키고 있다. 그런 책을 읽어 본 아이들은 이구동성으로 말한다. 예를 들어 《워터쉽 다운의 열한 마리 토끼》[189] 또는 《해리 포터》를 읽고 나서 아이들은, "예전에는 책을 전혀 읽지 않았어요. 책읽기를 좋아하지 않았어요. 하지만 지금은……."이라고 말한다. 이런 책들은 아주 두꺼운 책이며, 장편의 대서사시 같은 책들이다. 천재적인 작가들이 창조해 낸 이 세계들은 모두 일관성과 견고함을 갖추고 있다. 상상력이 빚어낸 허구 세계이지만 매우 사실적이다. 그런 경험을 할 수 있다는 것은 독자들에게 대단한 행운이다! 독자들은 그 세계로 초대를 받는다. 이것은 작가와 독자의 공동 창작이다. 《해리 포터》를 너무나 좋아하는 어떤 아이는 내게 이렇게 말했다. "해리 포터, 그 애가 바로 저예요."

그런 이야기책에서 인간은 마법사나 주술사가 되고, 동물들은 말을 한다. 이야기가 시작되자마자 아이들은 매우 정교하게 묘사된 그 세계 속으로 아주 쉽게 침투해 들어간다. 그곳에는 상투적이고 정형화된 인물들은 존재하지 않으며 다면적인 존재들뿐이다. 여기서는 마법이 중요한 역할을 한다. 그리고 아이들이 주인공이다. 이 세상에서는 보이는 게 전부가 아니라는 사실을 아이들은 잘 알고 있다. 시인이자 예언자인 작가들은 그들이 상상해낸 세계에 구체적이고 감각적이고 관능적이고 심지어 일상적인 현실성을 부여한다. 그런 까닭에 아이들은 평범치 않은 이야기 주인공들에게 쉽게 다가가고 그들과 함께 할 수 있다. 그 세계는 우리가 살아가는 세상과 완전히 다른 별개의 세상일까? 그렇지 않다. 아이들의 인식 속에서 '다른 세상'은 실제의 세상과 쉽게 합류한다. 물론 완전히 혼동되는 것은 아니지만 말이다.

아이들은 그런 세상을, 예를 들어 나니아[190]의 세계를 어떻게 발견할까? 아이들은 아주 자연스럽게 그 세계를 발견한다. 전쟁 중에 아이들 네 명은 어쩔 수 없이 커크 교수의 낡고 오래된 저택으로 이사를 가게 된다. 그런데 아이들이 술래잡기 놀이를 하던 중에 막내 루시가 오래된 저택의

---

189) 리처드 애덤스 TRichard Adams, 《워터쉽 다운의 열한 마리 토끼》, 햇살과나무꾼 옮김, 사계절, 2002.
190) C. S. 루이스 Lewis, 《나니아 연대기》, 햇살과나무꾼 옮김, 시공주니어, 2005.

옷장 속으로 들어간다. "루시는 폭신폭신한 외투 자락들을 헤쳐 가며 앞으로 나갔다. 옷장 널빤지 재질의 단단하고 매끄러운 느낌이 아니라, 물렁물렁하고 먼지 같은 가루들이 수북이 쌓여 있는 느낌, 또 극도의 한기가 느껴졌다. 루시는 혼잣말을 했다. '너무 이상해.'" 루시는 마침내 얼음장처럼 차갑고 눈 덮인 숲에 도착한다. 그곳에서 착한 목신 牧神을 만나게 되는데, 목신은 루시를 따뜻이 맞이하고 맛있는 차를 대접한다. 목신은 눈물을 흘리면서 하얀 마녀라는 사악한 마녀 이야기를 들려준다. "마녀는 나니아의 모든 것을 지배하고 있어요. 여기서는 늘 한겨울이지만, 크리스마스는 절대로 찾아오지 않는답니다. 모든 게 마녀의 장난이지요…… 제 이야기가 믿어지나요?" 이 놀랍고 황당한 상상의 세계는 영국인 가정이라는 포근하고 안락한 세계, 손님을 따뜻이 맞이하는 그 세계와 관련이 있다. 마찬가지로 용감한 비버 가족은 식탁에 음식이 가득 차려진 따뜻한 집으로 손님을 맞이한다. 여기서 루시는 힘과 용기를 얻고 따스한 인정을 느낀다. 다른 형제들도 루시를 따라 동물들이 말을 하는 '다른 세상' 속으로 들어간다. 그곳에서 아이들은 선과 악의 싸움을 매우 구체적으로 생생하게 체험하게 된다. 악의 세계는 누군가가 장악하여 지배하는 춥고 정체되고 모든 것이 얼어붙은 세계다. 여기서는 아무것도 움직이지 않는다. 그와 반대로 선의 세계는 해방된 세계, 자유로운 세계다. 그렇지만 싸움은 혹독하고 해방된 인간은 왕(주인)이 된다. 집으로 돌아온 아이들에게 지혜로운 커크 교수는 이렇게 말한다. "나니아에서는 일단 왕이 되면 앞으로 영원히 왕인 거야."

다른 세상을 알고 싶어 하는 것은 아이들만이 아니다. 연로한 커크 교수는 통찰력과 지혜뿐만 아니라 아이들의 마음을 간직하고 있는 인물이다. 그는 다른 세상이 존재한다고 믿는다. 게다가 경험 많은 어른으로서 아이들이 이해할 수 있도록 도와주고, 충고하고, 아이들에게 항상 조심하라고 당부한다. 초자연의 세계에 대한 그의 지식은 나름대로의 합리성과 논리를 갖추고 있으며, 커크 교수는 아이들에게 논리정연하게 설명해 주려고 애쓴다. "이 집에는 다른 세상으로 향하는 문이 있지. 그 세상에서의 시간은 이 세상의 시간과는 완전히 다르단다." 기나긴 모험을 마치고 나서 저택으로 돌아왔을 때, 아이들은 커크 교수의 말이 옳았음을 알게 된다. "숨바꼭질을 하던 중 몸을 숨기려고 모두가 옷장 속으로 들어갔던 바로 그 날, 그 시각이었다." 가까운 곳이나 먼 곳, 어디엔가 다른 세상이 있을지도 모른다는 사실, 이것이 판타지 소설이 제시하고자 하는 바다.

이러한 판타지 세계에 늘 존재하는 마법은 아이들에게 꿈꿀 수 있는 능력을 제공한다. 마법은 아이들의 꿈과 욕망들 가운데 일부분을 거의 바로 실현할 수 있게 한다. 하지만 여기서 마법은 무질서하거나 혼란스럽지 않다. 《해리 포터》에서 마법은 관리와 통제를 받는다. 심지어 '마법부'라는 정부 기관이 있을 정도다. 따라서 마법을 제멋대로 써서는 안 된다. 해리 포터는 마법으로 전 세계를 좌지우지하는 것을 반대하지만, 볼드모트라는 악당은 나쁜 목적으로 마법을 사용한다. 전체주의와 나치주의, 러시아의 유태인 박해 등 인류사에서 일어난 비극적인 사건들을 곳곳에서 암시한다. '판타지'는 압제라는 중대한 문제를 특유의 방식대로 접근하게 하면서도 독자들을 섣불리 가르치거나 설득하려 하지 않는다. 아이들은 책을 읽으면서 각자 저마다의 눈높이로 그 순간들을 체험할 뿐이다. 이런 책에서 가장 중요한 것은 각각의 상황, 사건, 만남 들이다. 이것은 이야기를 들려주듯이 서술된 이야기책이다. 따라서 설명이나 해설은 설 자리가 없다. "우수에 찬 호수라 말하지 말고 그저 푸른 호수라고 말하시오."라고 생트뵈브(19세기 프랑스의 문학 비평가 – 역자 주)가 충고하지 않았는가!

이런 책에서 주인공은 (그가 동물이든 어린아이든) 힘든 어린 시절을 보낸다. 업신여김을 당하고, 사랑받지 못하고, 멸시당하고, 심지어 학대를 견뎌내야 한다. 해리 포터도 어느 가정에 입양되면서 힘든 어린 시절을 보낸다. 아직 어린아이였던 그는 계단 밑 벽장에서 지내야 했고, 그러면서 부당함을 경험한다. 사촌형 더들리가 혼자서 방을 두 개씩이나 쓰고 있었기 때문이다. 해리 포터는 마법 학교에서 친구들과 함께 지내면서 혹독함과 풀어야 할 수수께끼와 법칙들이 존재하는 사회생활, 그렇지만 기쁨도 있고 도전할 수 있는 용기도 주는 사회생활을 배우게 된다. 매우 사실적으로 묘사된 마법의 세계, 판타지의 세상에서 복잡한 현실 속의 삶을 배워 나가는 것이다.

초자연적인 능력을 지녔다고 해도 해리 포터는 어린아이의 삶, 현실적인 사회생활을 피할 수는 없다. 마법 학교는 영국의 여느 학교와 너무도 비슷하다. 호그와트 학교의 공식적인 스포츠인 퀴디치는 빗자루를 타고 날아다니면서 벌이는 운동 경기다. 여기에도 고유한 법칙과 특성들이 있다. 예언 능력을 검증하는 시험도 있다. 모든 것이 놀라울 정도로 체계적이다. 마법이 존재하지만, 어린 마법사들이라 할지라도 자아를 찾기 위해 필요한 용기를 갖추고 있어야 한다. 실제로 해리 포터의 이야기는 힘겨운 대립과 유대감, 충성심과 배신, 희망과 절망, 이런 것들의 연속이다. 힘겨운 싸움과 포기뿐만 아니라 인생에서 유익한 만남들을 겪고 난 뒤에 어린 주인공은 마침내 자신의 정당한 자리를 찾게 된다.

제자리를 찾는 과정은 필립 풀먼의 3부작, 《황금 나침반》[191]의 주인공 소녀 리라가 벌이는 힘겨운 싸움이기도 하다. 이 영웅적인 소녀가 해야 할 일은 자신을 짓누르는 압제에서 벗어나는 것이다. 다행스럽게도 이런 리라를 돕는 '데몬'이라는 존재가 있다. 리라의 데몬 판탈라이몬은 다양한 모습으로 변신을 한다. 야행성 나비 또는 들고양이 모습으로 나타나서 고양이 눈으로 어둠 속을 환히 꿰뚫어 보기도 한다. 이런 식으로 그가 담당한 '인간'을 돕는 것이다. 지혜와 통찰력, 일종의 순수함까지 갖춘 그는 리라에게는 수호천사로서, 언제라도 마음을 터놓고 이야기할 수 있는 충실한 친구다. 그는 아이들의 영혼이다. 따라서 그를 잃어버리거나 손상시키지 않도록 조심해야 한다.

리라는 힘겨운 싸움을 벌여야 한다. 리라는 어느 날, 갑자기 사라져 버린 아이들의 수수께끼를 풀고 싶어 한다. 그러다가 성체 위원회에서 중요한 역할을 맡고 있으면서 아이들의 납치를 계획하고 준비한 쿨터 부인이 실제로는 자신의 친어머니라는 사실을 알게 된다. 쿨터 부인은 정체가 모호한 인물이다. 그녀에게서는 장미향과 담배 냄새가 난다. 딸을 진심으로 사랑하면서도 때로는 악의적인 행동을 하기도 한다.

해리 포터나 리라가 직면하는 혈연이나 가족에 관한 문제들은 조앤 롤링과 필립 풀먼의 다른 여러 작품에서도 발견된다. "나는 어디서 왔을까?

---

191) 필립 풀먼 Philip Pullman, 《황금 나침반》, 이창식 옮김, 김영사, 2007.

어디로 가고 있을까? 이 세상에 태어나면서 내게 주어진 혈연 관계라는 환경은 내게 어떤 의미가 있을까? 내 부모님이 어떤 사람들인지 어떻게 알 수 있을까?" 이러한 주요 관심사들이 매우 강렬하고 섬세하게 다뤄진다.

아이들이 싸우는 것은 오로지 자기 자신을 위해, 제 자리를 찾기 위해서만은 아니다. 아이들은 위험에 처한 환경을 지켜내고 싶어 한다. 자신이 몸담고 살아가야 하는 이 세상을 위해 싸운다. 더 나은 세상을 만들기 위하여 동참하고 싶어 한다. 이런 아이들이야말로 우리가 사는 이 세상을 마법의 세계처럼 황홀하고 매력적인 세상으로 되돌려 놓기 위해 온 존재들이 아닐까?

여기서 인용된 책들은 오래 전에 나온 책이든 최근에 출간된 책이든 모두 아이들에게 큰 감동을 주는 책들이다. 하지만 이런 책들은 오늘날 찾아보기가 쉽지 않다. 도서관 서고에서도 점점 사라져 가고 있으며, 출판사의 도서 목록에서도 점차 모습을 감추고 있다. 우리 사서들이 가끔씩 이런 책을 소개하면, 독자들의 반응은 매우 뜨겁다. 세월이 흘러도 여전히 인기를 누리는 책들인 것이다.

이 책들은 무언가를 가르치고 설득하려 애쓰는 (하지만 그다지 설득력이 없는) 책들과 다르다. 책을 읽으면 문제를 해결하는 데 도움이 된다는 책, 다시 말해 부모의 이혼 같은 힘든 상황을 겪고 난 뒤에 엄지손가락을 빨거나 어둠을 무서워하는 아이들을 위한 책들이다. 이에 대해 미셸 프티는 이런 이야기를 들려준다[192]. 그녀에게는 세 살짜리 입양한 여자 아이가 있었다. "요즘에 서점이나 도서관에는 서가에 주제별 항목 표시가 되어 있다. 여동생의 탄생, 초등학교 입학, 성性의 발견, 가까운 이의 죽음 등 아이들에게 닥친 시련과 연관된 책을 쉽게 찾을 수 있도록 부모님들에게 도움을 주겠다는 발상이다. 그런데 얼마 전부터 '입양'이라는 항목이 눈에 띄기 시작했다. 그래서 그 항목에 들어 있는 책을 한 권 사다가 그 어린 꼬마에게 읽어 주었다. 그렇지만 아이가 자신의 경험을 상징화할 수 있도록 도와준 것은, 그런 의도로 제작된 책, 좋은 감정들로 가득한 그런 책이 아니었다. 그 책을 읽어 주는 동안 아이는 무척 지루해 하고 무관심한 듯 보

---

192) IBBY 국제 회의 보고서, 카르타헤나(콜롬비아), 2000.

였다. 그 아이 자신의 이야기, 그 애가 겪은 것을 있는 그대로 들려준 책은 뜻밖에도 《타잔》이었다. 아이는 매일매일 그 책을 읽어 달라고 졸랐다. 어린 타잔이 고릴라 엄마 칼라의 품에 안기게 되는 대목을 아이는 특히 좋아했다. 고릴라들의 보살핌을 받으며 자란 소년의 이야기를 '입양'이라는 항목의 서가에 진열할 생각을 한 서점 주인은 지금까지 아무도 없었다."

"내가 이 이야기를 어느 유치원 원장님에게 들려주었더니 그 분은 타잔은 매우 강렬한 캐릭터의 인물로, 입양이라는 주제를 다룬 수많은 책 속에 등장하는 불쌍한 아이들, 독자들에게 동정심을 불러일으키는 그 비현실적인 아이들과 달리 모두를 구원해 줬다는 점을 특히 강조했다. 부모에게 버림받은 불쌍한 아이보다는 타잔과 동일시하는 편이 훨씬 더 신나고 행복하지 않겠는가! 게다가 고릴라 엄마와 아빠를 갖는다는 것은 얼마나 환상적인 일인가? 작가 앤서니 브라운도 그 점을 잘 알고 있었다."

제 5 장

다큐멘터리와 논픽션을 통해
알아가는 즐거움!

제 5 장

알아가는 즐거움

다양한 자료, 귀 기울여 들어주고 언제든지 소통할 마음의 준비가 되어 있는 직원들이 있는 도서관은 누구든지 호기심을 충족시킬 수 있는 장소다. 도서관 사서들은 이용자들이 질문을 제기하게 함으로써, 접수한 그 질문들을 참고하고 다른 사람들과 공유한다. 이것이 사서들의 주된 업무다. 사서는 아이들을 답을 찾을 수 있는 곳으로 안내하고, 그들에게 길을 열어 주려고 애쓴다. 아이들은 각자 자신이 바라는 대로 자기 수준에 걸맞게 제 갈 길을 갈 뿐, 미리 결정된 프로그램 따위는 필요치 않다. 도서관에서 아이들은 인터넷과 온갖 종류의 자료를 자유자재로 이용할 수 있다. 이런 수단들은 다양한 분야에, 다양한 방식으로 접근할 수 있게 한다.

아이들은 아주 자연스럽게 인터넷을 검색한다. 인터넷이라는 도구는 마치 끊임없이 업그레이드되는 사전이나 백과사전인 듯이 검색 기능이 매우 탁월하다. 신속하게 정보에 접근할 수 있다는 점은 인터넷의 가장 큰 장점이다. 폴 비릴리오의 표현에 따르면, "현재라는 시점이 순간적으로 세계화되는 것"이다.

최근에 나온 논픽션 책 - 또는 다큐멘터리 책 - 들을 보면, 마치 인터넷 화면처럼 한눈에 볼 수 있도록 갖가지 정보를 한 면에 모자이크 방식으로 재구성하는 편집 방식이 주를 이루고 있다. 논픽션 책 저자들은 그런 책읽기 방식이 요즘 아이들에게 적합하다고 판단했기 때문일 것이다. 물론 여기저기서 다양한 정보를 수집하면서, 그들만의 '모험의 장'을 마음껏 유랑하는 것을 좋아하지 않을 아이들은 아마도 없을 것이다. 하지만 이 경우 대부분의 아이들이 사실과 정보를 수집하는 데 그친다. 따라서 그것만으로는 충분치 않다.

그와 달리, '이야기를 들려주는' 논픽션 책의 경우, 충분한 시간을 들여야 한다. 우리 인간이 위치해 있는 세 가지 차원의 시간, 지식을 재구성하는 데 반드시 필요한 시간 말이다. 좋은 작가는 독자에게 어떤 여정을 제시한다. "시간과 마찬가지로 여정은 세 가지 차원을 갖는다. 과거와 현재와 미래가 있는 것처럼 '출발, 여행, 도착'이 있다. 시간이든 여정이든, 이 세 가지 차원은 인간에게서 박탈할 수 없다. 그것들은 내가 타인에게 다가갈 수 있게 하고, 먼 곳을 향해 갈 수 있게 한다."[193]

요즘에는 첫 페이지부터 마지막 페이지까지 읽어야 하는 논픽션 책들이 예전에 비해 덜 출간되는 것 같다. 하지만 인터넷이 제시하는 지식 접근 방식과는 완전히 다른 방식을 제시한다는 점에서, 그런 독서 방식은 점점 더 필요하다. 그림책을 보거나 책읽기를 처음 시작하는 어린 꼬마들이 특히 선호하는 독서 방식이다.[194] 어쨌든 지식을 전달하는 행위에 있어 '이야기'라는 것이 관계, 의미의 부피감과 깊이, 이런 요소들을 부여한다는 점은 매우 중요하고, 이는 모든 연령층의 독자들에게 공통적이다. 이 경우, 저자는 독자와 늘 함께 한다. 독자와 함께, 독자를 위해 자신이 지나쳐 온 여정을 다시 한번 더 걷는다. 자신이 경험했던 시행착오, 갖가지 시도, 곤란했던 상황, 이런 것들을 감추거나 적당히 얼버무리지 않고 당당히 드러낸다. 이런 것들은 결과보다 더 중요할 수 있다. '결과'는 앎의 여정 가운데 한 단계일 뿐이다. 전달 행위에서 간단한 에피소드 같은 짧은 이야기는 '사실을 단순하게 제시'하는 데 그치지 않고, 그 이상의 무언가를 제공한다. 독자의 상상력이나 기억력에 충격을 줄 만한 '생생하고 복합적인' 무언가를 말이다.

과학과 이야기

첫 페이지부터 마지막 페이지까지 읽어야 하는, 다시 말해 기승전결이 있는 논픽션 책은 독자들에게 독특한 지식 접근 방식을 제시한다. 이것은

---

[193] 폴 비릴리오 Paul Virilio 는 프랑스 출생의 미디어 연구자이며 속도의 사상가이다.
[194] 미셸 드푸르니 Michel Defourny,《아이들이 세상을 발견하고 생각하게 한 그림책들》(아르키메데스 총서), 레꼴 데 루아지르 , 2003.

인터넷이 제시하는 방식과 전혀 다르다. 컴퓨터 화면 앞에서 하는 독서는 불연속적이고 단편적이고, 전체보다는 부분에 집착하는 독서이다. 하지만 논픽션 책 저자는 명실상부한 작가다. 따라서 그는 체험의 주체이다. 그는 이야기 기법을 완벽하게 구사하며, 이야기를 들려주는 즐거움을 맛본다. 이처럼 요즘 같은 디지털 시대에 책에 들어 있는 이야기는 그 어느 때보다도 중요성을 갖는다. 이야기는 정보들을 나열하는 것으로 만족하지 않고 그 이상을 추구하기 때문이다.

이야기책이나 그림 동화책 못지않게 재미있게 읽히는 유치원이나 초등학교 저학년용 논픽션 책들이 있다. 여기서 필자는 이미 '고전'으로 평가받고 있는 페르 카스토르 출판사의 그림책 몇 권을 인용하고 싶다. 오래 전에 나온 《피그미 망가주》[195]를 읽으면서 요즘의 어린 독자들은 주인공 소년의 오두막집에서 살아보기도 하고, 정글 속으로 사냥을 떠나는 그 아이를 따라가 본다. 정글에서 겪는 갖가지 위험과 두려움을 알게 되고, 힘든 하루를 보내고 난 뒤에는 가족들 모두가 함께 모여 있는 기쁨과 안락함을 맛본다. 이렇게 아이들은 이 세상에는 우리와 다르게 살아가는 사람들이 있다는 것을 체험을 통해 알게 된다.

이처럼 인류학 분야에서는 감정이나 정서, 앎의 즐거움, 이런 것들이 서로 결합한다. "쓸데없는 교훈이나 무미건조한 지식 중심주의는 배제하고, 그 대신에 다른 사람들과 공감하는 법을 배우고 차이와 유사성을 발견하는 것. (……) 다른 나라 친구들은 어떤 경우에 칭찬이나 벌을 받는지, 부모님과는 어떻게 소통하는지, 부모님은 어떻게 아이들과 대화하는지를 알아가는 것은 아이들에게 매우 흥미롭고 유익하다. 이것은 타인을 알아가는 과정이다."[196]

좋은 논픽션 책이 완성되려면, 저자 자신이 어떤 주제에 큰 감동이나 충격을 받은 뒤 강렬한 전달 욕구가 생겨나고, 저자가 이야기 기법을 완벽하게 구사할 수 있어야 한다. 폴 에밀 빅토르의 작품이 그 대표적인 경우다. 극지방 탐험가로서 오랜 기간 에스키모들과 함께 생활했던 저자는 아

---

195) J.-M. 길쉐르 Guilcher, 《피그미 망가주》, 플라마리옹 (페르 카스토르의 그림책들).
196) 《어린이 책 리뷰》에 실린 이자벨 장의 인터뷰. 미셸 드푸르니가 앞의 책에서 인용.

이들을 위한 논픽션 그림책 《에스키모 아푸치아크의 일생》[197]을 썼다. 1948년에 출간된 이 고전은 요즘 아이들에게도 큰 인기를 누리고 있다. "저자는 자신이 꿈꿨으며 마침내 그 자신이 체험하게 되었던 인생 경험을, 그 감동적인 이야기를 아이들에게 들려주고 싶었다. 그는 자신의 계획을 진지하게 실행에 옮겼다. 작가는 독자들에게 꾸밈이 없고 있는 그대로 정확하고 확인된 정보들을 제공하려 애썼다. 그뿐만 아니라 반복법이나 두운법 등 전통적인 이야기 기법을 구사해 가면서 아주 매력적이고 시적인 텍스트를 완성해 냈다. 아이들을 진정한 독자, 까다롭고 예민하고 주의 깊은 독자로 여기는 작가의 태도를 곳곳에서 느낄 수 있다. 여기서는 꾸밈이나 가식, 다듬어진 현실, 금기 따위는 존재하지 않는다. 사냥꾼들은 매복해 있다가 약간의 망설임도 없이 동물을 죽인다. 또한 사냥개들이 조금이라도 귀찮게 굴면 가차 없이 발길질을 한다. 혹독한 환경에서는 오직 냉혹하고 준엄한 법칙만이 존재한다."[198]

이런 책들은 너무 상세하고 지루한 자료들로 가득하고 지나치게 미화된 논픽션 책, 등장인물들이 난해한 지식을 전달하는 데 필요한 도구일 뿐 독자들에게 아무런 관심도 호기심도 유발시키지 못하는 그런 책들과는 사뭇 다르다.

모든 작가들과 마찬가지로 논픽션 책 저자들은 이야기를 할 줄 알아야 한다. 그런 점에서, 직접 체험을 하고 나서 그것을 전달하고 싶어 하는 과학자들은 단순한 자료 편집자들보다 설득력이 훨씬 더 크다. 사실이나 정보를 제시하는 것 이상의 역할을 하기 때문이다.

"이야기로써 나는 이해한다." 이것은 아르키메데스 출판사가 채택한 원칙이다. 실제로 아이들은 이야기로부터 감동을 받는다. 초보 연구자들에게 가장 중요한 것은 모든 것을 아는 게 아니다. 그보다는 감동을 받고, 자기가 무언가에 흥미와 관심을 가질 수 있다는 사실을 깨닫고, 알고 이해하기 위해 적극적으로 탐구하려는 자세를 갖는 것이다.

---

[197] 폴 에밀 빅토르 Paul-Émile Victor, 《에스키모 아푸치아크의 일생》, 장석훈 옮김, 비룡소, 2006.
[198] 《어린이 책 리뷰》(210호, 2003년 4월)에 실린 다니엘 자코비 Daniel Jacobi 의 탁월한 연구 논문을 보시오.

과학과 예술

논픽션은 부차적인 장르가 아니다. 독창성, 상상력, 문학이나 예술 장르에 국한된 것으로 여겨지는 여러 가지 기법, 이 모든 것들을 활용할 만한 가치가 충분하다.

논픽션 분야에서도 이미지는 매우 중요한 역할을 한다. 이미지는 독자들을 유혹하고, 내용을 설명하고, 독자들을 관찰하고, 그 속에 담긴 뜻을 간파할 수 있도록 유도한다. 실제로 좋은 논픽션 책은 독자들로 하여금 관찰하게 한다. 아이들은 자신을 둘러싼 환경에서, 또는 그림책 속의 삽화를 통해서 관찰할 수 있다. 아이들에게 관찰 욕구를 불러일으킬 수 있을 만큼 놀랍고 충격적인 이미지들이 있는데, 드니 프라슈가 《가장 아름다운 착시 현상》[199]에서 제시한 이미지들이 그렇다. 이 아름다운 책에서 제시된 흥미진진한 시각 놀이들은 아이들에게 관찰 욕구를 불러일으킬 뿐만 아니라, 깊이 생각하게 한다. 여기서 아이들은 옵아트의 걸작들과 - 유명한 옵아트 작가의 작품도 포함되어 있다 - 만나게 된다. 옵아트의 세계를 처음으로 접하는 아이들은 가장 먼저 놀랍고 신기하다는 느낌을 경험하고, 그 다음으로는 이미지를 이해하는 단계로 나아간다. 아이들은 욕조의 배수구 속으로 물이 휩쓸려 들어가면서 만들어 내는 소용돌이 모양처럼, 놀라운 형태 혹은 불가능한 형상이 어떻게, 그리고 왜 생겨나는지를 알고 싶어 한다. 아이들은 소용돌이 모양 같은 착시 현상의 비밀을 알게 된다. 이 모두가 철저하게 과학적인 것들이다.

무언가를 가르치겠다는 의도는 배제한 채 아이들과 소통하는 것을 즐기는 작가들이 있다. 인체에 관한 책을 비롯한 매콜리의 작품, 자연 속의 변태와 순환이라는 주제를 훌륭하게 다룬 《나무》[200]를 비롯한 옐라 마리의 그림책들처럼, 그림책 속의 이미지에는 논픽션 책다운 과학적인 엄밀함과 정확성, 그리고 판타지 요소들, 이 두 가지 요소가 조화를 이루면서 나란히 공존한다.

---

199) 드니 프라슈 Denys Prache 글, 클로드 라푸앵트 Claude Lapointe 그림, 《가장 아름다운 착시 현상》, 시르콩플렉스 출판사.
200) 옐라 마리, 《나무》, 시공사, 2008.
《어린이 책 리뷰》(105-106호, 1986년 겨울호)에 실린 작가의 인터뷰 기사를 보시오.

과학적 취향과 픽션 그림책들

과학적 사고는 엄밀히 말해서 '논픽션 책'이라 할 수 없는 책들을 통해서도 만들어질 수 있다. 예를 들어 《발자국을 따라가 볼까요?》[201]라는 멋진 그림책에는 글이 없다. 하지만 이 책은 아이들에게 눈 속에 찍힌 발자국을 관찰하고 해석하여 이야기를 재구성해 볼 수 있게 한다. 자신의 능력을 제대로 활용할 줄 몰라서 불운하게도 바위로 변해 버린 당나귀 이야기인 《당나귀 실베스터와 요술 조약돌》[202]이라는 그림책을 읽고 큰 감동을 받은 어느 꼬마 소년을 기억한다. 좋은 과학자가 되고 싶어 했던 그 아이는 저 나름대로 마법 능력을 실험하고 검증해 보려고 했다. 실험이 그다지 성공적이지는 못했지만⋯⋯. 어쨌든 이런 경험은 마법, 실험, 연역적 추론, 이런 것들에 관해 진지하게 생각해 볼 수 있는 좋은 계기가 되었던 것은 틀림없는 사실이었다. 라빌레트 도서관에서 이 책은 '어린이 과학과 기술 도서' 항목의 서가에 자리 잡고 있다. 같은 작가의 작품, 여우를 제외하고 크고 작은 동물들을 가리지 않고 모두 진료한다는 유명한 생쥐 치과 의사 이야기 《치과 의사 드소토 선생님》[203]도 그렇다.

'컨셉트 북'이라고 할 만한 구성이 탁월한 사진 그림책들이 있다. 사진 기법을 통해 변형된 매우 일상적인 물건들을 토대로 하여 아이들에게 보고 관찰하고 분류하고 추론하는 법을 가르쳐 준다는 점에서[204], 이런 책들도 과학적인 탐구 정신을 길러주는 책들이다.

《첫 번째 사냥》, 《싸움》 등 일본 작가 요시다 토시[205]의 멋진 그림책들은 매우 감동적이면서도 과학적인 정확성이 돋보이는 책들이다. 두 쪽에 걸쳐 그려진 그림들은 나이에 상관없이 모든 독자들의 감수성에 강렬하게 호소하며, 꼭 필요한 만큼의 적당한 정보 글은 군더더기 없이 간결하고 명쾌하다. 그리고 스티브 블룸의 감동적인 사진들로 가득한 《곰이 궁금해》[206]를 읽으면서 아이들은 따스한 정과 더불어 경이로움을 느낀다. 아이

---

201) 제르다 뮐러, 《발자국을 따라가 볼까요?》, 한소원 옮김, 파랑새, 2007.
202) 윌리엄 스타이그, 《당나귀 실베스터와 요술 조약돌》, 이상경 옮김, 다산기획, 1994.
203) 윌리엄 스타이그, 《치과 의사 드소토 선생님》, 조은수 옮김, 비룡소, 1995.
204) 칼레이도스코프 출판사에서 나온 타나 호번의 그림책들.
205) 요시다 토시 Toshi Yoshida , 《첫 번째 사냥》, 《싸움》.
206) 발레리 기두 Valérie Guidoux 글, 스티브 블룸 Steve Bloom 사진, 《곰이 궁금해》, 드 라 마르티니에르 청

들은 오래도록 그 세계에 머물고 싶어하는 듯이 사진들을 천천히 감상한다. 작가는 아이들에게 이렇게 말하는 듯하다. "곰들이 어떻게 살아가는지 천천히 살펴보세요."

이처럼 논픽션 책에서는 과학과 예술이 만난다. 과학과 예술은 우리가 사는 이 세상이 얼마나 아름다운지 어린 독자들이 깨달을 수 있도록 서로에게 도움을 요청하고, 도움을 주고받는다. 마리 지로가 지적했듯이 《정글북》, 화가 루소에 관한 예술서, 이런 책들도 열대 지방의 숲에 관한 과학 서적들 곁에 얼마든지 당당하게 자리 잡을 수 있다.

과학과 직관력

감탄하고 놀라워하는 것은 과학적인 호기심의 출발점이다. 이러한 태도는 알고 이해하고자 하는 욕구를 키운다. 매우 정교하고 정확한 그림들을 제공하는 책들이 있는데, 이런 책들은 독자들의 호기심과 감수성을 충족시켜 준다. 우리의 시선을 끌어당기고, 우리를 둘러싸고 있는 것을 주의 깊게 관찰하게 하는 자연에 관한 책들이 그렇다. 제르다 뮐러는 그의 아름다운 그림책 《나의 나무》[207]에서 아이들에게 나무와 숲을 발견하게 한다. 작가는 아이들 세 명과 함께 하는 숲 속 탐방 여행으로 우리를 초대한다. 책 속의 이야기는 무척 흥미롭다. 여기서는 아이들의 호기심, 알고 싶어 하는 욕구, 간단히 말해 아이들의 과학 정신과 탐구 정신을 무엇보다도 중요시한다. 관찰한 글은 간결하고 감각적이고 정확한 언어로 되어 있다. 마치 자연과학자의 수첩처럼, 중앙의 큰 그림 주위로 매우 정밀하고 정교하게 그려진 작은 그림들이 있다. 책의 끝에는 아이들이 숲 속 탐방을 마치고 돌아온 뒤에 숲 속에서 채집한 것들을 한데 모으고 이름 붙이고 분류하는 재미를 맛볼 수 있게 하는 부분이 있다. 책 속의 예쁜 그림들은 아이들이 지나쳐 온 숲 속 공간에서 느낀 고요함과 갖가지 소리, 빛과 어둠을 잘 표현하고 있다. 이 모든 것들은 아이들이 체험한 그대로다. 아주 멋진 그림책이다.

소년, 2010.
207) 제르다 뮐러, 《나의 나무》, 갈리마르 청소년.

르네 메틀러의 아름다운 책《나무와 숲의 책》[208]은 같은 주제를 다른 방식으로 다루고 있다. 매우 정교한 그림, 아름다운 사진, 정확한 정보, 이런 것들은 나이에 상관없이 모든 독자들이 좋아할 만하다. 이 책에서는 탄생, 성장, 노화, 죽음의 단계를 거치는 살아 있는 생명체인 나무의 구조를 알게 된다. 남반구와 북반구에 분포하는 대표적인 숲들을 둘러볼 수 있다. 이 책에서는 멋진 프레스코화가 두 쪽에 걸쳐 그려져 있다. 각각의 그림마다 해당 지역에 서식하는 동물과 식물에 관한 정확한 정보를 제공하는 작은 그림들이 딸려 있다. 책의 끝부분에서는 독자들에게 수집이라는 과학적인 작업을 실습해 볼 수 있게 한다. 예를 들어 나무의 크기를 어떻게 측정하는지 그 방법을 배울 수 있다. 풍부한 자료들이 실린 이 책에서는 찾아보기(인덱스)와 전문 용어 사전이 길잡이 역할을 톡톡히 한다.

아이들의 시선을 끌어당기는 그런 그림책들은 어른들을 포함한 모든 연령층의 독자들에게 인기가 높다. 클레르 다르쿠르는 매우 독보적이면서 수준이 높은 책《눈물에서 웃음까지》[209]에서, 독자들에게 사람의 얼굴 표정에서 감정의 언어를 읽어낼 수 있게 한다. 이 책에서는 두 개의 작품이 서로 마주 보고 있다. 책을 펼치면, 어떤 감정을 지칭하는 단어가 적혀 있으며, 독자들은 초상화 두 점을 통해 그 감정을 읽어낸다. 프랜시스 베이컨의 유화, 그 맞은편에 있는 호쿠사이(가쓰시카 호쿠사이: 1760-1846. 일본의 화가, 판화가 - 역자 주)의 목판화, 이 두 그림 밑에는 '빈정거림'이라는 단어가 적혀 있다. 기를란다요(도메니코 기를란다요: 1449-1494. 이탈리아의 화가 - 역자 주)의 〈할아버지와 손자의 초상〉, 그리고 어린 소녀를 품에 안은 병사의 모습을 촬영한 1944년 6월 20일자 어느 익명 작가의 사진 위에는 '다정함'이라는 단어가 있다. 공통된 감정을 표현하고 있는 두 작품에서 시대와 상황이 서로 너무 어긋나 있다는 점이 주목할 만하다. 여기서는 글보다 그림이 우선이다. 두 작품은 어떤 내면의 세계, 명상의 세계로 우리를 초대한다. 그리고 우리를 감동시킨다. 책 곳곳에는 각각의 작품에 대해 역사적으로, 혹은 철학적으로 설명하는 짧은 글들이 있다. 이 모든 것은 누구나 이해할 수 있

---

208) 르네 메틀러 René Mettler,《나무와 숲의 책》, 갈리마르 청소년, 2010.
209) 클레르 다르쿠르 Claire d'Harcourt,《눈물에서 웃음으로, 예술 작품에 표현된 여러 가지 감정》, 쇠이유.

는 쉬운 언어로 쓰여 있다. 예술 입문서로도 손색이 없는 매우 훌륭한 책이다. 독자들이 언제든지 책을 펼쳐서 작품을 감상할 수 있다.

과학과 놀이

'책장을 넘긴다'는 책의 고유한 특성을 재치 있고 기발하게 활용하는 그림책들이 있다. 《동물들의 위장》[210]이라는 그림책에서는 투명 필름이나 들어 올릴 수 있는 덮개를 적절히 배치함으로써 자연 속에서 어떻게 동물들이 자유자재로 몸을 감추는지를 알려 준다.[211]

책장을 넘기다가 거꾸로 거슬러 올라가 보는 것도 책읽기의 즐거움이다. 이처럼 책은 '미리 예측하고 나중에 다시 확인해 보는' 과학적인 태도를 길러 준다. 예를 들어 레 그랑드 페르손 출판사에서 나온 책들, 예술서라고 불러도 좋을 만큼 큰 판형의 아름다운 그림책들이 그렇다. 그 중에서 《새들》[212]이라는 그림책에서는 들어 올릴 수 있는 덮개, 깃털과 알 모양의 덮개들 수십 개가 있다. 알이나 깃털 속에는 새가 한 마리씩 숨어 있다. 덮개를 들어 올리면, 새가 자기 이름을 보여 주면서 밖으로 튀어나온다. 여기서 우리는 종달새, 제비, 물총새, 그리고 오스트레일리아에서 온 커다란 새인 에뮤를 만나 볼 수 있다.

그림책 《그럼 오르니카는 어디 있을까?》[213]도 놀이를 하듯이 읽을 수 있는 책이다. 처음으로 학교에 가는 날, 어린 신입생이 겪어야 하는 일들과 대비하면서 어린 독자들은 마치 놀이를 하듯이 동물의 분류법을 배운다. "오리너구리는 어디에 놓아야 할까? 그 동물은 어느 종에도 속하지 않는다……." 이런 책들을 통해 아이들은 추론의 논리에 관심을 갖게 된다.

《집은 왜?》[214]처럼 아주 단순한 그림책을 읽는 것도 아이들에게는 큰 즐거움이다. 책에서 자세히 소개된 인간적인 건축물의 원리에 관심을 갖

---

210) 르네 메틀러, 《동물들의 위장》, 나의 첫 번째 발견, 갈리마르.
211) 시중에 나온 비디오 게임들 가운데 과학적인 현상을 학습하는 데 도움을 주는 것들이 있다. '제11장 디지털 시대의 도서관' 편을 보시오.
212) 프란체스코 피토 Francesco Pittau, 베르나뎃 제르베 Bernadette Gervais., 《새들》, 데 그랑 페르손 출판사.
213) 제라르 스테르 Gérard Stehr, 윌리 글라소어 Willi Glasauer, 《그럼 오르니카는 어디 있을까?》, 레꼴 데 루아지르(아르키메데스 총서), 2000. 이 그림책은 2001년 'La Science se livre(과학 다큐멘터리 책 부문)' 상을 받았다.
214) 카코 사토시 Satoshi Kako, 《집은 왜?》, 후쿠인칸(일본), 레꼴 데 루아지르.

게 하는 책이다.

좋은 다큐멘터리 책이라면, 각자의 수준이나 욕구에 따라, 아니면 추론의 논리에 따라 책장을 넘기다가 어느 한 곳에서 멈추기도 하고, 앞으로 거슬러 올라가기도 하고, 언제든지 간편하게 목차나 찾아보기를 참조할 수도 있는 책이 되어야 한다.

아이들은 매우 정확하고 정밀한 그림이나 삽화를 감상하면서 만족감을 느낀다. 화가이자 수학자인 안노 미쓰마사[215]는 관찰과 놀이에 중점을 두기 위해 일부러 글을 생략하는 유머러스한 그림책을 만들어내는 데 탁월하다. 예를 들어 《항아리 속 이야기》라는 그림책에서는 놀이를 통하여 수학의 기본 원리들을 매우 구체적으로 가르쳐 준다. 이 작가의 모든 작품들이 '매우 정교하고 표현력이 풍부한 다수의 이미지들'을 토대로 한다는 특징이 있다. 독자들이 '눈으로' 관찰하고 탐색하여 스스로 발견해 내는 기쁨을 맛볼 수 있도록 대부분의 경우 글을 넣지 않는다. 그의 책 《늑대야, 너 거기 있니?》에서는 숲이 두 쪽에 걸쳐 그려져 있다. 아이들은 예리한 관찰력으로 나뭇가지 속에 숨어 있는 동물들의 어렴풋한 윤곽을 찾아낸다. 그림 속에서 어렴풋이 암시된 것을 예측하고 완성하고, 나아가 가설을 세우고, 의미를 부여하는 어떤 관계를 찾아낸다. 이것이 바로 연구자의 시선이 아닌가? 이 작가의 과학 그림책들은 모두가 탁월한 예술서들이다. 그러면서도 과학적인 측면으로는 매우 정확하고 엄밀함과 동시에 어른과 아이들 모두가 좋아하는 유머로 활기가 넘친다. 매우 정교하면서 동시에 유머로 가득한 놀이와 탐색에 몰두하다 보면, 독자들은 자기도 모르는 새에 수학자가 된다.[216]

《난 네가 보여》[217]라는 사진 그림책에서는 독자들에게, 기능이 바뀌어 엉뚱한 곳에 자리 잡고 있지만, 그렇게 한데 모여 독특한 풍경을 만들어 내고 있는 일상 용품들을 찾아 내게 한다. 예를 들어 과슈 물감 튜브는 어릿광대의 다리가 되거나 진공 청소기의 먼지 봉투가 된다. 물건들을 찾아

---

215) 안노 미쓰마사 Mitsumasa Anno, 《항아리 속 이야기》, 박정선 옮김, 비룡소, 2001.
216) 안노 미쓰마사, 《둥근 지구의 하루》, 김난주 옮김, 아이세움; 대한교과서, 2004.
    《즐거운 이사 놀이》, 박정선 옮김, 비룡소, 2001.
    《지구로 해시계를 만든다》, 웅진씽크빅, 2008.
217) 조안 스타이너 Joan Steiner, 《난 네가 보여》, 베틀북, 2009.

내기 위해서는 집중력과 예리한 관찰력이 필요하다. 또한 이 책은 아이들을 발명과 창조의 세계로 인도한다.

《줌》[218] 같은 재치 있고 기발한 책은 '관점'이라는 개념을 놀이를 통해 배울 수 있게 한다. 줌 인(수탉), 줌 아웃(농장의 두 아이), 더 넓은 줌 아웃(여기서 농장은 어떤 아이의 손바닥 안에 있는 장난감일 뿐이다)……. 이러한 시각적인 러시아 인형 놀이는 아이들에게 현실을 새로운 관점으로 볼 수도 있다는 점을 깨닫게 한다. 시각 놀이를 통해 관점의 중요성을 인식하게 되는 것이다.

트로이 문명의 유적지를 탐사하던 당시 고고학자 하인리히 슐리만이 실행했던 방식 그대로 과거 문명의 흔적들을 해석하는 기법에 관한 유머러스한 책 《잃어버린 문명》[219]은 온 가족이 함께 흥미롭게 읽어볼 만한 책이다. 매우 지적인 이 책은 아이들에게 "우리 일상생활의 어떤 흔적들이 아주 먼 훗날 후손들에게 남겨질까? 그 흔적들은 어떤 의미를 전해 줄까?" 이런 문제들을 깊이 생각해 보게 한다.

큰 판형, 작은 판형

다양한 책의 크기, 이것도 책이 지닌 고유성이다. 단순함이 가장 돋보이는 책, 《달걀에서 닭으로》[220]를 예로 들어보자. 알에서 닭이 탄생하는 과정을 이야기하는 이 초대형 그림책을 아이들은 호기심에 눈을 반짝이며 책장을 넘긴다. 아이들은 달걀과 닭을 실물 크기로 찍은 선명한 사진들을 감상하며 즐거워한다. 표준 크기의 인터넷 화면으로는 그 정도의 판형을 결코 제공할 수 없다. 판형의 크기는 매우 중요하다. 이런 그림책을 보면서 아이들은 실제로 체험하는 듯한 느낌을 가질 수 있기 때문이다. 짧고 간결한 텍스트는 수탉의 역할, 알 속에서는 무슨 일이 일어나는지, 병아리는 어떻게 껍질을 깨고 나오는지 등 군더더기 없이 꼭 필요한 것만을 이야기한다. 이렇게 아이들은 병아리가 알 속에서 보내는 21일 동안, 그리고 껍

---

218) 《줌》, 시르콩플렉스.
219) 데이비드 매콜리 David Macaulay, 《잃어버린 문명》, 레꿀 데 루아지르.
220) 《달걀에서 닭으로》, 밀랑, 막시독스.

질 밖에서 생명의 첫 순간들을 생생하게 체험해 볼 수 있다. 매우 정확하고 쉽게 이해할 수 있는 텍스트는 놀이로 끝을 맺는다. 아이들은 생명이 탄생하는 과정을 감동 깊게 체험한다. 이렇게 알게 된 사실들을 다시 한 번 확인하고 싶은 생각이 들 때마다 언제든지 책을 펼쳐 볼 수 있다. 책의 장점은 바로 이런 것이다.

무언가를 확인하고 정확하게 이름 붙이는 것은 호기심 많은 아이들의 특기이자 취미다. 《똑똑한 동물원》[221] 같은 책들은 아이들에게 아주 어려서부터 그런 즐거움을 알게 해 준다. 이 큼지막한 판형의 그림책을 펼치면, 두 쪽에 걸쳐 매우 꼼꼼하게 분류된 수많은 동물들이 모여 있다. 동물들의 이름은 매우 특이하고 낯설다. 단순치 않으면서도 구체적인 이름을 좋아한다는 아이들의 취향에 부합한다는 점이 이 책의 매력들 가운데 하나다. 동물들은 특성별로 분류되어 있다. 민물에 사는 동물, 땅 속에 사는 동물, 야행성 동물, 까맣고 하얀 동물, 털가죽이 얼룩 무늬인 동물과 줄 무늬인 동물, 아주 큰 동물, 아주 작은 동물들이 있다. 동물들은 아주 많다. 그런데 이런 동물들 속 어딘가에는 늘 침입자 한 마리가 숨어 있다. 숨은 그림 찾기는 아이들이라면 누구나 좋아하는 놀이다. 이 그림책의 끝부분에는 동물들의 비밀이 간략하게 정리되어 있다. 여기에는 아이들의 상상력을 자극하기에 충분한 짧지만 흥미로운 정보들이 들어 있다. 이 책의 풍요로움을 충분히 맛보기 위해서는 책을 방바닥에 넓게 펼쳐 놓아야 한다. 이렇게 하면 책 속을 마음대로 돌아다닐 수 있다.

책이 목표하는 바에 따라 책의 크기가 결정되고, 크기에 따라 독서 형태가 달라진다. 컴퓨터 화면 앞에서는 독자들의 자세가 고정적일 수밖에 없다. 그렇지만 책은 누워서도, 어디엔가 숨어서도, 나무에 올라가서도 읽을 수 있다. 그뿐만 아니라 어느 곳이든 가지고 갈 수도 있다.

책과 실험

어떤 자연 현상을 발견하고 그것에 대해 질문하게 하는 실험들이 첨부된 작은 크기의 포켓판 가이드북만큼 실용적인 책이 또 있을까? 이런 책

---

221) 조엘 졸리베 Joëlle Jolivet, 《똑똑한 동물원》, 최윤정 옮김, 바람의아이들출판사, 2009.

들은 독자들을 능동적으로 움직이게 한다. 이런 책들은 숲 속을 탐방할 때 갖고 가거나, 어떤 실험이나 관찰을 할 때 늘 가까운 곳에 두고서 참고할 수 있다. 출판사마다 전문 분야가 있다. 예를 들어 프티 플륌 드 카로트 출판사에서는[222] 꼬마 독자들이 읽기와 놀이를 할 수 있는 전집을 출간했다. 그 가운데 《빨간 두건을 쓴 아이의 식물 도감》은 아이들에게 온갖 종류의 야생화를 발견하고 식물을 채집하여 표본을 만드는 방법을 가르쳐 준다. 책 속에는 그림이 있는 커다란 띠가 있는데, 여기서는 샤를 페로의 동화 〈빨간 두건을 쓴 아이〉 이야기가 소개되어 있다. 그리고 책과 함께 제공되는 작은 상자에는 꽃씨가 든 작은 봉지들이 들어 있다. 아이들이 꽃씨를 화분에 심어 식물이 자라는 모습을 관찰하고, 자연의 경이로움을 깨닫게 하기 위함이다. 《작은 벌레들의 친구》[223]는 다양한 곤충들과 땅 속에 사는 작은 벌레들을 보여 주고, 아이들이 제기할 만한 질문들에 대답한다. "나비는 얼마나 멀리 날아갈 수 있을까? 달팽이도 알을 낳을까?……." 이 책에서는 어떻게 하면 작은 곤충과 벌레를 찾아 낼 수 있는지, 그것들을 어떻게 관찰하고 길러 보고 보호하는지를 놀이를 통해 가르쳐 준다. 요즘 들어 이런 형태의 체험 학습서들이 다양하게 출간되고 있다. 오늘날 적어도 아이들을 위한 과학 논픽션 책 분야에서는 놀라운 발전이 이루어지고 있는 듯하다.

정보를 제공하는 픽션

효과적으로 다루기가 쉽지 않은 주제들이 있다. 예를 들어 성교육을 위한 책들은 민감한 문제를 아이들과 함께 접근하려는 어른들에게 도움을 준다는 점에서 반드시 필요한 책이다. 하지만 아이들의 심리 발달 단계를 반드시 고려해야 한다는 점을 잊어서는 안 된다. 아주 어린 꼬마들에게는 어떤 방식의 설명은 불필요하다. 아직 필요성을 느끼지 못해서 금방 잊어버리기 때문이다. 성이라는 것을 이해하고 받아들일 준비가 안 된 아이들

---

222) 리오넬 이냐르 Lionel Hignard, 마르크 푸예 Marc Pouyet, 《빨간 두건을 쓴 아이의 식물 도감》, 프티 플륌 드 카로트. 마르크 푸예의 음성 지원 블로그를 보시오.
223) 레옹 로제 Léon Rogez 글, 로랑 오두앵 Laurent Audoin 그림, 《작은 벌레들의 친구》, 밀랑.

에게조차 모든 설명을 해 줘야 한다고 생각하는 사람들이 있다. 코르네이 추콥스키(1882-1969. 러시아의 아동문학가 –역자 주)[224]는 아이들의 상상력에 관해 쓴 책에서 그 점을 지적했다. 작가는 엄마에게서 수태 과정과 자궁 속의 태아에 관해 자세한 설명을 듣고 난 뒤 볼릭이라는 다섯 살짜리 아이가 어떻게 반응하는지를 이야기한다. 볼릭은 엄마 뱃속에서 자기가 어떻게 살았는지 제멋대로 이야기를 만들어낸다. "엄마의 등과 배 사이에는 벽이 있었는데, 벽에는 아주 작은 문이 있었어요. 문을 열면 아주 작은 방이 있었죠. 제가 엄마 뱃속에 있을 때, 그 방에는 작은 삼촌이 살고 있었어요. 저는 가끔씩 그곳에 찾아가서 삼촌과 차를 마셨어요. 작은 정원에서 놀기도 했고요. 모래밭이 있는 작은 정원이 있었거든요."

그와 달리 《아기》[225]는 엄마 뱃속에서 아기가 어떻게 살아가는지에 관심이 많지만, 냉정하고 무미건조한 과학적 설명보다는 판타지적이고 감정적인 해석과 행복감을 선호하는 아이들의 상상력에 부합하는 그림책이다. 이것은 가족들과 행복하게 살고 싶어서 이 세상에 태어나기로 결심한 아기의 이야기다. 이 책은 억지로 미화된 논픽션 책이 아니라, 그 자체로 의미 있는 어떤 현실을 이야기한다.

미국의 인기 작가 주디 블룸이 쓴 몇몇 소설들도 마찬가지다. 작가가 어린 시절 실제로 체험했던 청소년기의 성 문제를 다루고 있어서 그녀의 작품들은 전 세계의 수많은 청소년 독자들에게 인기가 높다. 주디 블룸의 소설들은 정보를 제공하는 논픽션 책은 아니지만, 성에 관한 청소년들의 불안감과 의문과 호기심에 진솔하게 응답하려 애쓴다. 청소년들에게 실질적인 도움을 주는 책들이다.

모든 연령층을 위한 책과 과학

어린이 도서관 사서라면 누구나 인정하겠지만 어린이와 청소년을 위한 책 가운데는 어른 독자들에게도 흥미롭게 읽히는 책들이 있다.

---

224) 코르네이 추콥스키 Kornei Chukovsky, 《두 살에서 다섯 살까지: 아이들의 언어 세계화 동화, 동시에 대하여》, 홍한별 옮김, 양철북, 2006.
225) 프랜 마누슈킨 Fran Manushkin, 《아기》, 레꼴 데 루아지르.

영국 어스본 출판사에서 아이들을 위해 제작한 역사 백과사전들은 모든 연령층의 독자들에게 사랑받고 있다. 백과사전의 짧은 텍스트는 명쾌하고 생생하며, 풍부한 정보를 담고 있다. 그 가운데 《중세의 세계》[226]는 중세 유럽뿐만 아니라, 같은 시대의 아프리카에서 중동을 거쳐 중국에 이르는 전 세계 여러 지역에서 있었던 중요한 사건들과 화려했던 문명을 생생하게 보여 준다. 유럽 중세 시대에 머나먼 지역의 화려하고 세련된 문명을 발견한다는 것은 얼마나 놀랍고 흥미로운 일인가! 설명하는 글은 간결하면서도 효과적이며, 중요하고 상세한 정보들을 담고 있다. 같은 저자가 쓴 《고대의 세계》라는 백과사전에서도 특정 시대의 전 세계를 다룬다는 점은 동일하다. "어떻게 우리는 이 모든 것을 알 수 있을까?" 이것은 독자들을 과학적인 탐구의 세계로 인도하고 싶어 하는 저자의 중요한 질문이다.

어떤 주제를 탐구하고자 하는 아이들은 결과에 도달하기 위한 방법 - 관찰, 추론, 실험 - 을 이해할 수 있어야 한다. 앞으로 다른 주제를 탐구해야 할 경우, 그 방법을 적용하여 결과에 도달할 수 있기 때문이다. 그런 점에서 마야 문명에 관해 피에로 벤추라, 잔 파올로 체세라니가 함께 쓴 책은 유익하고 탁월한 학습서다. 학자들은 어떤 방법으로 어느 특정한 발견에 도달할 수 있었는지, 예를 들어 "밀림으로 뒤덮인 옛 도시의 모습을 어떻게 복원해낼 수 있었는지", "0 이라는 숫자를 어떻게 발견했는지" 등을 저자들은 아주 명쾌하게 설명한다. 이런 책을 통해 아이들은 "어떻게 학문을 할 것인가?"를 배운다.

어떤 주제나 정보를 중심으로 여러 사람이 함께 질문하고 답을 찾아 보는 것은 큰 즐거움이다. 이 세상의 복잡한 문제들 속으로 한 걸음씩 나아갈 수 있게 하는 명쾌하면서도 흥미진진한 보고서 같은 책들은 나이에 상관없이 모든 독자들을 매료시킨다. 데이비드 매콜리는 초등학교 고학년 아이들뿐만 아니라 청소년과 어른들도 좋아할 만한 책을 썼다. 그의 책 《놀라운 기계, 인간의 몸》[227]은 풍부한 정보를 제공함과 동시에, 유머러스한 그림들로 가득하다. 우선 책의 목차가 독자들을 책 속으로 빠져들게 한

---

226) 제인 빙엄 Jane Bingham, 《중세의 세계》, 어스본 출판사, 2000.
227) 데이비드 매콜리, 《놀라운 기계, 인간의 몸》, 드 라 마르티니에르 청소년.

다. 이 책은 맨 처음부터 시작하여 끝까지 순서대로 읽을 수도 있지만 독자들 개인이 관심 있는 챕터를 골라 선별적으로 읽을 수도 있다. 전문 용어 사전과 색인을 참조하면서 읽으면, 매우 정확하면서 상세한 이 과학책 속으로 아무런 어려움 없이 진입할 수 있다. 설명하는 글은 명확한 언어로 되어 있다. 세포들은 어떻게 분류되는지, 세포들은 마치 동업 조합처럼 작동하는 그룹별로 조직되어 있다는 사실을 생동감 넘치는 언어로 이야기한다. 책의 마지막 부분에서는 '생명 전달'이라는 주제를 다루고 있다. 아이들이 경험할 수 있는 것, 쉽게 관찰할 수 있는 것, 이런 것들과의 '비교'를 통해 매우 복잡한 현상들을 이해할 수 있도록 도와준다는 점이 이 책의 특징이다. 어린 독자들은 생명체의 아름다움과 그 복잡한 구조 앞에서 놀라움과 감동을 경험한다. 이 책은 온 가족을 위한 백과사전이다.

열정적이고 호기심 많은 아이들은 (적어도 그들이 관심을 갖는 분야에 있어서는) 그 누구도 당해낼 수 없다. 그런 아이들은 우리 사서들보다 훨씬 더 많은 지식을 갖고 있다. 거의 전문가 수준이다. 이런 아이들은 모든 연령층을 대상으로 하는 과학 서적의 주된 독자들이다. 지질학과 광물학에 관심이 많은 열 두 살쯤 된 소년을 필자는 기억한다. 그 아이는 전문가다운 진지함과 역량을 과시하면서 우리 도서관에 소장된 그 분야의 모든 책과 자료를 거의 모두 독파했다. 일반적인 유통 경로에는 존재하지 않아서 우리 사서들이 미처 알지 못했던 아주 유익한 전문 서적과 잡지들을 그 아이의 도움으로 구입할 수 있었다. 그 아이는 우리가 참고 서적을 찾아볼 수 있도록 도움을 주고 필요한 연락처를 가르쳐 주었다.

학교에서 사용하는 훌륭한 교과서를 참고 도서로 활용하는 것도 좋은 방법이다. 아이들이 다양한 시대의 역사책을 요구할 경우, 도서관에 구비된 책들만으로는 여전히 충분치 않다는 사실을 우리 사서들은 다시 한 번 절감한다. 그래서 우리는 교과서를, 아이들이 이해하기 쉽게 제작된 그 책들을 도서관에 비치하기로 결정했다. 아이들은 마치 백과사전을 찾아보듯이 교과서를 참조한다. 우리 도서관에서는 교과서를 대출할 수도 있다. 일반 가정에서도 교과서는 훌륭한 참고 서적이 될 수 있다. 아이들은 어른의 도움을 받으면서 참고 도서를 활용할 수 있고, 이렇게 온 가족이 함께 탐구하는 것은 아이들에게 큰 즐거움이다.

　어린이 도서관에 어른들을 위한 책을 비치해 두는 것도 바람직하다. 유아용 논픽션 그림책을 제외하고, 어른용과 어린이용 논픽션 책들을 모두 한 곳에 집약시키는 도서관들이 있다. 요즘과 같은 디지털 시대에 어른용 책과 어린이용 책을 구분하여 배치한다는 것은 시대 착오적이다. 인터넷 세상에서 연령 구분이 있는가? 어른용 주제, 어린이용 주제가 따로 있는 게 아니다.

　도서관 이용자 수가 점점 감소되는 오늘날, 다양한 연령층의 고객들을 맞아들이기 위한 방편으로 과학 논픽션 책에 대한 관심이 점점 커지고 있다. 도서관에서 어떤 책이나 자료를 중심으로, 때로는 전문가를 초빙하여 어른과 아이들이 함께 둘러앉아서 자유롭게 소통하고 의견을 교환하는 시간을 보낼 수 있다면 얼마나 멋진 일인가! 어른과 아이들이 공통적으로 관심을 가질 만한 자료를 제공하는 것은 오늘날 도서관이 제공할 수 있는 가장 중요한 서비스들 가운데 하나가 아닐까? 이를 위해 우리 사서들은 좋은 책을 찾아내고, 그런 소통의 시간을 마련하고자 꾸준히 노력해야 할 것이다.

책과 그 밖의 매체들

　오늘날의 도서관에서는 다양하고 새로운 매체들을 아무런 편견 없이 도입하고 활용할 수 있는 방안을 연구해야 한다. 그러면서도 정보의 진실성, 정보 출처의 신뢰성을 무엇보다도 중요하게 여겨야 할 것이다. 요즘 들어 몇몇 출판사에서는 꼼꼼하게 선별한 인터넷 사이트, 출판사에서 직접 개설한 인터넷 사이트 주소를 책에 명시하고 있는데, 독자들에게 책과 인터넷의 상호 보완적인 가능성을 충분히 활용할 수 있게 한다는 점에서 매우 고무적이다.

　예를 들어 《세계의 위대한 박물관》[228]은 루브르에서 에르미타주, 프라도에서 구겐하임에 이르는 세계의 주요 박물관으로 예술 기행을 떠나게 하는 책이다. 각각의 박물관은 두 쪽에 걸쳐 소개되어 있으며, 독자들은

---

228)　장 미셸 비유 Jean-Michel Billoud, 《세계의 위대한 박물관》, 갈리마르 청소년.

저자가 선별한 인터넷 사이트로 건너가서 여행을 계속할 수 있다. 각각의 박물관마다 연관 사이트들이 링크되어 있어서 다양한 체험을 해 볼 수 있다.[229]

《오! 동물들이여》[230]도 책과 인터넷의 상호 보완성을 잘 활용하고 있다는 점에서 매우 흥미로운 책이다. 예를 들어 동물들의 청각이라는 주제가 두 쪽에 걸쳐 소개되고 있는데, 여기에도 출판사에서 추천하는 인터넷 사이트가 있다. 독자들은 인터넷 사이트에 들어가서 온갖 종류의 새들이 지저귀는 소리를 들어볼 수 있고, 어떤 새의 소리인지 구분하는 법을 배울 수도 있다. 동물들의 사진을 내려받을 수도 있다.

책과 인터넷은 독서 방식, 인지 방식, 이해 방식이 제각각 다르다. 인터넷은 자료 접근 속도가 빠르고 풍부한 정보를 제공한다는 장점이 있다. 반면에 '이야기가 있는' 책은 독자들이 충분한 시간, 지식을 재구성하는 데 필요한 시간을 들이고 여유를 가질 수 있게 한다. 책을 읽는 동안 독자들은 해당 분야의 전문가인 저자와 처음부터 끝까지 함께 한다. 저자는 어떻게 책을 읽어나갈 것인지, 그 과정을 인도하는 안내자 역할을 한다. 독자들은 목차를 참조하면서 자신에게 필요한 부분이나 관심이 가는 곳이 어디인지 확인할 수 있으며, 자신의 리듬에 맞추어 독서의 방향이나 속도를 정할 수 있다. 독자들은 자기 마음대로 앞으로 거슬러 올라갈 수도, 대충 훑어보면서 전체를 조망할 수도 있다.

특정 주제를 탐구하고자 하는 어린 독자들은 결과에 도달할 수 있게 하는 경로, 곧 방법론 – 관찰, 추론, 실험 – 을 이해할 수 있어야 한다. 그렇게 함으로써 아이들도 똑같은 경로를 거치면서 혼자의 힘으로 발견에 도달할 수 있으며, 과학이라는 학문이 어떻게 완성되는지를 알게 된다. 오랜 기간에 걸쳐 인류가 이루어 놓은 과학이라는 학문 분야를 아이들에게 체험해 볼 수 있게 하는 것이다. 과학은 '과학적 사실들 또는 자료들의 단순한 나열'과는 다른 차원의 것이다.

마침 정확하게도 과학철학자 이사벨 스텐저스(1949 - . 벨기에 철학자 -역자

---

229) 유익한 인터넷 사이트 Art Project 방문을 추천함.
230) 토마 다르티주 Thomas Dartige, 《오! 동물들이여》, 갈리마르 청소년, 2009.

주)는 어린 독자들만을 겨냥한 발언은 물론 아니지만, 민주주의에 관해 비슷한 취지의 말을 했다. "민주주의 사회에서는 모든 시민이 책임 있는 주체가 되어야 한다는 점을 전제로 할 때, 미래의 시민들이 대면하게 될 분야는 전설처럼 굳어진 '기존 과학'과는 전혀 다른 것이다. 그들이 관심 가져야 할 분야는 (……) 불확실성을 포함한 수많은 질문들의 구조 안에서, 어떤 것은 도태되고, 어떤 것은 인정받는 바로 '현재 만들어지고 있는 과학'이다. 이를 토대로 하여 세계가 건설되는 것이다."[231]

* * *

과학 실습 활동

과학적인 주제들도 얼마든지 아이들의 흥미를 이끌어 낼 수 있다. 아이들에게는 독서와 체험을 연결시키려는 성향이 있다. 과학을 주제로 하는 만남 또는 모임을 어떻게 기획해야 할까? "아이들의 경험으로부터 출발하고, 아이들과 대화해야 하며, 아이들이 흥미로워하는 것들인 이름, 현상, 기록 같은 것에 주목할 필요가 있다. 아이들에게는 우리 어른들이 믿지 못할 만큼 사물을 관찰하고 주시하는 특별한 능력이 있다."

마리 지로는 도서관 사서로 일하는 동안, '학교를 이탈한' 아이들이 평균적인 또래 아이들보다 훨씬 더 많은 지식을 갖고 있다는 사실을 알게 되었다고 말한다. "이런 아이들은 각자 자신의 관심 분야에 몰입할 수 있기 때문이다. '연못의 동식물'이라는 주제를 예로 들어 보자. 그 아이들은 몇 시간씩 연못을 관찰하면서도 지루해 하지 않는다. 그러면서 다른 아이들이 대수롭지 않게 여기고 그냥 지나쳐 버리는 것을 관찰하고 발견해 낸다." 이런 아이들에게 책은 혼자의 힘으로 발견에 도달할 수 있다는 자신감을 주고, 그들의 판단이나 직관에 근거를 제공해 주는 탁월한 수단이다. 실제로 직관은 과학적인 발견에 있어 중요한 역할을 한다.

---

231) 이사벨 스텐저스 Isabelle Stengers, 《과학과 권력, 기술과학 시대의 민주주의》, 라 데쿠베르트 출판사, 2002.

책은 학교에 다니는 아이들에 비해 여러 가지로 열악한 상황에 놓여 있는 그 아이들에게 안도감을 준다. 책은 아이들 스스로가 관찰한 것을 검증하고, 이렇게 확인된 사실을 다른 사람들에게 보고할 수 있게 하는 근거가 됨으로써 아이들에게 자신감을 심어 준다. 이처럼 책은 소외된 아이들에게 다른 사람들과 교류할 수 있게 하고, 그 아이들이 어떤 집단에 소속되어 있다는 느낌을 받을 수 있게 한다. 책을 매개로 하여, 세계 곳곳에 흩어져 있는 수많은 사람들, 연령이나 학력 등 여러 면에서 천차만별인 사람들은 누구나 저 나름대로 비교하고 분석하고 가설을 세우고 증명하고 결론을 내릴 수 있는 것이다. 마리 지로는 자신의 경험을 토대로 하여 앞으로의 책과 도서관의 역할에 대해 매우 고무적인 전망을 내놓고 있다.

아이들은 일상생활 속에서 과학 서적의 필요성을 깨닫는다. "일곱 살에서 여덟 살 아이들로 구성된 과학 실습반에서('유급생 제로' 프로젝트) 새 둥지를 주제로 이야기하기 시작했다. '새 둥지를 본 적이 있는 사람? 자기 집 마당에 새 둥지가 있는 사람?' 대답하는 사람이 아무도 없어서 그림책 속에서 새 둥지 그림을 찾아보기로 했다. 그러고는 다음과 같은 새로운 질문을 했다. '모든 새 둥지들은 모양이 똑같을까?', '새 둥지는 어떻게 만들어질까?', '새 둥지들은 어디 있을까?' 책에 실린 그림들은 실물 못지않게 매우 정확하고 예쁘다. 아이들은 새 둥지에 관해 자세히 알게 되고, 왜 자연을 보호해야 하는지를 이해하게 된다."

요즘 우리 도서관에서는 과학 실습 활동에 중점을 두고 있다. 아틀리에 활동을 활성화하기 위해서는 어떻게 해야 할까? 필자는 이렇게 충고하고 싶다. "똑같은 프로그램을 또 다시 반복해서는 안 된다. 아이들의 호기심을 그때그때 포착할 수 있어야 하기 때문이다. (……) 과학 지식을 습득시켜야 한다는 고정 관념에서 벗어날 필요가 있다. 실습실은 수업을 하는 공간이 아니다. 어떤 주제를 통해 그 분야의 책들을 알게 한다거나, 책읽기의 즐거움을 발견할 수 있도록 하는 게 주목적이다. 그렇지만 아틀리에 활동 진행자는 책에 관한 충분한 지식을 갖고 있어야 한다."

제 6 장

이야기꾼 사서와 학교 교사, 작가들이 찾아와 함께 하는
내 집 같은 도서관

제 6 장

내 집 같은 도서관

우리는 매주 수요일 아침마다 아파트 단지에 있는 놀이터 옆에서 '야외 도서관'을 연다. 정오가 되면 야외 도서관은 문을 닫는다. 사서들은 짐을 꾸리고 부모님은 아이들을 부른다. "얼른 집으로 돌아와. 점심 시간이야." 아이들은 이렇게 대답한다. "안 돼요. 이야기책을 다 읽지 못했어요." 우리는 아이들을 안심시킨다. "오후에 도서관으로 오렴. 도서관은 늘 문이 열려 있단다. 도서관에 오면 네가 읽던 책뿐만 아니라 다른 책들도 많아. 네가 책을 고를 수 있도록 우리가 도와줄게. 도서관에 오면 친구들도 만날 수 있어. 시간은 충분해. 인터넷을 사용할 수도 있어. 우리는 늘 거기 있을 거야. 너희들을 기다리고 있을 테니 언제든지 찾아오렴."

도서관 직원들은 늘 고객을 맞이할 준비가 되어 있는 사람들이다. 고객을 맞이하는 방식은 매우 다양하다. 도서관은 아름답고, 밝고, 잘 정돈되어 있어야 한다. 깔끔하게 정돈된 도서관 - 온갖 무질서와 더러움, 이민자들의 불안정한 사회적 위상, 온통 이런 것들뿐인 도시 변두리의 낙후된 지역에서 그런 도서관을 보고 큰 충격을 받았던 기억이 있다. 그 중에서도 특히 뉴욕 슬럼가에 있는 도서관, 베네수엘라의 카라카스 인근 지역 빈곤층이 모여 사는 동네에서 보았던 도서관은 매우 인상적이었다. 직원들의 노력으로 도서관 내부는 흠잡을 데 없이 완벽하게 정리되어 있었다. 도서관을 정리 정돈하는 것은 대개는 '귀한 손님' 대접을 받지 못하는 도서관 고객들을 존중하는 도서관 직원들의 마음의 표현이라고 생각하는 듯했다. 도서관 출입구에서는 화사하고 싱싱한 꽃이 담겨 있는 화병이 가장 먼저 손님들을 반겼다. 무질서하고 혼란스러운 곳일수록 밝고 명랑한 분위기를 만들어내야 한다는 것은 당연하다.

아이들도 이러한 사서들의 뜻을 잘 이해하고 존중한다. 형편이 넉넉지 않은 사람들이 모여 사는 동네에 위치한 우리 도서관에서 종종 그런 경험을 한다. 우리 도서관을 처음 찾아온 어린 고객들은 밝고 깨끗한 도서관, 갖가지 색깔의 책들이 가지런히 꽂혀 있는 서가를 보면서 들뜬 목소리로 이렇게 말한다. "도서관이 너무 예뻐요!" 언젠가 우리 도서관을 찾아온 다섯 살짜리 집시 소년은 마음에 쏙 드는 그림책을 찾아 들고는 이렇게 외쳤다. "이렇게 멋진 책을 전에는 한 번도 본 적이 없어요."

탁월한 일본인 북아티스트 고마가타 가쓰미의 그림책 전시회를 우리 도서관에서 열었을 때, 전시된 책 가운데 다루기에 매우 까다로운 책들이 몇 권 섞여 있었다. 우리는 아이들에게 책장을 넘겨볼 때는 흰색 장갑을 껴야 한다고 신신당부했다. 평소에는 꽤나 소란스러운 아이들이 매우 점잖게 그 일본식 의례에 동참하는 게 아닌가! 정말로 아이들은 차분하고 경건한 태도로 그 귀중한 작품들을 감상하고 있었다. 그로부터 몇 년 뒤에는 한국 아티스트들의 전시회가 있었다. 다루기에 까다로운 섬세한 재질로 된 옛 시대와 오늘날의 그림책들을 소개하는 멋진 전시회였다. 몇 주 동안 이어진 전시회에 수많은 어린이 방문객들이 다녀갔지만, 파손되거나 손상된 것은 전혀 없었다. 아이들을 믿어야 하며, 아이들에 대한 믿음을 보여줘야 한다. 이것은 어린이 도서관의 기본 원칙들 가운데 하나다.

우리 모든 인간이 그렇듯이 아이들은 다면적이다. 도서관에서도 아이들은 적당한 활기와 웅성거림, 역동적인 분위기를 좋아한다. 그렇지만 아이들은 고요함을 즐길 줄도 안다. 그런 까닭에 일부 도서관에서는 아이들을 위해 특별한 공간을 마련해 놓는다. 대개 아이들은 혼자 있는 것을 두려워하지만, 그런 아이들도 때로는 고요함을 필요로 한다는 점을 잘 알고 있기 때문이다. 그런 공간에서 아이들은 책읽기에 열중하는 다른 아이들과 함께, 그리고 혼자서 조용히 책을 읽는 즐거움을 맛본다. 다른 사람들과 함께 있는 가운데 고요함을 만끽하는 것이다. 그뿐만 아니라 이런 공간에서 아이들은 무언가에 몰두할 수 있다는 자신감을 갖게 된다.

어른이든 아이들이든 많은 사람들이 "도서관에 있으면 자기 집에 있는 것 같다."는 느낌이 든다고 말한다. 오래 전에 도서관 단골 고객이었던 이들이 다시 찾아와 주는 것도 그 때문일 것이다. 그들은 어린 시절의 추억을 되찾으려고 도서관을 방문한다. 얼마 전 어느 날 오후, '좀 껄렁대는 듯한' 이십대 젊은이들이 우리 도서관에 들이닥쳤다. 그들은 장난을 치고 킬킬대면서 도서관 안으로 들어섰다. 우리는 마음을 졸이면서 그 애들을 맞이했다. '무슨 소란을 피우려는지?' 요즘 여기저기서 일부 청소년들이 도서관에 무단 난입하여 난장판으로 만들어 버렸던 사례가 있었기에 우리 사서들은 걱정이 앞섰다. 그렇지만 아무 일도 일어나지 않았다. 그들은 도서관에서 어울렸던 옛 친구들, 여기서 근무했던 직원들의 소식을 물었다. 페트르 씨, 와헤드, 자이마, 알린, 줄리엣……. 마치 오랜만에 집으로 돌아와 가족들의 안부를 묻는 장면 같았다. 그 시절에 자기들이 저질렀던 사소한 장난질을 기억해 내기도 했다. "그때 저희들이 꽤나 말썽을 부렸죠."라며 짐짓 후회하는 체했다. 그런 다음, 아이들은 조심스럽게 질문했다. "어린 시절, 저희들이 좋아하던 책을 좀 볼 수 있을까요?" 잠시 후 그들은 얌전하게 책상에 둘러앉아서 어린 시절에 읽었던 추억의 그림책들을 훑어보기 시작했다. 《금발머리 소녀와 곰 세 마리》, 《당나귀 실베스터와 요술 조약돌》, 《좋은 친구들》, 《제랄다와 거인》, 《괴물들이 사는 나라》……. 어린 시절의 소중한 추억들, 그것은 숱한 세월이 지나도 조금도 손상되지 않고 남아 있는 어린 시절의 일부분이다. 아무리 험난한 세월을 보냈다 해도, 어린 시절의 첫 문학 체험은 마음 속 깊은 곳에 소중한 추억으로 남아 있음을 필자는 느낄 수 있었다. 언젠가 연로한 농부 몇 분과 이야기를 나눌 기회가 있었다. 넉넉지 않은 가정 형편 때문에 중도에 학업을 포기해야 했던 그들은 짧았던 학창 시절, 학교 수업 시간에 배운 라퐁텐의 우화 몇 편, 선생님의 꾸지람을 들으며 달달 외웠던 시 몇 편을 주변 사람들에게 낭송하면서 행복한 노년기를 보내고 있었다. 이것이 바로 어린 시절에 경험했던 책읽기의 힘이다.

　어떤 아이가 엄마에게 했다는 말이다. "나는 도서관이 좋아요. 사서들이 늘 서 있어서요." 아이들에 대한 어른들의 배려를 아이들 방식으로 표현한 말이다. 우리는 이용자를 배려하는 뜻으로 항상 서 있다. 대출 창구 뒤에 앉은 채로 고객을 맞이하지 않는다. 도서관은 행정 기관의 고객 센터와 비슷해질 소지가 다분하다. 일부 도서관에서는 아이들에게 책 대출 업무를 맡겨 보기도 한다. 요즘에는 인터넷을 사용할 수 있어서 대출 업무는 매우 간단하지만 아이들은 도서관 일을 맡아 봄으로써 행복감과 자부심을 느낀다. 도서관 업무에 참여하는 아이들에게는 배지를 달아 준다. 이렇게 도서관은 아이들이 사회 생활에 참여해 볼 수 있는 공간이기도 하다.

참여하는 기쁨

독자들을 '도서관 활동'에 참여하게 하는 것은 최초의 〈즐거운 시간 도서관〉으로부터 물려받은 중요한 자산들 가운데 하나다. 최초의 〈즐거운 시간 도서관〉은 셀레스탱 프레네[232], 로제 쿠지네[233] 같은 몇몇 위대한 교육학자들의 사상으로부터 큰 영향을 받았다. 책읽기는 매우 풍요롭고 독창적인 '함께 살아가는' 법을 배우는 계기가 될 수 있다. 도서관 등록 카드에 서명하는 아이들은 일종의 서약을 하는 셈이다. 도서관 회원이 됨으로써 도서관에서 이루어지는 각종 활동에 참여하게 되는 것이다. 이제부터 아이들은 단순한 도서관 이용자에 머무르지 않는다.

우리 사서들은 아이들이 도서관의 일원으로서 소속감을 가질 수 있도록 늘 애쓴다. 아이들은 단지 무언가를 가지러 또는 받으러 오는 게 아니라, 참여하고 다른 사람들과 교류하려고 도서관을 찾는다. 다음과 같은 말을 듣는다는 것은 아이들에게 큰 행복이다. "우리에게는 네가, 너의 아이디어가 꼭 필요해. 여기서는 네가 할 일이 있단다." 좋은 인간관계는 '상호성'이라는 토대 위에서 비로소 성립된다. 그렇게 성립된 인간관계는 '자아존중'에 도달하는 데에도 도움이 되며, 책읽기나 다른 사람들과 다른 세상을 찾으러 나아가기 위해서도 반드시 필요하다.

우리 도서관 고객이었던 아이가 어른이 된 뒤에 다시 찾아와서 우리에게 이런 말을 했다. "우리가 어떤 생각을 가지고 도서관에 오면, 사서 선생님들께서는 우리의 생각을 어떻게든 실현시켜 주려고 늘 애를 쓰고 도와

---

232) 셀레스탱 프레네 Célestin Freinet, 《마티유의 말들》, 상식의 현대 교수법, Delachaux et Niestle. c. 1959.
233) 로제 쿠지네 Roger Cousinet 외, 《아이들의 사회생활, 아동 사회학 개론》, Editions du Scarabee, 파리, 1950.

주셨지요." 얼마 전에 어느 극단의 단장이 누구나 아는 유명한 동화 몇 편을 무대에 올려 보면 좋겠다는 제안을 했다. 그 뒤로 매주 토요일마다 연극배우 한 분이 도서관에 와서 공연 준비를 도와주셨다. 이렇게 만들어진 작은 극단은 어린 관객들에게 소개해 주고 싶은 외국 작가의 그림책 몇 편을 무대에 올렸다.

도서관 문을 여는 순간, 우리 사서들은 마치 갑판 위의 선원들처럼 아이들을 위해서는 어떤 일도 마다하지 않을 마음의 준비가 되어 있다. 우리는 아이들이 나아갈 방향을 잡는 데 도움을 주고, 아이들이 주도적인 행동을 할 수 있도록 지원하며, 그들의 의견을 듣고 질문을 수집한다. 우리는 늘 아이들 곁에 있으면서도 설불리 나서거나 간섭하지 않으려고 애쓴다. 사실 도서관을 이용하는 방식은 각양각색이다. 책을 빌리러 잠깐씩 도서관에 들르는 아이들도 있다. 요즘 아이들이 얼마나 바쁜가! 하지만 도시 변두리의 서민 아파트 단지에 있는 우리 도서관에서는 대부분의 아이들이 도서관에 오래 머무르기를 좋아한다.

아이들은 도서관에 몇 시간씩 머물면서 소설책 몇 권을 독파하고, 두꺼운 사전을 찾아보고, 동화책이나 만화책을 읽고, 멋진 예술 서적이나 흥미진진한 다큐멘터리 책을 감상하고, 학교 숙제를 하기도 한다. 그뿐만 아니라 비디오 게임을 하고, 다양한 방식으로 인터넷 검색을 할 수도 있다.

아이들에게는 자신에게 필요한 것을 찾을 수 있을 만큼 충분한 시간이 필요하다. 그리고 다른 사람들과 토론하고, 책을 훑어보고, 책 한 권 중에서 관심 가는 부분 몇 쪽을 찾아서 읽어 보고, 누군가에게 도움을 요청할 수 있어야 한다. 도서관의 특징은 충분한 시간, 미리 정해진 일과표에 따를 필요가 없는 유동적인 시간이 제공된다는 점이다.

우리에게 책을 주세요, 날개를 달아 주세요

도서관은 무엇보다도 만남의 장이 되어야 한다. 이를 위해서는 충분하고 여유로운 시간이 필요하다. 예기치 못한 일, 새로운 것들의 발견, 뜻밖의 사건, 즉흥적인 만남, 자연스럽고 점진적으로 형성되는 인간관계, 여러 사람이 함께 참여하는 프로그램, 도서관에서 이루어지는 이 모든 것들을 위해 필요한 시간 말이다. 수많은 책들 속에서, 또는 인터넷 상에서 한가로이 거닐 수 있어야 한다. 폴 아자르의 책에 등장하는 아이들이 바라는 바는 다음과 같다. "우리에게 책을 주세요. 날개를 달아 주세요." 사실 책읽기는 틀 속에 갇혀 있어서는 안 된다. 자유로움과 단순함 속에서 비로소 책읽기의 즐거움을 충분히 맛볼 수 있다. 꿈, 호기심, 책을 읽고 싶어 하는 마음, 책읽기, 이것들은 '비어 있는' 시간을 필요로 한다. 꿈과 상상력을 활짝 펼칠 수 있는 '텅 빈' 시간 말이다.

도서관 경영

도서관의 운영 방식은 좀 특별할 수밖에 없다. 아이들이 선택하는 다양한 경로, 아이들의 즉흥적이고 거침없는 질문과 욕구, 자발적인 참여 의지, 이런 것들을 모두 수용하려면 도서관은 정형화된 틀에서 벗어나야 하고 유연해야 한다. 각종 행사들로 꽉 채워진 프로그램을 제공하는 데 중점을 두다 보면 아이들이 자발적으로 무언가를 요구하고 아이디어를 제시할 수 있는 가능성이나 기회를 박탈해 버릴 위험성이 있다. 그런 까닭에 우리 사서들은 전통적인 사서의 역할 가운데 일부를 포기하기도 한다.

도서관의 운영 방식은 원칙적으로 인간, 인간관계, 만남과 모임, 활발한 대화, 이런 것들에 중점을 두어야 한다. 아이들과 일대일로 대화하고 소통하는 데 충분한 시간을 할애하는 것, 이것을 적용한다는 것은 오늘날 그리 쉽지 않다. 다른 분야에서도 마찬가지겠지만, 아이들과 관련된 분야에서도 엄격한 경영의 법칙을 도입하고 적용시켜야 한다는 것이 요즘의 추세이기 때문이다. 그런 까닭에 완벽한 자유로움 속에서 이루어져야 하는 것을 장벽과 강제적인 규율 안으로 가둬 놓으려 한다. 이러한 관료주의는 아이들을 참여하는 주체가 아닌 단순한 소비자로 만들어 버리는 상투적인 프로그램, 대중들의 이목을 끌어당길 만한 것, 통계학적으로 측정할 수 있는 것, 이런 것들에 중점을 둔다. 그래서 언제나 '빨리빨리, 더욱 빨리' 전진해야 한다. 그렇지 않아도 요즘 같은 인터넷 환경 속에서 우리 아이들이 속도의 회오리 속으로 함몰되어 버릴 위험에 처해 있는데도 말이다.

그리하여 요즘에는 사람보다 숫자에 더 관심이 많고, 사람들끼리 갖는 소박한 만남은 간과되기 일쑤다. 독서 행위와 어쩌면 가장 잘 어울리는 '예측 불가능성, 또는 즉흥성'은 오늘날 설 자리를 잃어버린 듯하다. 의미가 박탈된 관료주의의 폐해에 함몰되지 않도록 우리 모두가 정신을 바짝 차려야 된다. 관료주의는 진정한 인간관계를 수립하기 위해 반드시 필요한 여유로운 시간을 빼앗아가기 때문이다.

아이들이 나아갈 방향을 설정하고, '그들이 진정으로 원하는' 책을 찾아내고, 발견의 기쁨을 누릴 수 있도록 도움을 주기 위해, 아이들이 책읽기 체험을 인생에서 소중한 경험으로 인식할 수 있도록 도와주기 위해, 도서관 사서는 충분한 시간을 들여 아이들에게 다가가려고 노력해야 한다. 아이들이 스스로 제기한 질문들을 바탕으로 혼자서 탐구하고 문제를 해결하는 방법을 배울 수 있도록 사서는 아이들을 위해 시간을 아낌없이 내어줄 수 있어야 한다. 이것이야말로 우리의 역할이고 우리의 사명이다. 우리는 길을 인도하는 안내인이다. 통신 수단이 빠르게 발전하고 통신망이 다양해지고 수많은 정보에 즉각적이고 아주 쉽게 접근할 수 있게 된 오늘날, 독자에게 도움을 제공하는 것은 그 어느 때보다도 절실하다.

책읽기, '나눔'의 다른 이름

파리의 〈즐거운 시간〉 도서관에서 인턴 사원으로 일하던 시절, 나는 마치 가족처럼 아이들 곁에 앉아서 아주 편한 자세로 아이와 함께 책을 읽곤 했다. 그러다 보면 다른 아이들도 자연스럽게 다가와 우리와 함께 책을 읽었다. 아이들에게 일방적으로 다가가기보다는 신뢰감과 친밀함 속에서 다 함께 이야기를 공유하는 것이다. 우리 클라마르 도서관에서도 형식에 구애받지 않는 자유로운 독서 공유 방식을 채택했다. ACCES 창설자인 르네 디앗킨은 우리의 이런 방식에 관심을 보이기도 했다. 그것은 단순하고 자연스러운 제스처이며, 우리 도서관 운영 방식의 일부분이다. 그것은 무엇이 아이들의 마음을 움직이는지 관찰할 수 있도록 우리에게 도움을 준다. 이를 위해서는 충분한 시간을 들여야 한다.

정보를 얻고 즐겁게 놀고 사람들을 만나고 싶어 하는 아이들의 욕구를 가장 중심에 두고 도서관을 운영해야 한다. 책읽기 장소인 도서관은 아이들이 책을 읽는 행위뿐만 아니라 사람들과 자유로운 관계를 맺을 수 있도록 좋은 환경을 만들어 주어야 한다. 실제로 도서관은 제도화된 집단들이 모여 있는 장소가 아니다. 그런 점에서 학교와 다르다.

아이와 어른의 일대일 대면, 개인적인 만남, 이것은 도서관에서나 가능한 독특한 형태의 인간관계다. 이것은 책이 그 관계의 원천이므로 개인적이면서 동시에 조심스럽고 신중한 관계라서 매우 소중하다. '독자에게 도움을 제공하는 것'은 어린이 도서관의 오래된 전통이다. 그것은 아이들과 함께 그들의 경험이나 욕구에 가장 잘 부합하는 것을 찾아 내고, 아이들이 나아갈 방향을 설정하는 데 도움을 주는 것이다. 어른과 아이가 똑같은 눈높이로 서로를 마주 보는 식의 만남은 흔치 않다. 아이들의 요구를 들어주고 그 요구를 충족시키려고 노력하다 보면, 우리 어른들은 책이 지닌 또 다른 풍요로움, 그와 더불어 아이들 내면의 풍요로움을 발견하게 된다. 양쪽 모두에게 유익한 일이다. 어른들은 아이들의 감수성과 지성이 깨어나는 과정, 아이들의 취향이 형성되는 과정에 동참하는 기쁨을 누리고, 아이들은 자신을 이해해 주는 누군가로부터 특별한 관심을 받고 있다는 느낌을 갖게 된다. 아이들은 어른들의 그런 태도, 아이들에 대한 믿음에 감동을 받는다. 이러한 과정을 거쳐 아름다운 것, 훌륭한 것, 재미있는 것, 놀라운 것, 세련된 것, 다시 말해 '노력하여 얻어낼 만한 가치가 있는 것'을 알아보고 애호할 수 있는 능력을 갖추게 된다. "예전에는 아무도 내게 그만큼 관심과 배려를 쏟은 적이 없어요. 이런 만남과 교류를 통해 비로소 나 자신이 존재하고 있음을 느꼈어요. 내가 중요한 존재라는 느낌이 들었어요." 어린 시절에 여러 해 동안 꾸준히 우리 도서관을 드나들었던 옛 고객이 우리에게 고백했던 말이다.

우리 사서들은 친절하고 주의 깊은 증인, 열정적인 안내인이 되어야 한다. 우리의 열정을 아이들에게 전해 주는 것을 두려워하거나 망설일 필요가 없다. 아이들은 어른의 열의에 결코 무심하지 않다. 멕시코의 어느 소도시에 있는 어린이 감호 시설에 수용된 한 청소년이 도서관 사서에게 전했다는 감사의 말이 떠오른다. "선생님이 늘 저희를 위해 최선을 다하려고 노력하신다는 것을 저희들은 잘 알고 있답니다."[234]

나의 인턴 시절을 떠올려 보면, 파리의 〈즐거운 시간 도서관〉에서 40여 년을 보낸 '할머니 사서들'은 그들이 일을 시작하던 1920년대 당시와 다름없이 똑같은 의무감과 열정, 적극적인 성찰의 태도를 여전히 간직하고 있었다. 그들은 아이들과 가깝게 지내면서도 늘 조심스럽고 신중하게 대했다. 아이들과 가깝고 친밀하게 지냄으로써, 어떤 제도나 기관에서 생겨나게 마련인 '관료주의적인 경직성'을 피하고 도서관의 일상에 생명력과 활기를 줄 수 있다. 그런 태도는 오늘날 아이들이나 일반 가정에서 직면하고 있는 여러 가지 변화와 관련하여 우리 사서의 역할이 어떻게 달라져야 하는지 끊임없이 생각하게 한다. 그렇게 함으로써 우리 도서관은 늘 열정 넘치고 역동적인 장소가 될 수 있다. 열성적이고 창의적인 어른들과 가까이 지내는 것은 아이들에게도 유익한 일이다. 제도나 기관에서 인습이나 타성을 걷어 내는 것은 매우 중요하다. 그것들이 원천을 은폐해 버리고, 맑고 신선한 물이 샘솟아 나오는 것을 방해하기 때문이다. 본래의 취지에서 점점 멀어지는 프로그램이나 특별활동을 기계적으로 반복하는 일 따위는 이제 그만두자.

도서관의 효율성은 숫자나 통계 수치로만 측정할 수 있는 게 아니다. 늘 똑같은 책, 《갈레트 빵 Roule Galette》이라는 그림책만을 읽어 대던 아이가 있었다. 그 책이 마음에 꼭 들었고, 아이에게는 그 책이 필요했던 것이다. 이것이야말로 우리가 책을 읽는 가장 중요한 이유가 아닐까? 따라서 그 아이는 진정한 독자였다. "우리가 좋아하는 책을 읽을 때, 책으로부터 발산되는 감성은 우리의 감성과 만나 하나가 된다. 그리고 우리는 작가의 눈을 통해 세상을 본다. (……) 그것은 마치 사랑에 빠지는 것과 같다. (……) 그런 순간이 오면, 나는 곧바로 알아차릴 수 있다. 어느 순간 갑작스럽게 책을 읽는 속도가 느려지기 때문이다. 그러면 나는 책읽기가 끝나기를 더

---

234) 도서관 사서인 리리오 가르두노 Lirio Garduno가 기록한 진술.

이상 바라지 않는다. 그런 관계 속에 영원히 머무르고 싶어지기 때문이다……." [235] 이처럼 진정한 관계를 맺기 위해서는 충분한 시간이 필요하다.

오늘날 아이들을 위한 도서관과 책들은 모든 세대, 전 연령층에 개방되어 있다. 오랫동안 아이들만의 공간이었던 어린이 도서관에 수많은 어른들이 찾아와 긴 시간을 보낸다. 처음에는 아이들을 데려다 주러 도서관에 온다. 하지만 그 다음에는 도서관에 머무르는 게 좋아서 자주 도서관을 찾는다. 어린이 도서관은 위압적인 공간이 아니다. 어른들도 어린 시절에 도서관을 이용했던 경험이 있다. 그런 어른들이 어린 시절을 떠올리면서 다시 한번 도서관을 찾는 기쁨을 맛보는 것이다. 어른들은 논픽션 책뿐만 아니라 그림책에 빠져들기도 한다. 아이들을 위해 제작된 요즘의 그림책을 훑어보면서 어른들은 그 풍부한 상상력과 아름다움 앞에서 재미와 감동을 맛본다. 몇몇 출판사에서 나온 멋진 그림책들 앞에서는 어른 독자들도 놀라움과 감탄을 금치 못한다.[236] 예를 들어 《600개의 검은 점》[237], 《ABC-3D》[238] 등 오늘날 점점 더 다양하게 출간되고 있는 놀라운 팝업북은 어른 독자들의 시선을 사로잡는 대표적인 책들이다.

다큐멘터리 책들 중에는 모든 연령층, 모든 세대의 독자층을 파고들 수 있는 책이 많다. 다양한 세대의 독자를 거느리고 있는 멋진 책들 가운데 데이비드 매콜리의 《놀라운 기계, 인간의 몸》, 플로랑스 다르쿠르의 《눈물에서 웃음으로》는 앞에서 이미 언급했다. 그 밖에도 인류 역사의 암울했던 시기를 아이들의 순수한 시선으로 바라보는 탁월한 자서전적인 그림책 두 권이 있다. 이 책에서는 중국의 문화대혁명 당시 저자 자신이 체험했던 어린 시절을 강렬하고 감각적으로 이야기한다. 어른 독자들을 대상으로 한 책들 중에서는 그와 필적할 만한 것을 찾아보기 어려울 정도로 뛰어난 작품이다. 《붉은 땅의 기억》[239]에서 저자인 장안거는 중국 역사의 참혹했던

---

235) 작가 살만 루시디 Salman Rushdie의 말. 올리비에 파스칼 무슬라르 Olivier Pascal-Mousselard가 기록. 출처: 2008년 12월 17일자 잡지 《텔레라마》.
236) 메모 출판사, 곰 세 마리 출판사.
237) 데이비드 A. 카터 David A. Carter, 《600개의 검은 점》, 갈리마르 청소년.
238) 마리옹 바타이유 Marion Bataille, 《ABC-3D》, 알뱅 미셸.
239) 장안거 Ange Zhang, 《붉은 땅의 기억》, 홍연미 옮김, 문학동네, 2007.

시기에 직접 경험했던 청소년기의 이야기를 들려준다. 멋진 삽화들로 가득한 걸작 《마오와 나, 어린 홍위병》240)에서 글을 쓰고 그림을 그린 작가는 마오쩌둥 시대의 마지막 십여 년 동안, 어린 소년의 일상을 이야기한다. 이 두 책은 어른들도 무심히 지나칠 수 없게 만드는 작품으로 온 가족이 책읽기 경험을 공유할 수 있게 하는 흔치 않은 책들이다.

어른들이 도서관에 찾아와 시간을 보내면, 어린이 도서관은 더욱 조용하고 안정된 분위기를 갖게 된다. 어린이 도서관은 오직 아이들만 이용하는 공간이 아니다. 어른들이 어린이 도서관에 드나들면 아이들은 더욱 차분하고 책임 있는 행동을 한다. 이런 분위기 속에서 아이들은 조화로움 속에서 함께 살아가는 법을 배운다.

이렇게 하여 어린이 도서관은 아주 자연스럽게 가족 도서관이 된다. 일요일에도 문을 여는 도서관이 점점 늘어나는 것도 바로 그 때문이다. 요즘 도서관에서는 교육학 분야와 관련된 책들을 비롯하여 학부모들이 관심을 가질 만한 책을 구비하려고 애쓴다. 그뿐만 아니라 모든 연령층 독자들이 좋아하는 픽션이나 다양한 분야의 논픽션 책들을 마련해 놓는다. 도서관을 자주 이용해 달라는 초대장인 셈이다.

처음으로 책을 접하는 아이들에게는 부모와 가족의 도움이 절실하다. 그래서 파리 시의 어느 이민자 밀집 지역에서는 공공 도서관 사서들이 학교 교사들의 협조 아래 매주 토요일 오전에 초등학교 저학년 아이들과 부모님을 함께 초대하는 행사를 열기로 했다. 학부모들 가운데 대부분이 도서관 문턱을 넘기를 어려워하고 있던 참이었다. 그렇지만 행사에 초대받은 학부모들은 무척 기뻐했다. 친밀한 파티 분위기를 내기 위해 핫초코나 박하차 한 잔씩 앞에 두고 자연스러운 간담회가 이루어졌다. 부모들은 아이들과 함께 수많은 책들로 둘러싸인 공간에서 편안하고 행복한 시간을 보냈다.

이처럼 오늘날 어린이 도서관은 모든 연령층, 모든 세대에게 문을 활짝 열어 놓고 있다. 도서관이 활기 넘치는 공간인 만큼, 그곳에서 무슨 일이 벌어지고 있는지 궁금해 하는 방문객들도 언제든지 환영받는다. 이는 1920

---

240) 홍첸지앙 Chen Jiang Hong, 《마오와 나, 어린 홍위병》, 레꼴 데 루아지르.

년대 파리의 〈즐거운 시간 도서관〉으로부터 이어져 온 전통이다. 자유롭게 표출되는 개인적인 질문들을 중심으로 하여, 아이들이 함께 살아가는 새로운 방식을 배우는 좀 특별한 장소를 보기 위해 일부러 찾아오는 분들도 많다. 이곳 클라마르 어린이 도서관뿐만 아니라, 프랑스 국내는 물론 해외의 여러 모범적인 도서관에서 필자는 그런 장면을 자주 목격했다. 방문객들 중에는 세월이 흐르면서 도서관의 각별한 친구나 후원자가 되는 분들이 있다. 어린 시절을 함께 했던 지역 도서관에 특별한 애착을 갖고 일부러 찾아오는 옛 고객들도 있다. 이들은 종종 도서관에 찾아와서 소식을 묻고, 무언가 새로운 게 생겨났는지 궁금해 한다. 또한 도서관을 이용하는 아이들과 만나 이야기를 나누는 기쁨을 맛보고 싶어 한다. 그런 모임은 즉흥적으로 이루어지거나, 사전에 준비된 모임 형식으로 이루어진다.

도서관에서 이루어지는 특별한 만남

도시 변두리의 대단위 주거 단지들 대부분이 그렇듯이 우리 도서관이 위치한 지역에서도 '사회로부터의 소외, 폐쇄성' 같은 문제를 안고 있다. 선의를 갖고 도서관을 찾아 주는 어른들이 아이들과 만나기를 기꺼이 받아들이는 경우, 그런 만남은 아이들에게 평생 잊지 못할 기억이 된다. 이 지역에 사는 분이거나 인근 도시에서 오신 분들도 있지만 멀리 외국에서 오신 분들도 많다. 아이들이 어른들과 조금은 특별한 만남을 경험하고, 어른들과 이야기를 나누는 동안 다른 사람들과 함께 공유할 수 있는 무언가를 자신도 갖고 있다는 점을 깨달을 수 있다면 아이들에게 매우 유익한 일이다.

필자의 절친한 친구들 가운데 뉴욕의 어느 도서관 사서가 있는데, 그녀는 파리를 자주 방문한다. 브롱크스 도서관의 청소년 안내 담당자인 엠마는 미국 청소년들이 좋아하는 신간 서적이나 영화를 누구보다도 잘 알고 있는 사람이다. 그는 우리 도서관을 이용하는 청소년들에게 그 분야의 최신 정보를 알려 주면서, 그 대신에 뉴욕의 또래 청소년들에게 추천해 주고 싶은 책과 영화를 알려 달라고 했다.

우리 도서관의 각별한 친구가 된 어느 일본인 여성이 있다. 우리 도서관의 옛 고객들도 틀림없이 그녀를 기억하고 있을 것이다. 토모코는 언제나 큰 짐가방을 들고서 미리 연락도 하지 않은 채 우리 도서관을 찾아 주곤 했다. 그는 가방에서 카미시바이(일본의 전통 그림 연극 ―역자 주)를 한 무더기 꺼냈다. 그녀의 노력 덕택에 일본에서는 매우 대중적인 종이 그림 연극이 요즘에는 프랑스에서도 널리 알려져 있다. 토모코는 우리 아이들에게 '오리가미'라는 일본의 전통 종이접기 예술을 가르쳐 주었다. 아이들은 무척 흥미로워하면서 이렇게 말했다. "도서관에 있는 매뉴얼 책을 통해 배우는 것보다 훨씬 더 쉽게 배울 수 있었어요." 그는 늘 자기 나라의 멋진 그림책들을 가지고 왔다. 아이들은 처음 보는 일본 글자를 무척 신기해 했다. 아이들뿐만 아니라 우리 사서들도 그녀 덕분에 아카바 스에키치의 놀라울 정도로 세련된 작품, 안노 미쓰마사의 코믹한 그림책, 멋진 목판화 작품들이 수록된 테지마의 그림동화책을 볼 수 있었다. 세상의 다른 쪽, 먼 동아시아에서 온 멋진 책들 앞에서 아이들은 오래도록 기억에 남을 만한 체험을 했다.[241]

방문객들과의 즉흥적인 만남은 좀 소란스러운 대출실에서 아주 자연스럽게 이루어진다. 책을 빌리러 온 아이들도 호기심이 생겨 모임에 합류한다. 모임의 주제와 관련되는 책을 서가로 달려가 찾아오는 아이들도 있다. 우리 사서들이 엄선한 도서관 소장 도서들의 내용이 정확한지 검증해 볼 수 있는 좋은 기회이기도 하다. 우리의 친구 토모코는 친절하게도 자기 나라에 관한 다큐멘터리 책들을 검토해 준다. 그는 일본인다운 조심스럽고 신중한 태도로 수차례 미안하다는 말을 하면서 책의 잘못된 부분을 지적하기도 했다. 그러면 아이들은 놀라워하며 이렇게 말한다. "책에도 잘못된 부분이 있네요!" 아이들은 책의 오류를 발견해 냈다는 데 대해 자랑스러워하며 곧장 우리에게로 달려와 알려 준다. 이런 과정을 통해 아이들의 비판 정신이 길러진다. 비교해 보고, 믿을 만한 출처를 통해 확인해 보면서……

---

241) 아카바 스에키치 Suekichi Akaba 의 그림책들은 시르콩플렉스, 안노 미쓰마사와 테지마 Tejima의 그림책들은 레꼴 데 루아지르에서 출간되었다.

대규모 서민 주거 단지인 이 지역 아이들은 다른 곳에서 유래한 것들에 대해 호기심이 많다. 우리 도서관에는 문자의 역사에 관한 책이 여러 권 있는데, 이 세상의 다양하고 신기한 문자들은 늘 아이들의 호기심을 끈다. 《시 詩를 통한 세계 일주》[242], 《바오밥 나무의 노래와 자장가들》[243] 같은 책에서 소개되는 전 세계의 노래와 시들은 인류의 소중한 유산이다. 여러 종류의 알파벳, 서체, 표의 문자에 대해서도 아이들은 관심이 많다. 이 세상에는 우리가 사는 세상 말고도 다양한 세계가 존재한다는 명백한 사실을 아이들은 다시 한 번 깨닫고, 그 미지의 세계에 대한 호기심을 갖게 된다.

예전에 《어린이 책 리뷰》 출판 담당자인 시몬 랑블랭 Simone Lamblin은 아이들을 만나러 우리 도서관을 찾아오곤 했다. 그녀는 자신이 특별히 감동 깊게 읽었던 소설책을 비롯하여 갖가지 책들로 가득한 쇼핑백을 들고 도서관에 나타났다. 그러고는 대출실 한가운데에 서서 아이들에게 둘러싸인 채 그들과 이야기를 나눴다. 그녀는 아이들의 감수성이나 경험과 합치될 만한 몇 가지 포인트를 이야기하면서 자연스럽게 아이들을 책의 세계로 인도했다. 자신의 이야기를 들으러 온 아이들에게는 진심 어린 배려와 정성을 쏟았고, 아이들과 진정한 공감대를 형성하려고 애썼다. 아이들이 책을 고르는 것을 도와 달라고 부탁할 때, 우리 사서들도 똑같은 방식으로 아이들을 대하려고 노력하지만, 도서관을 찾아온 손님과 '즉흥적인' 만남은 아이들에게 평소와는 다른 좀 특별한 행사처럼 여겨질 것이다.

그분들은 단순히 이웃이나 친구로서 우리를 찾아온다. 어느 쥘 베른 전문가는 '꼭 읽어야 하는' 쥘 베른의 위대한 소설 몇 편을 아이들에게 간추려서 소개해 주겠다고 제안했다. 그때 우리는 아이들과 함께 에첼 Hetzel 출판사의 옛 삽화들과 요즘에 출간되는 쥘 베른의 소설책에 수록된 평범한 그림들을 비교해 볼 수 있었다. 비록 오래되고 흑백으로 된 그림이었지만, 모두가 옛 삽화들에 높은 점수를 주었다. 옛 판본들에 대한 아이들의 폭발적인 반응을 우리는 예전에도 목격한 바 있었다. 아이들은 그랑빌 Granville(1803-1847. 프랑스의 판화가 — 역자 주)의 환상적인 작품 《또 하나의 세계》 같은 19

---

242) Rue du monde 출판사.
243) 디디에 청소년 출판사.

세기 일러스트레이션 걸작들에 특히 열광했다.

풍부한 경험과 지식을 갖춘 어른들이 아이들을 만나러 오는 경우, 더욱 유익하고 풍성한 모임이 된다. 이런 분들은 단순히 자신의 열정을, 관심 분야를 아이들과 공유하고 싶어할 뿐이다. 그런 까닭에 아이들을 무언가를 가르치고 주입해야 할 대상이 아닌 이해할 수 있는 능력을 갖춘 주체로 대한다.

우리는 열정과 열의로 가득한 분들을 초빙하려고 애쓴다. 인생이 시작될 무렵에 그런 만남을 체험한다는 것은 아이들에게 더할 나위 없이 좋은 기회다. 그래서 우리는 자신의 직업을 사랑하고 자랑스러워하는 분들을 초대하고 싶다. 어떻게 하여 그 직업을 선택하게 되었는지, 어떤 교육을 받았는지, 직업을 통해 어떤 기쁨을 맛보는지, 그분들에게 직접 이야기를 듣는 것은 무척 흥미롭다. 이런 과정을 통해 직업에 내포된 인간적인 측면을 알게 되며, 이는 인터넷에서 얻을 수 있는 직업에 관한 정보들을 보완해 준다. 이러한 모임에서는 비디오나 책 같은 자료를 이용할 수도 있다. 청소년들이 장래 문제를 걱정하고 고민하기 시작할 무렵, 갖가지 다양한 진로가 있다는 것을 알게 되는 것만으로도 자신의 앞날에 대한 희망을 가질 수 있으며, 미래에 대한 기대감과 신뢰감을 싹트게 할 수 있다.

아이들은 이런 식의 모임에 관심이 많다. 심지어 아이들은 그런 모임을 준비하는 우리 사서들에게 도움을 주기도 한다. "가봉에서 침팬지들과 함께 생활한 적이 있는 수의학자 한 분을 알고 있어요. 그분은 침팬지를 잘 알아요. 동물원에 있는 침팬지가 아니라 정글 속에 사는 진짜 침팬지 말이에요. 그 분은 캐나다에서 늑대를 연구한 적도 있어요. 그분을 초대하면 어떨까요? 꼭 와주실 거예요. 그 분은 우리에게 많은 이야기를 들려주실 거예요."

"진짜 전문가가 오실 거야. 우리를 위해 일부러 와 주시는 거야." 시간을 내어 일부러 이곳까지 와 주는 분들과의 만남, 그런 만남을 체험하는 것은 아이들에게 유익하고 놀라운 경험이다. 그것은 수업이나 강연과 다르다. 도서관은 인간 대 인간의 다양한 만남이 이루어질 수 있는 좋은 환경을 갖고 있다. 도서관은 어떤 분야에 눈을 뜨고 관심을 갖게 되고 그 분야에 입문할 수 있는 최적의 장소다. 아이들의 지성은 다분히 감정적이며, 정서적인 면이 강하다. 아이들은 진심과 성의를 다하여 말하는 어른들과 공감대를 형성하고 싶어한다. 이런 과정을 통해 학문에 대한 소명 의식이 싹튼다. 그렇게 지식에 대한 욕구가 전달되는 것이다. 이는 아이들을 경험이 풍부한 어른들과 만나게 하는 것을 중요한 학습 방법으로 간주하는 '프레네(셀레스탱 프레네 1896-1966. 프랑스의 교육자, 교육 운동가 - 역자 주) 교육법'과도 일맥상통한다. 예전에 우리 클라마르 도서관에서는 프레네 교실에 참가한 아이들을 위한 시청각 교육 프로그램 개발을 위해 오랫동안 셀레스탱 프레네와 함께 일했던 피에르 게랭 Pierre Guérin의 도움을 받은 적이 있다. 그는 여러 분야에서 경험이 풍부한 전문가들로서 그 경험을 기꺼이 아이들과 공유하겠다고 나서는 분들과, 우리 도서관을 이용하는 아이들과의 특별한 만남을 주선해 줬다. 그때 공룡의 멸종에 관심이 많은 초등학교 고학년생들은 천체물리학자, 고생물학자 같은 전문가들에게 질문할 수 있었고, 그분들은 각자가 설정한 가설을 아이들에게 소개했다.

소중한 교류와 소통의 시간이 끝나고 집으로 돌아갈 때, 아이들은 많은 지식을 얻었다는 생각보다는 무언가에 큰 감동과 깊은 인상을 받았다는 느낌을 갖게 된다. 그런 모임에서 뜻하지 않게 우연히 얻은 정보와 지식을 통해 아이들은 새로운 분야에 눈을 뜨고, 새로운 의문을 품게 된다. 그 다음으로는 실천적 행동으로 나아간다. 그런 식으로 도서관에서 마련하는 특별 프로그램은 의미를 갖게 된다. 호기심이 생긴 아이들은 자발적으로 책을 찾아보거나 인터넷을 검색한다.

그동안 우리 도서관에서는 유명 인사 행세를 하지 않는 소박하지만 실력 있는 예술가들과의 특별한 만남들이 있었다. 캐나다 퀘벡 출신 작가인 실뱅 트뤼델 Sylvain Trudel은 아이들에게 인기가 높은 작가다. 수많은 아이들이 그의 책을 읽었으며, 책읽기를 그리 좋아하지 않는 아이들도 그의 책은 싫증을 내는 법이 없었다. 읽기 쉽고, 내용이 무겁지 않고, 누구나 편히 읽을 수 있기 때문이다. 지루하지 않은 이야기, 단순한 문체, 아이들에게 친숙한 이야기 속의 상황들……. 아이들이 좋아할 만한 이유가 충분하다. 그래서 우리는 작가를 초빙하여 작은 모임을 열었다. 그분은 아이들을 편하게 대하는 재주가 있었다. 그는 매우 소박하고 친근하게, 마치 일대일로 대화하듯이 아이들과 이야기를 나누었다. 청소년 시절, 좋아하는 여자 친구에게 사랑을 고백하기 위해 감동적이면서도 정확한 표현을 찾으려고 노력하다가 글 쓰는 즐거움을 알게 되었다는 이야기를 아이들에게 털어놓았다. 이렇게 개인적인 이야기를 들려주면서 아이들에게 신뢰감과 친근함을 표시했다. 신뢰감과 친근함은 서로 소통하고 교류하는 즐거움을 일깨우는 두 가지 태도다. 어른들과 달리 아이들은 단지 머리로만 이해하는 게 아니라, '자신의 존재 전체'로 이해한다. 아이들의 '앎'은 지식을 넘어서는 정서적인 것을 포함한 전체적인 느낌의 세계다. 따라서 한 사람을 이해한다는 것은 그 사람 전체를 받아들이는 것이다.

아틀리에, 교류와 창작의 공간

작가나 삽화가 같은 예술가를 초빙하는 경우, 그 분야에 입문하고 싶어 하는 아이들에게 그가 보유한 '기술적인' 능력의 일부분을 전해 준다는 목적성이 전제된다면 작위적이지 않은 매우 자연스럽고 의미 있는 만남이 될 수 있다. [244] 노하우를 전달하는 과정을 통해 어른과 아이들의 관계는 더욱 풍요로워진다. 어른과 아이들은 '자연스럽고 친밀한 노작 勞作의 교환'이라는 활동의 두 주체가 되기 때문이다. 어린이 견습생은 단순한 실습의 차원을 넘어서는 창작 활동에서 당당한 일원이 된다. 이런 형태의 '작가와 아이들의 공동 창작' 활동에 아이들은 열정과 열의를 갖고 참여한다. 이것이 바로 진정한 창작 아틀리에의 모습이다. [245] 여기서 아이들은 장인과 견습생의 멋진 관계를 체험해볼 수 있다.

여기서 필자는 탁월한 예술가이자 우리 도서관의 친구인 어떤 분과 나눈 소중한 경험을 소개하려 한다. 그 주인공은 미국 출신의 유명한 사진작가로 현재 프랑스에 거주하고 있는 타나 호번 Tana Hoban이다. 미국과 프랑스에서 출간된 그의 사진 그림책들은 특히 장 피아제 Jean Piaget (1896-1980. 스

---

244) 멕시코에서의 흥미로운 창작 활동. 어린이 작가들은 인터넷을 통해 기성 작가들과 대화를 나눌 수 있다. 작가들은 아이들의 습작품을 읽어 본 다음 초보 작가들에게 조언을 아끼지 않는다.
245) 마리 페레 Marie Farré, 테릴 외브르메르 Teryl Euvremer가 이끄는 창작과 일러스트레이션 아틀리에 활동 경험과 비교해 보시오. 그 내용은 《어린이 책 리뷰(109호, 1986년 여름호)》에 실려 있다.

위스의 아동 발달 심리학자 −역자 주) 연구가들에게 각별한 관심을 받은 바 있으며, 전 세계의 수많은 아이들과 예술 애호가들에게도 큰 인기를 누리고 있다. 작가는 풍경이나 일상적인 물건을 촬영한 사진들을 통해 아이들에게 작가 자신이 표현하고자 하는 여러 가지 개념과 사고를 흥미롭게 발견할 수 있게 한다. 텍스트가 배제된 사진 그림책들은 보는 것만으로도 모두에게 큰 즐거움이다. 마치 놀이를 하듯이 여러 가지 기하학적인 형태, 색깔, 구도, 입체감 같은 것을 찾아내는 과정을 통해 아이들은 관찰하는 법을 배운다.

진정한 예술가인 타나 호번은 우리를 둘러싸고 있는 주변 환경, 일상에서 그냥 스쳐 지나가는 것들, 하찮은 물건, 그다지 특별할 게 없는 거리의 풍경, 이런 것들을 향해 새롭고 감각적인 시선을 던진다. 이 모든 것을 누구든지 배우고 익힐 수 있으며, 평범하고 진부하게 여겨지는 주위 환경을 새로운 시선으로 바라보려는 태도는 우리 모두가 갖춰야 할 필수적인 덕목이라고 그녀는 말한다. 길을 걸어가는 도중에 걸음을 멈추고 카메라 셔터를 누를 수 있을 만큼 대수롭지 않은 것들을 새로운 시선으로 재발견하는 법을 배우려면 타나 호번 같은 예술가의 도움이 반드시 필요하다.

타나 호번이 아틀리에 활동을 위해 우리 도서관에 찾아온 날, 그는 책과 사진들을 보여 주면서 왜 그 주제를 선택했는지, 카메라 앵글을 그런 각도로 잡았는지를 아이들에게 설명했다. 또한 예술가들에게 창작 활동을 하게 하는 동기가 무엇인지를 아이들에게 이야기했다. 그와 함께 아이들은 두꺼운 마분지를 원통 모양으로 말아서, 아니면 손을 이용하면서 카메라 초점을 맞추는 법, 전체 풍경 중에서 어느 한 부분을 분리시키는 법, '대수롭지 않은' 물건들을 특별한 시선으로 관찰하는 법을 배웠다. 그런 다음에는 아이들에게 직접 현장 실습을 해보도록 했다. 그는 아이들에게 피사체를 선택하는 데 도움이 되는 몇 가지 지침을 내려 주었고, 아이들은 지급받은 폴라로이드 카메라를 들고 몇 명씩 팀을 이루어 도서관 내부로, 바깥으로, 근처의 쇼핑센터로, 아니면 자기 집으로 출사를 떠났다. 타나 호번과 어른 몇 사람이 아이들을 따라갔다. 아이들이 사진 촬영을 마치고 돌아온 뒤에는 아이들의 작품을 꼼꼼히 살펴보고, 조언이나 지적을 하고, 몇몇 작품에 대해서는 "타나 호번 자신도 미처 생각하지 못한 것"이라며 칭찬했다. 이런 과정을 거친 다음에는 순전히 아이들의 손으로 제작된 멋진 사진 그림책 두 권이 탄생했다.

인근 지역인 센-생드니에서 유치원 교사로 일하는 분이 아틀리에 활동을 도와주려고 우리 도서관에 자주 찾아왔다. 이렇게 크리스토프 가슬러 선생님은 일본인 북아티스트인 고마가타 가쓰미 등 자신에게 큰 영향을 끼친 예술가들, 아프리카 예술 작품을 주로 전시하는 다퍼 박물관에서 펴낸 예술 서적[246] 같은 책들을 아이들에게 소개했다. 그 자신이 예술가인 선생님은 아이들이 창작하는 사람들의 세계를 경험할 수 있게 하는 프로그램을 직접 기획하고 이끌었다. 크라프트지와 검정 사인펜 등 몇 가지 간단한 도구와 엄격한 게임 규칙을 적용하면서 아이들은 모두가 힘을 합쳐 뒤뷔페(Jean Dubuffet: 1901-1985. 프랑스 화가, 조각가 — 역자 주) 식의 동굴을 제작했다. 이렇게 완성된 작품을 도서관 입구에 전시했더니 학부모님들은 아이들을 대견해 했고, 아이들도 스스로를 얼마나 자랑스러워했는지 지금도 기억이 생생하다. 선생님은 아프리카 가면 예술에 관한 도서관 소장 도서들을 소개하기 전에 아이들에게 가면의 역사를 이야기해 주고, 부족마다 달라지는 가면의 의미와 규칙을 설명했다. 그런 다음에는 아이들에게 직접 가면을 제작해 보도록 하고, 마지막으로는 그림책에 수록된 부비 가면과 보아 뱀 가면을 보여 줬다. 그림책을 응시하는 아이들의 눈망울은 그 어느 때보다도 빛났다.

비슷한 취지로 우리는 청소년을 위한 책인 《나의 첫 번째 탐정 소설을 써봐요》[247]의 작가 마리 생 디지에를 초빙했다. 작가는 기꺼이 아틀리에 활동을 이끌어 주겠다고 했다. 이렇게 하여 우리 도서관을 무대로 하는 탐정 소설 한 편이 탄생했다. 그것은 우리 도서관에 자주 드나들면서 도서관 구석구석을 잘 아는 아이들이 직접 쓴 탐정 소설이었다. 마리 생 디지에는 우리 도서관이 매우 '소설적인' 공간이라며 마음에 든다고 했다. 추리 소설이라는 장르의 특성상 소설이 완성되는 데 도서관의 모든 구성 요소들

---

246) 키타디 Kitadi 총서.
247) 마리 생 디지에 Marie Saint-Dizier, 《나의 첫 번째 탐정 소설을 써봐요》, Vuibert.

이 적절하게 활용되었다. 작가는 우리 사서들에게도 집단 창작 활동에 전적으로 참여해 줄 것을 요청했다. 어린이 도서관에서는 아이들과 함께 하는 것이야말로 어른들이 취할 수 있는 가장 올바른 태도이기 때문이다. 우리 어른들은 아이들에게 무엇을 하도록 주문하는 대신 먼저 행동으로 나섰다. 그리고 공동 작업에 참여했다. 타나 호번, 레미 찰립, 이 두 작가는 같은 생각을 갖고 있었다. 고마가타 가쓰미도 아틀리에 활동에 어른들의 참여를 적극적으로 권장하는 작가다.

사소하지만 중요한 질문들

도서관이 모든 흐름에, 모든 호기심과 의문과 열정에 문을 활짝 열어 놓는 공간이 되려면, 다양한 주제를 다루는 모임과 만남의 장이 되려면, 도서관 사서들은 아이들이 흥미를 가질 만한 주제들이 무엇인지 늘 탐색하고 귀를 열어 놓는 일종의 '중재자'가 되어야 한다. 앞에서도 언급한 바 있는 우리의 친구 이야기를 여기서 한 번 더 하려고 한다. 뉴욕에 있는 브롱크스 공공 도서관에서 청소년 안내를 담당하고 있는 사서 이야기다. 그녀의 태도는 모든 사서들에게 본보기가 될 만하다고 필자는 생각한다. 그로부터 직접 들은 이야기다. 그는 도서관 이용자들과 이야기를 나누는 데 근무 시간의 대부분을 사용한다. 특히 지역 사회에서 일어나는 모든 일에 관심이 많다. 이런 과정을 통하여 청소년들의 삶과 대화에서 큰 비중을 차지하는 인물들이 누구인지 파악할 수 있기 때문이다. 결국 지역의 청소년들에게 인기 높은 헤어 디자이너 한 분을 도서관에 초대하게 되었다. 미용사들은 미용 기술을 갖고 있을 뿐만 아니라 대부분 소통의 달인들이다. 미용실은 사람들이 마음 편히 이야기하는, 수다를 떠는 공간이지 않는가! 도서관도 그런 장소가 되어야 할 필요가 있다. 게다가 지역의 인기 있는 미용사를 초대한다고 하자 아이들의 반응도 뜨거웠다.

그런 몇 가지 이유로 헤어 디자이너와의 만남이 아이들에게 의미 있고 유익한 행사가 될 수 있겠다고 판단했던 것이다. 곧 광고지를 제작하고 배포했다. 광고지에는 프로그램의 주제를 '헤어스타일, 사회적 상황의 상징'

이라고 소개했다. 프로그램의 진행자는 〈일렉트릭 헤어 컴퍼니 미용실〉의 헤어 디자이너였다. 모임은 매우 성공적이었다. 모임을 통해 지역의 청소년들은 자신이 제기하는 질문들이 얼핏 사소하고 유치하게 보이지만, 실은 매우 중요한 문제를 건드리고 있으며, 그런 질문들을 통해 저도 모르는 새에 심층적인 사고의 영역으로 나아가게 된다는 점을 깨달을 수 있었다. 도서관은 뉴욕의 한복판에 위치해 있기 때문에 최근 몇 년 동안 헤어스타일이 어떻게 변화했는지 파악하는 것은 아이들에게 쉬운 일이었다. 곱슬머리를 펴서 긴 생머리로 만드는 방식에서 레게 헤어스타일에 이르기까지 이 모든 것은 흑인 정체성을 나타내는 표현 양식이었다. 아이들은 '특정 집단에 대한 소속감', '자기 정체성에 대한 긍정'이 뜻하는 바가 무엇인지, 더 나아가 오늘날 서구 사회에서는 '통과 의례'가 어떤 형태로 나타나고 있는지 토론하기에 이르렀다. 아주 사소한 질문으로부터 출발하여 점진적으로 민족학이라는 문화인류학의 영역을 발견하게 된 것이다. 뉴욕 브롱크스 지역 청소년들은, 특정 집단에 대한 소속감은 그것이 보편적인 틀 안으로 편입될 때에 비로소 의미를 갖게 된다는 결론에 이를 수 있었다.

아무리 사소한 질문이든 개인적인 질문이든 모든 질문은, 누군가 귀기울여 주고 답을 주려고 애쓰는 사람이 있다면, 우리는 호기심과 용기를 갖게 되고, 아주 자연스럽게 부담 없이 다른 질문으로, 나아가 다른 영역으로 호기심의 폭을 넓혀 갈 수 있다.

무의미하고 사소하게 보이는 질문이라 할지라도 그 질문의 의미와 가치를 인정해 준다는 것은, 아이들을 방대한 지식의 세계로 나아갈 수 있게 하는 출발점이다. 아이들의 요구에 따라 가까운 곳에 있는 다양한 분야의 여러 전문가들의 도움을 받게 한다면 예술이나 문학에 국한되지 않는 광범위하고 포괄적인 문화 영역 전반을 아이들에게 소개해 줄 수 있다. 학교라는 틀 안에서 다뤄지는 상투적인 분야에 한정되지 않는, 아이들의 현실적이고 실질적인 관심 분야가 무엇인지, 또한 일상적으로 아이들이 가깝게 지내는 어른들이 어떤 사람들인지 알아보고 관심을 기울일 필요가 있다.

아이들의 말에 귀를 기울이고, 아이들이 나아갈 방향을 설정하는 데 도움을 주고, 아이들과 자주 접촉하고, 아이들이 관심을 가질 만한 어른들과의 만남을 기획하고 주선하는 것, 이것이야말로 '중재자'로서 도서관 사서들의 역할이 아닐까? 이를 위해서는 아이들과 청소년들의 열정에 불을 지필 수 있을 만한 인물들과 흥미로운 파트너십 및 특별한 관계를 맺고 그 관계를 지속gotj 유지할 수 있어야 한다. 이렇게 하여 도서관은 어디에든 존재할 수 있게 된다.

호기심의 바람이 불고……

모두가 도서관을 언제든지 어떤 식으로든 마음대로 드나들 수 있게 하려면, 도서관의 문과 창문을 모두 활짝 열어젖혀야 한다. 아이들의 호기심이 우리 어른들에게 아무리 황당하게 보일지라도, 그 호기심의 바람이 어느 곳으로 향하든지 가만히 내버려 두어야 한다. 학교에서 가르치는 공인된 문화와 우리 청소년들이 일상적으로 체험하는 현실 속의 문화, 이 둘 사이를 가로막는 장벽을 과감히 무너뜨려야 한다. 우리 어른들이 걸어보지 못한 다양한 길들을 인정하는 것이나, 아이들이 샛길이나 우회 도로를 선택하는 경우, 이를 인정하기란 우리 어른들로서는 쉽지 않다. 하지만 아이들이 스스로, 혹은 자기들끼리 힘을 합쳐 그들만의 문화를 만들어 나가기를 바란다면, 우리 어른들은 반드시 그런 태도를 갖고 있어야 한다. 소설책이든 정보 획득을 위한 논픽션 책이든 아이들이 흥미와 관심을 갖고 능동적인 독서를 하기 위한 가장 첫 번째 조건은 호기심이나 의문이 발현되어야 한다는 점이다.

문화의 기본 토대이자 독서 욕구의 원천인 호기심은 한정된 공간에 가둘 수 없으며, 사전에 결정된 플랜에 따라 기획될 수도 없는 것이다. 이 세상의 모든 것은 우리가 질문을 제기하고, 의문을 품고, 경이로움이나 신선함을 체험할 수 있는 계기가 된다. 질문들은 어느 곳에서든, 어떤 방식으로든, 다양한 형태로 생겨날 수 있다. 따라서 모든 것이 책을 읽도록 하는 계기가 될 수 있다.

필자가 브라질에서 직접 체험했던 일화 한 가지를 소개하겠다. 그 지역에서는 브라질 여러 대도시에서와 마찬가지로 학교를 떠나 길거리를 방황하는 아이들, 사회에서 소외된 채 살아가는 청소년들 때문에 심각한 문제를 겪고 있었다. 그런 아이들을 불러들일 수 있는 방법은 예술 수업이나 예술 활동뿐이었다. 내가 바이아 주 州의 살바도르에 머물렀을 당시, 불행했던 어린 시절에는 거리를 떠돌던 아이였지만 지금은 음악과 무용, 특히 '카포에이라'라는 브라질 전통 무술에 조예가 깊은 예술인 한 분과 함께 며칠간 지내게 되었다. 그는 어린 시절의 자신처럼 비참한 환경 속에서 살아가는 아이들을 열성을 다해 보살피고 도움을 주고 있었다. 나는 아이들을 위한 멋진 그림책 몇 권을 그분께 소개했다. 그는 당장 아이들에게 그림책을 보여 주고 싶어 했다. 어느 날 오후, 그는 변두리 빈민가에서 작은 모임을 열었고, 필자도 모임에 초대를 받아 참석하게 되었다. 낡은 폐타이어에서 수거한 작은 금속 막대기로 '카포에이라' 공연에서 반주 음악을 연주하는 악기를 만드는 법을 가르치는 수업이 해질 무렵까지 이어졌다. 많은 아이들이 참석했는데도 아이들의 태도는 무척 진지했다. 그렇게 열심히, 온 정신을 집중해서 수업을 듣는 모습을 본 적이 있었는지! 사회 언저리를 맴돌면서 비참한 생활을 하고 있었지만, 그분 덕택에, 그분과 아이들 사이에 싹튼 신뢰감 덕분에, 아이들은 예술을 사랑하기 위해 필요한 가르침을 받아들일 수 있는 마음을 갖게 된 것이다. 그런 아이들이라서 필자가 소개한 아름다운 이야기가 실린 멋진 그림책들을 반갑게 맞이했다.

* * *

말하기, 사서라는 직업의 본질

사서에게 '말하기, 이야기하기'란 아이들에 대한 책임 의식, 아이들이 진정한 문화 활동으로 나아가는 데 책임 있는 역할을 해야 한다는 점을 잘 나타내는 행동이다. 아이들에게 충분한 자료를 제공하고 다양한 프로그램과 특별 활동을 기획하는 것만으로는 충분치 않다. 도서관 사서는 말하고 이야기하는 존재다. 사서는 자신의 열정을 아이들과 공유하고 싶어 하고,

이를 위해 충분한 시간을 들인다. 이야기를 들려준다는 것은, 사서가 자기 자신의 감수성을 내보이고 아이들과 공유하는 것을 기꺼이 수락했음을 뜻한다. 그에 대한 보답으로 사서는 바로 앞에 앉아 이야기를 들어주는 아이들에게서 솔직하고 즉각적인 감정 표현과 반응을 경험하는 즐거움을 맛본다. 도서관에서만 느낄 수 있는 흔치 않은 기쁨이다.

'이야기를 들려주는' 사서는 일종의 '안내자'이다. 그런 사서 덕택에 아이들은 사서가 잘 알고, 관심을 갖고 있으며, 특별히 애호하는 분야로 접근할 수 있기 때문이다. 사서는 이야기를 들려주는 이런 모임에 아이들이 어떻게 반응하는지 알고 싶어 한다. 또한 아이들은 사서가 보편성과 추상성, 선험적인 것에 매몰되지 않고 현실적이고 구체적인 것에 눈을 돌릴 수 있도록, 그래서 자신의 세계를 재발견할 수 있도록 도움을 준다.

이 모든 것은 특별한 물질적 수단을 필요로 하지 않는다. 이야기를 들려주는 만남은 공공장소든 개인 공간이든, 큰 건물이든 작은 건물이든, 도서관 안이든 바깥이든, 어느 곳에서나 이루어질 수 있다. 가장 중요한 것은 인접성이다. 책과 아이들과 가까이 있을 수만 있다면 관계가 저절로 생성된다.

이야기하기, 곧 스토리텔링은 지식의 모든 분야에 적용될 수 있다. 자신의 삶의 일부분이 되어 버린 어떤 지식을 남들에게 전달하는 것을 기쁨으로 여기는 열정적인 과학자도 전문 이야기꾼 못지 않은 이야기꾼이 될 수 있다. 자신이 갖고 있는 지식을 이야기로 만들어 들려줌으로써 자신의 경험에, 전달하고자 하는 정보에 생생함과 자기만의 색채를 부여할 수 있는 것이다. 과학자들이 마치 이야기를 들려주듯이 지식이나 정보를 진술하거나 설명할 때, 여기에는 이야기 줄거리와 맥락이 있다. 이런 경우, 이야기를 듣는 아이들과 아이들에게 다가가려는 '전문가들' 사이에 신뢰 관계와 정신적인 공감대가 형성된다. 그런 분위기 속에서 아이들의 진정한 호기심이 표출될 수 있다. 이런 식의 대화, 상호간의 이해와 만남이 인생을 풍요롭게 한다.

도서관의 역사를 통해 알 수 있는 것처럼 어린이 도서관은 본래 만남이 이루어지는 중요한 장소다. 도서관은 무엇보다도 '말하기'의 장소이다. 다시말해 '말하기'를 통해 타인을 이해하고 자아를 재발견할 수 있으며, 타인과 관계를 맺고 동시에 그 무엇에도 얽매이지 않는 자유를 누릴 수 있는데, 이런 것이 이루어지는 장소가 바로 도서관이다. 그런 '생생한 말하기'는 다양한 수단이 필요하지 않다. 그것은 어디든 파고들 수 있다. 다양성을 특징으로 하는 그 말하기는 독단적일 수 없으며, 상투성이나 진부함 속에서는 위축되고 쇠퇴하고 만다. 반면에 다른 사람들과 함께 나눔으로써 더욱 풍요로워진다. 전통에 굳건히 뿌리를 내리면서도 이 세상의 모든 것들과 관계를 맺을 수 있는 그 '말하기'는 우리 모두가 '지금, 여기서' 더욱 활기차고 능동적으로 살아갈 수 있게 한다.

오늘날 이 복잡하고 혼란스러운, 소비 만능 사회에서, 기회만 있으면 남을 배척하려는 이 세상에서, 너무 빠르고 피상적으로 움직이는 이 세상에서, 도서관은 그 '생생한 말하기'에 어떤 역할을 부여하고 어느 정도의 시간을 할애해야 할까? 이에 대한 답은 물질적인 수단 – 말하기를 가능케 하는 수단 – 이 아니라, 우리의 삶에서 가장 중요한 게 무엇인지 식별할 수 있는 시선에서 찾아야 한다.

인터넷 덕택에 모든 자료와 문서를 온라인으로 이용할 수 있는 요즘에도 '지금, 이곳에, 이야기하는 사람이 실제로 존재한다는 것'은 중대한 의미를 갖는다. '이야기하는 사람'이 제공할 수 있는 것은 특별하기 때문이다. 그는 만남을 위해 시간을 들였으며, 그가 특별히 선택한 청중에게 이야기를 들려주기로 결심했다. 그는 자신의 존재 전부를 걸고 참여했다. 그런 그가 지금 이곳에 와 있다. 그의 시선, 입술, 두 손, 제스처, 이 모든 것들은 바로 앞에 앉아 있는 청중을 향해 있다. 그는 자기 자신을 내맡기고 자신의 속내를 털어놓는다.

도서관 사서가 이야기꾼 역할을 하는 경우가 있다. 좋은 작품을 발견하고 나서 그것을 아이들과 공유하고 싶다는 생각이 들면, 사서는 일부러 시간을 내어 이야기를 만들어서 들려주거나 소리를 내어 책을 읽어 준다. 이럴 경우, 도서관에서는 신뢰와 공감의 끈이 형성된다. 도서관은 책을 빌리러 잠시 들르거나 서로 스쳐 지나가는 장소가 아니라, 풍요로운 자산을 전달하는 장소가 된다. 그 '생생한 말하기'를 통해 아이들은 모두가 함께 어울려 살아가는 법을 배운다.

도서관의 오래된 전통 [248]

창립 초기부터 어린이를 위한 공공 도서관은 말하기에 중요한 역할을 부여했다. 미국 도서관의 역사에서 말하기의 역할이 어떠했는지를 살펴보는 것은 오늘날 도서관이 나아갈 방향을 설정하는 데 어떤 지침이 될 것이다.

1890년부터 1910년까지 미국 사회에는 대규모 이주의 움직임이 있었다. 그 시기에는 미국 전역에서 철도 건설 공사들이 활발했기 때문에 인구의 대이동이 이루어졌던 것이다. 농촌 인구가 도시로 유입되면서 도시의 빈민층 인구가 기하급수적으로 증가했다. 영국인, 독일인, 북유럽인들이 신대륙으로 유입되어 농촌 지역에 정착하던 시절은 이미 오래 전에 지나갔고, 이제는 중부 유럽, 동유럽, 남부 유럽에서 건너온 이민자 가족들이 공장 노동자가 되어 도시에 정착하고 있었다. 문화적·종교적 전통이 제각각 다르고 언어도 각양각색인 후발 이민자들은, 오래 전에 건너와 정착한 앵글로색슨인들이 주류를 이루고 있는 미국 사회에 융합되는 데 큰 어려움을 겪었다. 언어 습득의 어려움 때문에 이민자들은 구사하는 언어별로 자기들끼리 집단을 이루어 살았다. 오래 전에 그 땅에 정착한 미국인들은 낯설고 생소한 언어를 구사하고 행동 양식도 자기들과 다른 새로운 이민자들을 불편해 했다.

그리하여 다양한 공동체들은 각자의 세계 속에 갇힌 채 고립되어 살아갔다. 가족 구성원들 간의 갈등도 증대되었다. 고국을 떠나 온 부모들은 어떤 면으로 과거를 박탈당한 세대였다. 그들의 미래는 자식들뿐이었다. 그런데 새로운 조국의 관례와 풍습을 재빨리, 그리고 아무런 거리낌 없이 받아들인 아이들은 부모들에게 곧 이방인이 되어 버렸다. 떠나 온 고국의 가부장적인 가족 관계와 생활 양식, 아이들에게는 더욱 매력적으로 보이는 사회적 지위를 부여하는 미국식 교육, 이 둘 사이의 차이에서 비롯되

---

[248] 공동 저작인 《도서관에서의 이야기》(Editions du Cercle de la librairie, 2005) 중에서 '이야기의 역사'를 주제로 필자가 쓴 챕터의 일부분을 여기에 인용했다.

는 갈등으로 부모와 아이들 모두가 고통스러워했다. 아이들은 두 개의 문화 사이에서 심리적인 혼란을 겪었다. 자신들을 경멸의 시선으로 바라보는 미국인들에게 이방인 취급을 받았으며, 집에서는 "너무 미국인처럼 행동한다"는 부모의 질책을 들어야 했다.

미국의 자랑거리인 보스턴 공공 도서관에서 아이들에게 특별한 관심을 기울이기로 결정한 것은 이민자 가정의 아이들 때문이었다. 거리를 배회하는 수많은 아이들이 그 위압적인 건물의 문턱을 넘어서게 하기 위해서는, 건물의 근엄한 자태가 대성당을 연상시킨다는 그 공간에 온기를 불어넣어야 했다. 보스턴 도서관 관장은 아이들을 끌어들이기 위해 그곳에 '이야기 conte'를 도입하기로 결정했다. 이를 위해 영국 출신의 마리 셰들록[249], 미국인 작가 사라 콘 브라이언트 같은 저명한 이야기꾼들을 초빙했다. 실제로 19세기에서 20세기로 넘어가는 그 시기에 이민자 가정의 아이들은 아동 관련 모든 분야에서 주된 관심사였다. 새로운 환경에 적응하는 과정에서 해체의 위기를 맞고 있었던 이주민 가정 아이들의 폭력성, 사회 부적응에서 비롯된 고독감, 이런 문제들을 극복하기 위해 초기의 여러 어린이 공공 도서관에서는 '인간 관계를 생성시키는 문화 프로그램 및 서비스 제공'이라는 슬로건을 내걸고 실천에 옮겼다.

이렇게 하여 '이야기 들려주기'는 공공 도서관에서 중요한 역할을 맡게 되었다. 19세기에서 20세기로 넘어가던 그 시기에 공공 도서관들은 크게 성장했다. 공공 도서관에서는 이민자들의 문제점을 정확히 인식함으로써 계층에 상관없이 모든 시민들에게 최대한의 혜택을 제공할 수 있는 행동 지침들을 설정하는 데 주력했다.

이야기는 본래 여러 세대를 거쳐 전해 내려오는 대중적인 예술이다. 어린 시절에 아일랜드 출신 유모에게 수많은 이야기를 듣고 자랐다는 미국의 유명한 이야기꾼 루스 소여 Ruth Sawyer는 미국으로 건너온 이민자 가정의 아이들에게 고국의 전래 동화를 들려달라고 부탁하게 된 경위를 이야기했다. 그런 과정을 통해 자신의 이야기 목록을 더욱 풍성하게 할 수 있

---

249) 마리 셰들록 Marie Shedlock, 《스토리 텔링의 기법》, N.Y. 도버; 사라 콘 브라이언트, 《우리 아이들에게 어떻게 이야기를 들려줄 것인가?》, 나탕.

었다는 것이다. 남들에게 이야기를 전해 주는 책임감 있는 역할을 맡게 하면, 아이들은 고국의 문화를 더욱 존중하게 되고 그것을 또래 아이들에게 소개해 주면서 자긍심을 느낀다. 안내자 역할을 아이들과 공유한다는 것은 이야기꾼이나 도서관 사서들에게 얼마나 멋진 아이디어인가! 예를 들어 러시아 출신 어느 이민자 가정의 아이는 자주 아버지에게 이야기를 들려달라고 부탁했고, 아버지한테서 들은 이야기를 매주 토요일마다 도서관에서 친구들에게 들려주었다. 어린 청중들은 그 이야기를 공책에 충실하게 옮겨 적었으며, 그 이야기 모음집은 우리 도서관에서 동화책들이 꽂혀 있는 서가 한 귀퉁이에 당당하게 자리를 차지하고 있다.

아이들에게 이야기를 들려주거나 소리 내어 책을 읽어 주는 도서관 프로그램인 〈이야기 시간 Les Heures du Conte〉에서는 대중적인 이야기 장르가 이야기 목록의 대부분을 차지한다. 인류의 풍요로운 자산을 아이들에게 알려 주고자 하는 취지에서다. 유치원생과 초등학교 저학년 아이들에게는 《곰 세 마리》, 《빨간 암탉》 같은 옛 이야기, 그림 형제의 동화집 가운데 몇몇 작품 등 매우 단순한 전통적인 이야기를 들려준다. 초기의 어린이 도서관에서는 초등학교 고학년 아이들과 청소년들에게 인류의 위대한 고전, 신화, 성서 이야기, 《일리아드》와 《오디세이아》, 북유럽에서 건너온 장편의 전설이나 영웅담, 셰익스피어의 몇몇 작품 등 아이들에게는 다소 어려워 보이는 이야기들을 과감하게 소개했다.

또한 소극적인 독자들에게는 접근하기가 쉽지 않은 책들, 잊혀졌거나 제대로 평가받지 못한 걸작들을 선택하여 아이들에게 이야기해 줬다. 예를 들어 《버드나무에 부는 바람》, 《닐스의 신기한 여행》 같은 이야기책에서 일부분을 발췌하여 이야기로 들려줬다. 요즘에는 출간되지 않아 잊혀져 버렸지만 아름다운 옛 이야기들처럼 '우리가 잃어버린 위대한 이야기책들'을 되살리는 것은 의미 있는 일이다.

그런 명작들을 선택한 것은 학교 교육을 충분히 받지 못한 아이들이 풍요로운 문화적 소양을 갖춘 어른으로 성장하도록 도와주려는 취지에서 비롯된 결정이었다. 그 작품들은 오늘날 세르주 브와마르가 아이들에게 추천하는 위대한 걸작들과 다르지 않다.[250] 그렇게 함으로써 책읽기를 어려워하는 아이들도 이야기를 들으면서 인류의 위대한 걸작들에 다가갈 수 있다.

탁월한 입담을 자랑하는 이야기꾼이 들려주는 이야기를 들으면서 아이들은 시공을 초월하여 모두를 결집시키는 인류 공통의 문화라는 보편성의 흐름 속으로 빠져든다. 예를 들어 보스턴 공공 도서관 고객인 어느 꼬마 소녀는 이야기를 들려주는 이에게 이렇게 고백했다. "지하철을 타러 내려갈 때마다 저는 하데스 왕을 만나러 지하 세계로 내려가는 페르세포네가 머리에 떠올라요." 어느 신문팔이 소년은 이야기를 들려준 분과 거리에서 우연히 마주치자, 걱정스러운 얼굴로 "정말로 레오니다스 왕과 그가 이끌던 용감한 스파르타 병사들이 모두 전사했는지"를 물었다.[251]

콜레주 드 프랑스 교수이자 비교문학자인 폴 아자르는 최초의 〈즐거운 시간〉 프로그램의 열렬한 지지자였다.[252] 특히 그 프로그램에서 아이들에게 추천하는 권장 도서들에 대해 찬사를 아끼지 않았다. 그 이야기책들이 "너무나도 청명하고 깊은, 아름다운 물의 거울"이라고 칭찬했다. "많은 사람들이 너무 단순한 나머지 유치하다고 말하는 그 이야기책들 속에서 (……) 시적이고 서정적인 모든 신화, 우리 인간 상상력의 아른거리는 서광을 발견할 수 있다." "그런 이야기들을 통해 우리 아이들이 인류의 역사를 배우고, 인생이 시작될 무렵에 인류 정신의 장엄한 흐름에 당당하게 참여할 수 있다면 얼마나 좋겠는가!"

이야기는 모두를 결집시킨다. 이야기를 듣는 동안, 아이들과 어른, 아이들과 학부모 모두가 각자 자신의 눈높이에서 인생에서 귀중한 것을 발견한다. 어린이 도서관들이 모든 세대, 모든 연령층에게 문을 활짝 열어놓으려고 애쓰는 요즘, 이야기는 모두를 자연스럽게 불러들이고 결집시킨다. 동네에서 도서관은 이야기를 들려주는 장소가 될 수 있다. 도서관에서 마련하는 프로그램에 따라 전문 이야기꾼이건 아마추어 이야기꾼이건 누

---

250) '제2장 깨어 있는 심장들' 편 참조.
251) 제인 M. 필스트럽 Jane M. Filstrup, 〈마법에 걸린 어린 시절: 초기 보스턴 공공 도서관에서의 스토리 텔링〉, 《The Horn Book Magazine》 1976년 12월호.
252) 폴 아자르 Paul Hazard, 《책, 어린이, 어른》 플라마리옹, 1932; 그 뒤 아티에 출판사에서 재출간.

구나 이야기 보따리를 들고 찾아올 수 있다. 우리 도서관에서도 청소년들은 물론 초등학생들도 자기가 좋아하는 이야기를 갖고 찾아온다. 물론 이야기 및 이야기하는 기술과 능력에 대한 질적인 수준을 검증하는 절차가 필요하다. 그렇지만 모두가 즐거운 시간을 보낼 수 있다면 그것으로 충분하다. 다양한 문화적 전통, 재미, 좋은 이야기, 이것은 이야기를 들려주는 프로그램이 성공하기 위한 기본 요건들이다. 이야기 줄거리는 언젠가 잊혀져 버리겠지만, 이야기를 듣는 동안 맛보았던 즐거움과 행복감은 특별한 경험으로 오래도록 기억에 남는다. 그 시간 동안 마음껏 상상의 나래를 펼칠 수 있었기 때문이다.

그런 체험을 통해 아이들의 감수성을 일깨우고, 무언가에 흥미와 관심을 가질 수 있고 감동받을 수 있다는 안도감을 아이들에게 선사한다. 또한 우리는, 가스통 바슐라르의 멋진 표현대로 "존재의 수동성"으로부터 벗어날 수 있으며, 우리가 능동적으로 생각하고 상상할 수 있도록 하는 이미지들을 제공받는다.

모든 형태의 '말하기 또는 이야기하기'

도서관에서는 때와 장소에 상관없이, 언젠가 어디서나 이야기를 할 수 있다. 미국 어린이 도서관의 후원자이자 상징적인 인물인 A. C. 무어 Moore는 1896년 자신의 도서관에 〈이야기 시간〉 프로그램을 개설했다. 어쩌면 '이야기 시대'라는 이름이 더 어울릴 것 같은 〈이야기 시간〉 프로그램은 사회·문화적으로 매우 중요한 사건이었다. 그로부터 얼마 뒤, 이 프로그램은 전 세계로 퍼져 나갔고, 여러 세대를 거쳐 내려오면서 오늘날까지도 여전히 지속되고 있다. 이 프로그램은 원칙적으로는 일 년 내내 수시로 실행되지만, 특별히 지역 사회의 대중적이고 종교적인 전통 축제들과 때를 같이하여 행해진다. 필자가 뉴욕 공공 도서관에서 일하던 당시 성 니콜라스 축제, 추수감사절 같은 미국 전통 축제들이 도서관의 일상에서 얼마나 중요한 역할을 차지하는지를 직접 확인할 수 있었다. 유대교 축제인 하누카,

푸에르토리코 및 아이티 전통 축제들도 마찬가지였다. '이야기를 들려주는' 도서관 프로그램은 독특한 축제 분위기를 만들어냄으로써 지역 사회의 모든 사람들이 함께 모여 즐거운 시간을 보낼 수 있게 했다.

이처럼 미국 어린이 도서관의 〈이야기 시간〉 프로그램은 의례적인 성격이 강하다. 우리 클라마르 도서관에서는 가끔씩 이야기를 들려주는 역할을 담당하는 사서가 피리를 연주하면서 도서관을 한 바퀴 돌곤 한다. 《하멜린의 피리 부는 사나이》를 뒤따르는 아이들처럼 우리 아이들은 행렬을 이루어 사서의 뒤를 따른다. 모두가 이야기 방을 향해 행진하다가, 방으로 들어가 조용히 자리를 잡는다. 이처럼 의례는 사람들을 불러 모으고 그들에게 이야기를 들을 채비를 하도록 하는 기능이 있다. 이야기에서 의례는 다양한 형태로 제 기능을 한다. "옛날 옛날에……" 같은 표현이나 이야기를 끝맺는 상투적이고 관례적인 문구들도 의례적인 요소들이다. 의례는 청중들이 특별함과 내밀함이 공존하는 이야기를 받아들일 마음의 준비를 할 수 있도록 돕는 역할을 한다. 일단 이야기가 시작되면 곧바로 뒤따르는 고요함, 이 고요함이 청중들이 이야기에 몰입할 수 있도록 돕는 것처럼 말이다.

실제로 대부분의 이야기꾼들은 이야기 도중에 아이들에게 질문하지 않으려 한다. 이야기 자체의 마법을 온전하게 보존하고 싶어 하기 때문이다. 마찬가지로 도중에 이야기를 중단하면서 책 속의 삽화를 보여 주는 것도 바람직하지 않다. 저명한 이야기꾼인 메리 셰들록은 이야기가 끝난 뒤에, 이야기를 소재로 하여 아이들에게 그림을 그려 보게 하는 관행에 대해 매우 비판적이다. 그녀는 이에 대한 일화 하나를 소개하기도 했다. 이야기의 매력에 흠뻑 빠져 있던 아이가 상상 속에서 그리던 이야기 주인공인 기사의 모습을 그림으로 그렸다. 하지만 자기가 그린 그림 속 기사의 모습은 너무나 실망스러웠다. 아이는 "내가 상상했던 기사의 모습은 정말 멋있었는데!"라는 슬픈 고백을 했다.

이야기꾼은 이야기를 하는 동안 때로 장난을 친다. 그 옛날 장터에서 지나가는 행인들을 불러 모으던 민중 문학 속의 이야기꾼들처럼 말이다. 이야기를 시작하면서 "내가 그 사람을 직접 보았어요.", 혹은 "내가 그 사람을 만났어요."라고 말한다. 애매모호함을 가장하여 이야기에 풍미를 더하는 것이다. 그러면 아이들은 경이로운 이야기의 매력에 흠뻑 빠져들면서 그에게 질문한다. "정말로 선생님은 그곳에 계셨나요?"

"선생님은……, 나는……"처럼 마치 자기 자신의 이야기를 털어놓는 듯한 표현들은 도서관에서 평소와는 다른 좀 특별한 분위기를 만들어 내고, 아이들과 그곳에서 일하는 어른들 사이에 신뢰 관계를 형성시킨다. 사서가 마치 '자기 집'을 찾아온 손님들에게 이야기를 들려주듯이 아이들을 대하는 것도 그 때문이다. 사서가 직접 이야기를 들려주는 경우 외에도, 가끔씩 도서관을 찾아 주는 이야기꾼을 맞이하거나 전문 이야기꾼을 초빙하여 이야기 듣는 기쁨을 누리기도 한다. 이야기꾼들은 각자 저마다의 이야기 목록이 있다. 이야기하는 방식도 각자의 개성에 따라 제각각이다. 자연스러움과 단순함을 추구하는 분들이 있고, 절제의 미를 선호하는 분들도 있다. 하지만 과장된 어조나 화려한 미사여구는 절대 사절이다. 도서관은 '자기 집' 같은 공간이기 때문이다.

요즘은 전 세계의 수많은 도서관에 이야기 전용 공간이 마련되어 있다. 자넷 힐[253] 같은 일부 사서들은 '이야기 방'이라는 개념, 다시 말해 조용하고 폐쇄된 공간에 아이들을 불러 모으고는 얌전하고 진지하게 이야기를 듣게 한다는 전통적인 방식을 거부한다. 그녀는 이렇게 묻는다. "왜 이야기를 도서관의 나머지 요소들과 분리시켜야 하나? 왜 이야기를 방 안에 가둬야 하나? 왜 이야기를 아이들에게만 들려줘야 한다고 생각하지?" 그것은 오히려, 사람들이 생활하고 아주 자연스럽게 모여드는 곳이라면 어디서든 늘 행해지던 '이야기 들려주기'라는 아주 오래된 전통에 위배되는 게 아닐까? 영국 램버스에서는 도서관 사서들이 언제 어디서나, 주로 공원 같은 공공장소에서 이야기를 들려준다. 그런 모임을 위해서는 미리 장소를 정할 필요가 없다. "가게 안에 틀어박힌 채 손님을 기다리는 아이스크림 장수가 있을까?"라고 그는 반문한다. 진정한 장사꾼이라면 그럴 리 없다. 작은 트럭을 몰고서 아이들을 끌어들일 수 있을 만한 장소를 찾아 곳곳을 돌아다닌다. 이야기를 들려주는 사서도 그렇게 해야 한다.

---

253) 자넷 힐 Janet Hill, 《아이들도 사람이다 Children are people》, Hamish Hamilton.

풍성한 이야기 보따리를 들고 다니는 실력 있는 사서는 아이들에게 이야기를 들려줄 수 있는 기회를 결코 놓치지 않는다. 우리 클라마르 도서관에도 풍부한 이야기 목록을 갖고 있는 사서가 있다. 그는 수많은 이야기를 아이들에게 들려준다. 그 중에서도 그림 형제의 동화, 미국의 저명한 소설가 아이작 싱어 Isaac Bashevis Singer, 프랑스 출신 동화 작가인 벤 지멧 Ben Zimet같은 유태계 작가들 덕택으로 널리 알려진 유태 민족의 전통적인 이야기들은 그 중에서도 압권이다. 그는 때와 장소를 가리지 않고 이야기한다. 이야기를 들려주는 데 정해진 시간이나 장소 따위는 필요치 않다. 기회가 있을 때마다, 아이들에게 들려주고픈 이야기를 발견했을 때마다, 그는 이야기한다. 선 채로 이야기하거나, 탁자를 가운데 두고 빙 둘러앉아서 이야기한다. 책읽기를 꺼려 하는 청소년들에게는, 이야기를 들으면서 이야기에 흥미를 느끼게 함으로써 자연스럽게 책읽기에 입문할 수 있도록 하는 좋은 방편이 된다.

이처럼 형식에 구애받지 않는 자유스러운 이야기 모임은 유아나 유치원생들을 대상으로 한 그림책 프로그램과 많이 닮아 있다. 그림책을 보여주는 것은 단지 '그림책 시간'에만 한정되지 않는다. 기회가 생기는 대로 언제든지 사서는 시간을 내어 아이들 한두 명 곁에 앉아서 그림책을 보여주거나 소리 내어 읽어 준다. 초등학교 고학년 아이들이나 청소년들에게도 언제 어디서나 이야기를 들려줄 수 있는 자유로움과 편안함을 나눠 주지 못할 까닭이 있을까? 어린 꼬마들이 그랬듯이 한두 명의 아이들에게 이야기를 들려주다 보면, 근처를 배회하던 아이들이 호기심에 이끌려 자연스럽게 모여들고 이야기에 귀를 기울인다. 〈이야기 시간〉 프로그램이 어린 꼬마들을 위한 것이라서 너무 시시하다고 생각하던 아이들이 이야기를 듣는 즐거움에 또 다시 빠져들게 되는 것은 순전히 그런 자유로움 때문이다.

소리 내어 책읽기

요즘 같은 디지털 시대에 도서관에서의 '말하기, 이야기하기'는 그 어느 때보다도 필수적이다. 자기가 특별히 좋아하는 이야기를 들려주러 일부러 찾아와 주는 이야기꾼의 얘기를 듣는 것은 무엇과도 비교할 수 없는 큰 즐거움이다. 감명 깊게 읽은 책을 다른 사람들과 공유할 줄 아는, 마치 친구 같은 어른이 책을 읽어 주는 것을 귀 기울여 듣다 보면 특별한 감동을 받는다. 어떤 공간에 함께 모여 특별한 감정을 공유하는 것은 모두에게 행복이다. 이야기꾼들이 자기만의 방식대로 이야기를 만들어내는 것처럼, 책을 읽어 주는 사람들도 각자 저마다의 방식이 있다. 책을 읽어 주다 보면, 집중해서 듣고 있는 아이들의 얼굴 표정이 한눈에 들어온다. 그들은 아이들에게 감동을 줄 수도, 싫증을 내게 할 수도 있다.

작위적인 소음과 휘황찬란한 이미지들로 가득한 이 세상에서 우리는 강렬하면서도 섬세하고 아름다운 텍스트를 찾아낼 줄 알아야 한다. 때로는 언어의 아름다움에 우리 자신을 내맡길 필요가 있다. 이를 통해 우리는 목소리의 결, 텍스트의 음악성과 리듬을 음미하고 감상할 수 있다. 아이들에게 소리 내어 책을 읽어 주는 동안, 책을 읽어 주는 어른의 감수성은 아이들이 책의 세계 속으로 거침없이 들어갈 수 있도록 돕는다.

책을 읽어 주는 목소리는 마치 자장가처럼 위안을 주고 어루만져 주는 듯한 기분을 느끼게 한다. 필자는 아스트리드 린드그렌의 《라스무스와 방랑자》를 특별히 좋아하는 몇몇 아이들에게 책을 읽어 준 적이 있다. 여덟 살에서 열 살까지의 아이들이었다. 그런데 네 살짜리 꼬마가 다가와서 편안한 자세로 내 무릎 위에 앉았다. 그 애는 즐겁다는 듯한 얼굴 표정으로, 책을 읽는 내 목소리를 듣는 것 같았다. 그 애가 과연 초등학교 고학년 아이들을 위한 그 이야기를 이해할 수 있었을까? 나는 궁금하여 아이에게 물었다. "이야기가 재미있었니?" 아이의 대답은 명쾌했다. "어른 목소리를 듣는 게 좋아요."

토베 얀손의 작품을 특히 좋아하며 책을 읽어 주는 재능이 탁월한 우리 도서관 사서가 아이들과 학부모님을 대상으로 책 읽어 주기 행사를 열었다. 《무민 골짜기의 이야기》에 수록된 이야기 몇 편, 다시 말해 번역이 탁월하고 유머와 시적 정서가 가득한 텍스트들이 선택되었다.[254] 사서는 음악가라 불러도 손색이 없을 스너프킨이 어떻게 하여 봄의 노래를 작곡하

---

254) 케르스티 Kersti, 피에르 샤플레 Pierre Chaplet 공동 번역.

게 되는지를 섬세하고 소박하게 이야기했다. 그의 이야기를 들으면서 우리는 아무도 살지 않는 풍경 속을 홀로 여행하는 듯한 느낌을 맛보았다. 철새들의 노랫소리, 단조로 노래하는 시냇물의 서글픈 노랫소리가 들리는 듯했다. "그 시냇물 소리를 내 노래에 넣을 거야. 아마도 후렴부가 되겠지." "스너프킨은 혼자 생각했다. '노래를 만들기엔 저녁 때가 좋겠지. 누구도 들어본 적이 없는 새로운 노래를 만들어야지. 그 노래에 약간의 기다림과 봄의 우수를 넣을 거야. 그리고 걷는 즐거움, 혼자 있는 즐거움, 무엇과도 비교할 수 없는 그런 행복을 빼놓을 수는 없지.'"

인생의 어느 단계에 이르러서야 참맛을 느낄 수 있는 작품들이 있다. 하지만 그런 작품들은 대부분 수준 높고 세련된 어휘로 이루어진 장편의 텍스트들이라서 아이들은 제대로 읽어낼 수 없다. 이런 경우, 소리 내어 책을 읽어 줌으로써 아이들에게 그 귀중한 텍스트에 다가가게 할 수 있다. 《곰돌이 푸우》의 이야기들, 그 중에서도 특히 시인 자크 파피 Jacques Papy가 번역하고 어니스트 셰퍼드 Ernest Shephard가 그림을 그린 《어느 곰의 집》[255] 같은 아동문학의 고전들이 좋은 예다. 어느 다섯 살짜리 꼬마는 크리스토퍼 로빈의 상상의 세계 속으로 곧장 진입할 수 있었는데, 공모자 노릇을 자청하는 어른이 다정한 목소리로 책을 읽어 주었기 때문에 가능한 일이었다.

《동물 가족》[256]은 초등학교 고학년 아이들을 위한 책이다. 미국의 시인 랜달 자렐의 그 작품에 감동 받은 어른이 책을 읽어 주면, 아이들은 격조 높은 시정으로 가득한 그 텍스트를 충분히 감상하고 이해할 수 있다. 그뿐만 아니라 모리스 센닥의 그림은 특별한 순간이 끊임없이 이어지는 자연의 신비 속으로 조심스럽게 아이들을 인도한다. 이것은 어느 고독한 사냥꾼과, 인간의 언어와 감정을 무척이나 알고 싶어 하는 천진난만한 요정의 경이로운 만남 이야기다.

소리 내어 책을 읽어 주는 경우, 텍스트의 감각적이고 감성적인 아름다

---

255) 지금은 절판된 이 판본은 월트 디즈니사에서 출간된 것(여기서는 원작의 섬세함과 유머는 찾아볼 수 없다)과 구분할 필요가 있다. 본래의 텍스트, 삽화, 판형에 충실한 판본이 조만간 다시 출간되기를 바랄 뿐이다.
256) 랜달 자렐 Randall Jarrell 글, 모리스 센닥 그림, 《동물 가족》, 레꼴 데 루아지르.

움, 텍스트의 시정과 유머를 모두가 함께 맛볼 수 있게 하려면, 충분한 시간과 여유를 가져야 한다. 책 한 권을 전부 읽을 수도 있지만, 특별히 함축적인 대목 몇 개, 매우 감동적인 에피소드 하나, 이야기가 도입되는 처음 몇 쪽을 선택하여 읽을 수도 있다.

연재 소설처럼 일부분씩 나눠서 일정 기간 동안 정기적으로 꾸준히 읽어줄 수 있는 작품들이 있다. 《헤르메스의 연재 소설》[257] 같은 작품이 대표적인 예다. 책의 첫머리는 다음과 같다. "아침 해가 떠오르기 시작했을 때, 헤르메스는 어머니 뱃속을 빠져나왔다. 그는 두 팔을 치켜올리며 기지개를 켜고, 하품을 하고 나서, 바닥으로 뛰어내렸다. 그러고는 세상 구경을 하려고 자기가 방금 태어난 장소인 동굴 입구 쪽으로 달려갔다. 그는 '정말 아름다워!'라고 혼자서 중얼거렸다. 그것은 참으로 기이한 탄생 장면이었다." 필자가 이렇게 몇 구절을 읽기 시작했을 때, 책을 고르던 몇몇 아이들이 자연스럽게 다가왔다. 아이들은 그리스 신화를 에피소드별로 한 가지씩 듣고 싶어서, 그렇게 함으로써 모든 신화의 가르침인 "인간관계라는 게 얼마나 중요하고 복잡한 것인지"를 배우기 위해 하던 일을 멈추고 날마다 우리 독서 모임에 참석했다. 이 작품에서는 모든 문제를 단순하면서도 시각적인 언어로 접근한다. 챕터가 끝날 때마다 질문을 한 가지씩 제기한다. 예를 하나 들어 보면, "아무에게도 들키지 않고 암소를 훔치기 위해 헤르메스는 어떻게 행동할까?" 아이들에게 호기심을 불러일으킬 만한 효과적인 이야기 전개 방식이다! 아이들은 매일매일 헤르메스와 여행을 함께 하면서도 지루해 하거나 싫증낼 까닭이 없다. 세르주 브와마르[258]는 그의 책 서문에서 아이들에게 "장난꾸러기 헤르메스와 함께 길을 떠나 보라."고 충고하면서 "인간 정신의 토대를 이루는 모든 질문들과 경쾌하고 즐겁게 맞닥뜨리고 싶어 하는 아이들에게 그보다 나은 친구가 없다."고 말한다. 아이들에게는 멋진 선물이고, 그 길을 걸어가는 아이들을 따라가 보는 것은 우리 어른들에게도 큰 즐거움이다. 어린 청중들은 다음 에피소드를 알고 싶어서 조바심을 낸다. 아이들은 다음 날까지 기다리지 않고 호기

---

257) 뮈리엘 스작 Murielle Szac, 《헤르메스의 연재 소설》, 바야르.
258) 세르주 브와마르와 그의 교육 이론에 관해서는 '제2장 깨어 있는 심장' 편 참조.

심을 충족시킬 수 있다. 아이들은 도서관에서 책을 빌려 자기 방에서 가장 편안한 자세로 읽으면서 "장난꾸러기 신"을 따라 길을 떠난다.

여럿이 함께 소설책 한 권을 완독하는 동안, 매일매일 정기적으로 도서관에 가는 것도 큰 즐거움이다. 예전에 우리 도서관에서는 《칠면조들의 대행진》[259]이라는 이야기책을 몇 주 동안 함께 읽는 작은 책읽기 모임이 있었다. 아이들은 이야기를 들으러 날마다 도서관에 왔으며, 벽면에 지도를 펼쳐 놓고 시몬 그린이라는 이야기 주인공의 여정을 추적했다. 아이들은 이야기 주인공이 거쳐 가는 곳마다 표시를 하고, 아무리 어려운 일이 닥쳐도 좌절하지 않는 어린 소년에게 호감을 표했다. 주인공 소년은 수학 공부에 소질이 있는 아이가 아니었다. 그런데 어느 날, 그는 농장 주인이 칠면조 천 마리를 시장에 내놓으려 한다는 소식을 듣는다. 그리고 이곳 미주리에서는 칠면조 한 마리 가격이 이십오 센트밖에 나가지 않지만, 여기서 천 킬로미터 떨어진 덴버에서는 칠면조 한 마리에 오 달러나 받을 수 있다는 사실을 알게 된다. 스무 배나 더 비싼 가격이다! 그리하여 소년은 자기를 믿어 주시는 담임 선생님 말씀처럼 "이 세상에서 내가 가장 잘 할 수 있는 일"을 찾게 된다. 그는 칠면조 한 무리를 구입하고는 여름 내내 사막과 바위 투성이 산들과 인디언들의 영토를 거쳐 마침내 덴버에 도착한다. 그곳에서 소년은 큰돈을 벌었다. 우리 어린 청중들에게 꿈을 심어줄 수 있을 만한 시원스럽고 통쾌한 이야기였다.

케네스 그레이엄이 아홉 살짜리 어린 아들에게 들려준 이야기라는 《버드나무에 부는 바람》처럼 오늘날 잊혀져 버린 훌륭한 걸작들 가운데 일부분을 발췌하여 아이들과 함께 읽어 보는 것도 괜찮다. 《버드나무에 부는 바람》은 물쥐, 두더지, 오소리, 두꺼비, 이 네 친구들의 모험 이야기다. 나는 가끔씩 그 두꺼운 책의 한 대목을 아이들에게 읽어 주곤 했다. 눈이 내리는 어느 날, 두더지와 물쥐가 무서운 숲 속에서 길을 잃는다는 대목을 나는 특히 좋아한다. "숲에서는 끝도, 입구도, 길을 찾을 만한 어떤 것도 없는 듯했다. 그 중에서도 가장 불길했던 것은 출구가 없다는 사실이었다." 무시무시한 숲 속에서 너무 지쳐 용기마저 잃어버릴 지경에 이르렀

---

259) 캐슬린 카 Kathleen Karr, 《칠면조들의 대행진》, 레꼴 데 루아지르.

을 때, 마침내 그들은 오소리의 집을 발견한다. 바로 그 대목에서 아이들과 나는 이야기 속 두 친구의 안도감을 함께 맛볼 수 있었다. "바닥에는 반질반질 윤이 나는 빨간 포장돌들이 깔려 있었고, 커다란 아궁이에는 장작불이 활활 타오르고 있었다. (……) 방의 안쪽 끝에 있는 찬장에는 반짝반짝 빛나는 깨끗한 접시들이 가지런히 놓여 있었다. 천장 대들보에는 커다란 햄, 향기로운 허브 다발, 양파 꾸러미, 달걀 꾸러미들이 주렁주렁 매달려 있었다." 우리 모두를 꿈꾸게 하는 장면이다. 안락함의 순간을 충분히 누릴 수 있도록 여기서는 책 읽는 속도를 좀 늦추는 것도 괜찮다.

《닐스 홀게르손의 신기한 스웨덴 여행》[260]에서는 기러기를 돌보는 소녀 아사와 어린 동생 마츠의 멋진 이야기를 체험해 볼 수 있다. "닐스 홀게르손이 야생 기러기들과 함께 여행을 떠났던 그 해, 걸어서 전국을 일주한 소년과 소녀, 두 아이의 이야기가 사람들 입에 자주 오르내렸다." 이것은 긴 소설 속에 포함된, 이야기 속의 이야기로 매우 감동적인 에피소드다. 어린 마츠는 용기 있는 아이였지만, 폐결핵으로 죽는다. 누나인 아사는 무슨 일이 있어도 동생을 위해 "어른처럼 예의를 갖추어" 장례를 치러 주기로 마음먹었다. 그녀는 동생에게 "세상에서 가장 엄숙하고 장엄한 장례식을 치러 주고" 싶었다. 그렇게 하기 위해서는 많은 사람들을 불러 모아야 했다. 하지만 아이의 말에 누가 귀 기울여 줄까? 여러 차례 시도한 끝에 마침내 아사는 많은 사람들을 불러 모을 수 있었다. "이처럼 큰 사랑의 행동에 누가 감히 매몰차게 거절할 수 있을까?"

좋은 작품은 사람들과 단순하면서도 깊이 있는 만남을 가질 수 있게 한다. 다른 사람들과 함께 어떤 작품을 만나는 것은 좋은 일이다. 어른들은 자신이 읽은 책을 누군가와 공유하고 싶을 때, 아이들을 일상적으로 대하는 어른들일 경우, 아이들이 그 책을 좋아할 거라는 확신이 들었을 때, 그 책을 선택하여 아이들에게 읽어 주거나 이야기로 들려준다. 단순하지 않고 깊이 있는 그런 책들은 독자들에게 각자 저마다 방식으로 자기만의 특별한 독서를 하게 한다. 신문 르포 기사와 다를 바 없으면서도 과분하게 소설이라 불리는 평범하고 진부한 텍스트들과 달리, 이런 책들은 길을 안

---

[260] 셀마 라게를뢰프 Selma Lagerlof, 《닐스 홀게르손의 신기한 스웨덴 여행》, 악트 쉬드. 국내 번역본 다수.

내하는 표지판들이 촘촘히 설치되어 있지 않기에 저마다의 개성 있는 독서가 가능하다. 소리 내어 책을 읽어 주는 것은 작품의 질을 판단하는 데에도 도움을 준다. 평범하고 진부한 텍스트는 금방 탄로 나기 때문이다.

책읽기를 어려워하는 아이들을 위해 애쓰는 세르주 브와마르 같은 독서 지도 연구가조차도 "우리가 아름다운 텍스트를 추천하는 것은 우리들 자신이 그런 텍스트를 좋아하기 때문이다."라고 고백한다. 이처럼 텍스트를 선택하는 기준은 지식 전달이나 도덕적 교화 같은 목적성과는 거리가 멀다. 아이들에게 수준이 높고 아름다운 작품을 읽어 주는 것은 '문제 아동'이라는 낙인이 찍힌 아이들을 포함한, 세상의 모든 아이들에게 주는 멋진 선물이며 믿음이다. 그런 텍스트에 모두가 감동을 받는 순간 서로 마음이 통하고 모두가 하나가 된다. 그것은 모두에게 공통의 관심사가 생기는 순간이다. 그러면 우리 모두가 각자의 개성과 눈높이에 따라 작품을 감상하고 평가를 내린다.

소음과 소리와 이미지들에게 점령당한 요즘 우리의 세상에서, "고요함 속에서 책읽기, 소리 내어 책을 읽어 주기" 같은 독서 체험을 아이들에게 제안하는 것은 어쩌면 무모한 일인지도 모른다. 그렇지만 아이들은 이런 제안에 기꺼이 응하고, 능동적으로 발언하고, 진정으로 감동받은 문학 작품에 흥미와 관심을 갖게 되며, 이런 일련의 과정을 지켜보는 것은 우리 사서들에게 크나큰 위안이며 기쁨이다. 소리 내어 책을 읽어 주는 것은 아이들에게 이야기의 아름다움을, 다시 말해 원대한 우주 생성론을 이야기하는 작품, 다양한 민중 설화, 쥘 베른 Jules Verne에서 잭 런던 또는 커우드 Curwood에 이르는 고전 작품들, 마이클 모퍼고, 프랑수아 플라스 François Plave, 티모테 드 퐁벨 같은 오늘날의 위대한 작가들의 작품들을 발견하고 그 진가를 음미해 볼 수 있도록 안내하는 것이다.

* * *

도서관과 학교, 그 새로운 만남을 위하여

아이들에게는 섬세하면서도 포용력 있는 '중재자'가 필요하다. 다음은 미국의 교육 심리학자 제롬 브루너가 들려주는 이야기다. "나의 어린 시절, 기억나는 여선생님이 한 분 계신데, 그가 바로 오커트 선생님이다. 선생님은 수업 시간에 이렇게 말씀하셨다. '0℃에서 물이 얼음으로 변할 뿐만 아니라, 바로 그 순간에 물이 액체 상태에서 고체 상태로 변한다는 것은 얼마나 놀랍고 신기한 일인지!……' 이렇게 선생님은 브라운 운동과 분자들에 대해 '직관적으로' 설명해 주려고 애썼다. 선생님은 아이들의 호기심을 불러일으킬 수 있을 만큼, 그렇게 놀라움을 표현했다(……). 그때 내 나이 열 살쯤이었다. 실제로 선생님은 내가 호기심의 영역을 넓혀갈 수 있도록 이끌어 주셨다. 선생님은 단순히 정보를 제공하는 것으로 만족하지 않고, 경이로움과 가능성들로 가득한 세계를 소개해 주려고 애썼다. 분자들, 고체와 액체, 움직임, 이런 것들은 단지 과학적 사실에 머무르지 않았다. 선생님은 그것들을 활용하여 우리가 깊이 생각하고 상상의 나래를 펼 수 있게 하셨다. 오커트 선생님은 다른 선생님들과 달랐다. 그분은 지식을 전달하는 단순한 매개자가 아니었다."[261]

지식을 전달하는 과정에서 어른의 역할을 이보다 더 잘 설명할 수 있을까? 아이들과 기꺼이 진실한 인간관계를 맺을 채비가 되어 있는 어른들 말이다. 갖가지 의무 사항들과 필수적인 학습 프로그램들로 가득 채워진 학교 교실에서, 책읽기가 그런 인간 관계를 만들어낼 수 있을까? 필자는 그럴 수 있다고 믿는다. 실제로 우리는 오커트 선생님 같은 분들과 종종 마주친다. 교사와 학생의 개인적인 참여를 전제로 하는 독서 활동, 다시 말해 교사와 학생이라는 두 주체가 어느 한 작품을 탐독하는 데 함께 열성을 다하는 독서 활동에서 오커트 선생님의 수업 시간 같은 분위기를 찾아볼 수 있다. 이를 위해서는 어른과 아이들 모두에게 감동을 줄 수 있는 작품을 선택해야 한다. 또한 교사는 학생들과 좀 특별한 인간관계를 기꺼이 수락할 수 있을 만큼 포용력이 있어야 한다. 이런 분위기 속에서 아이들의 마음과 정신은 쑥쑥 커간다.

---

261) 제롬 브루너 Jérôme Bruner, 《문화와 사고방식, 작품 속에 나타난 인간 정신》, Editions Retz, 2000.

학교와 도서관이 진정한 협력 관계를 맺고 이를 유지하려면, 학교 교사와 도서관 사서는 도서 및 자료의 수집과 독서와 같은 문제들에 관해 함께 생각하고 끊임없이 연구해야 한다. 어린이 도서의 세계는 방대하다. 그 방대한 세계 속에서 방향을 올바르게 설정하려면 어떻게 해야 할까?

아이들이 길을 잃지 않도록 수시로 지표를 제공하고, 어린이 도서라는 방대한 세계 속에서 '알지 못한 채 어린 시절을 보낸다면 유감스러운' 보물들을 식별하고 선택하는 일이야말로 우리 사서들의 역할이다. 물론 아동 문학에 관한 교육은 대단히 유익하다. 하지만 그것만으로는 충분치 않다. 가장 중요한 것은, 아이들도 책읽기를 지도하는 사서도 아동 도서라는 방대한 영역에 각자 '자기만의 방식으로' 진입할 수 있어야 한다는 점이다.

추천 도서 목록은 도움이 될 수 있다. 하지만 추천하는 사람의 '개성과 인격과 열정'이 담겨 있지 않는다면, 그 효용성은 제한된다. 가장 중요한 것은 그 책들에 관한 개인적인 체험, 그리고 소통하고 공유하고 싶어 하는 마음이다. 따라서 사서는 개인적으로 감동받은 책을 선택하여 아이들에게 이야기해 줄 필요가 있다. 이렇게 하면, 도서관 사서와 학교 교사, 교사와 학생 사이에 '전달 또는 소통'이 이루어진다. 일방적인 전달이 아닌, 상호 간에 양방향 전달이 된다면 더욱 바람직하다.

나는 콜롬비아의 메델린에서 열린 학교 교사들을 위한 연수 프로그램에 참여하여 며칠 동안 흥미로운 시간을 보낸 적이 있다. 모임에 초빙된 아르헨티나 출신 유명한 아동문학 작가가 아동과 청소년 문학을 주제로, 그 중에서도 특히 그림책에 비해 읽어 내기가 쉽지 않은 장르인 소설에 관해 강연을 했다. 실제로, 학교 도서관에서 그림책이나 다큐멘터리 책에 비해 소설책들이 천덕꾸러기 취급을 받는 게 요즘의 현실이다.

강연에서 작가 루이스 마리아 페세티 Luis Maria Pescetti는 픽션이라는 장르, 소설책의 교육적 활용, 문학의 중요성, 소설을 읽어야 하는 이유 같은 상투적인 주제들은 거의 언급하지 않았다. 그 대신에, '자기가 좋아하는 작품들'에 대해 아무런 과장이나 꾸밈없이 매우 단순하게 이야기했다. 이야기 줄거리를 간단히 소개한 다음, 몇몇 대목을 발췌하여 읽었다. 그리고 자기가 특별히 좋아하는 몇몇 작품에 대해 개인적인 느낌과 감동을 이야기함으로써 청중들을 열광시켰다. 그의 이야기는 자기 자신의 감정에 충실한, 매우 '사적인' 것이었다. 청중들은 그의 이야기에 매료되었고, 모두가 감동을 받았다. 반드시 읽어야 하는 필독서 목록을 소개하는 데 그치는 대부분의 강연과는 다른, 매우 인상적인 강연회였다.

우리는 그런 식의 개인 대 개인의 교류, 풀어서 말하면 사적인 책읽기 경험을 공유하는 것을 선호한다. 우리 도서관에서도 도서관을 이용하는 아이들과 그런 관계를 맺고 싶어 한다. 책읽기는 개인적인 행위다. 따라서 독서는 어떤 경우에도 강요되어서는 안 된다. 우리들 각자가 그 방대하고 흥미로운 영역을 자기만의 방식대로 침투해 들어갈 수 있는 통로를 찾아내야 한다. 출발점은 각자에게, 각자의 감수성과 신념 속에 내재해 있다. 그 개인적인 요소들을 제외시킨다면, 우리는 자기만의 사고는 전혀 없는, 단순한 모방자나 추종자로 전락할 위험성이 커진다.

우리 도서관에서는 학교 교사, 학부모, 때로는 출판이나 도서 판매와 관련된 일에 종사하는 분들을 초대하여 작고 소박한 독서 모임을 자주 갖는다. 우리는 초대된 손님들 모두가 남들의 판단이나 평가를 두려워하지 않고 자유롭게 말할 수 있는 분위기를 조성하는 데 역점을 둔다. 이런 모임을 통해 우리는 서로에게서 많은 것을 배운다. 여기서는 모두가 비유적 의미로 "자기 서재를 공개한다."[262]

이런 형태의 비공식적인 소규모 모임에서는 주로 몇 권의 책을 주제로 토론이 이루어진다. 참석자들 모두가 형식에 구애받지 않고 자유롭게 이야기한다. 어느 유치원 교사는 다섯 살짜리 꼬마들이 토미 웅게러의 그림책 《곰 인형 토토》[263] 이야기에 크게 감동받은 사연을 이야기했다. "놀랍지 않나요? 제2차 세계대전 동안 일어났던 비극적인 사건들을 전혀 알지 못하는 꼬마들이 그 이야기를 얼마나 이해했을까요?" 그뿐만 아니라 모든 연령층 독자들이 좋아하는 책들, 너무나도 풍요로운 책들이라서 모든 사람의 마음 속에 큰 울림을 주는 책들이 언급되었다. 우리 사서들은 책

---

[262] 발터 벤야민 Walter Benjamin의 책에서 빌려온 표현: 《나의 서재를 공개한다》, Ed. Payot et Rivages, 2000.
[263] 토미 웅게러, 《곰 인형 오토》, 비룡소, 2001

의 아름다움과 지적인 면이 인상 깊었던 다큐멘터리 책들을 소개했는데, 그 가운데 하나가 《물 한 방울》[264]이다. 이 책에 실려 있는 정확하고 선명한 사진들은 실험과 관찰의 세계로 아이들을 이끈다. 물에 관한 이야기는 그밖에도 많다. 《비가 오면, 동물들은 어디로 가요?》[265]라는 그림책은 물을 좋아하는 동물들과 물을 싫어하는 동물들의 이야기다. 아이들이 궁금해 할 만한 주제다. 《커다란 질문》[266], 《생각하는 개구리》[267]처럼 아이들에게 깊이 생각하게 하는 철학적인 그림책들도 있다. 이런 모임을 통하여 우리는 책, 아이들의 관심사, 아이들에게 다가가는 방법에 관해 수많은 질문을 하고 새롭고 놀라운 사실들을 알게 된다. 학부모들도 자녀들과 함께 했던 각자의 독서 경험을 생생하게 들려준다. 다른 사람들의 경험을 듣는 것은 책을 평가하는 데 있어 균형 감각을 잃지 않도록 돕는다. 이것은 자신의 선택권을 포기한다거나 자신의 능력을 부정한다는 것을 뜻하지 않는다. 다른 사람들과 교류가 없는 폐쇄된 공간에만 머물러 있다 보면, 독단적인 태도를 갖게 될 위험성이 커진다.

다른 사람들의 선택을 이해한다는 것은 상대주의에 빠진다는 게 아니라, 교류와 소통을 허락함을 뜻한다. 이는 상대방이 누구든 모두의 의견을 받아들일 수 있는 열린 마음이며, 열정과 신념과 믿음으로 나아갈 수 있게 하는 만남과 대화의 선결 조건이기도 하다.

물론 아동 문학에 관한 교육은 매우 유익하다. 하지만 다른 문학 장르들과의 만남이 함께 이루어질 때 그 가치는 더욱 커진다. 어린이 도서의 세계가 얼마나 풍요로운지 누구보다도 잘 아는 우리 사서들은 더욱 깊고 폭넓은 연구와 학습, 문학 교육의 필요성을 절감한다.

좋은 책을 찾아내어 아이들과 교사들을 매력적인 독서의 세계로 끌어들이고, 학교 수업 시간에 아이들이 팀을 이루어 재미있는 독서 활동을 할 수 있게 할 만한 보물 같은 책을 찾아내고 소개하는 데 일부 도서관이나 단체[268]에서 놀라운 성과를 보여 주고 있다. 이를 위해서는 사실 책 몇 권

---

264) 월터 윅 Walter Wick, 《물 한 방울》, 박정은 옮김, 한길사, 2002.
265) 제르다 뮐러, 《비가 오면, 동물들은 어디로 가요?》, 신선영 옮김, 파랑새, 2007.
266) 볼프 에를부르흐 Wolf Erlbruch, 《커다란 질문》, 베르나르 프리오 번역, Editions Etre.
267) 이와무라 카즈오 Kazuo Iwamura, 《생각하는 개구리》, 김창원 옮김, 진선출판사, 2004.
268) 샬롱 쉬르 손 지역의 〈리브랄리르 (베로니크 롱바르가 주도하는 모임)〉: www.assa.livralire.org

이면 충분하다. 학교 교실에서 교사와 아이들이 참여하는 독서 활동은 어떤 주제, 인물, 장르, 작가, 이런 것들 가운데 한 가지를 중심으로 이루어진다. 아이들에게 책을 소개할 때는 마치 맛있는 간식거리를 소개하듯이 그 책을 먹고 싶고 맛보고 싶고 삼켜 버리고 싶은 욕구를 불러일으킬 수 있을 만큼 '먹음직스럽게' 책을 소개해야 한다. 아이들에게 책을 읽고 싶은 욕구와 용기를 불어넣으려면 전략이 필요하다. 다른 학급 아이들과 책을 주제로 한 교류와 만남을 기획해 보는 것도 좋은 방법이다. 삶과 죽음, 모험, 그뿐만 아니라 스포츠, 놀이 등 토론 주제는 무궁무진하다. 이런 독서 활동은 아이들을 진정한 사색의 세계로 이끈다.

도서관 견학, 도서관에서의 만남

학교 쪽으로부터 의뢰나 요청이 적지 않은 편이다. 하지만 우리 도서관에서는 여러 가지 여건상 충분히 응하지 못하고 있는 형편이다. 아이들의 도서관 견학을 요청하는 경우도 많은데, 사실 그 효용성은 제한적이다. 물론 도서관을 처음으로 방문하는 아이들에게는 도서관 견학이 유익할 수 있다. 하지만 학교 측이건 도서관 측이건 사전에 철저한 준비가 이루어지지 않는다면, 도서관 단체 방문은 아무런 의미가 없는 형식적이고 의례적인 행사에 머무를 수밖에 없다. 공공 도서관을 학교에 달린 단순한 부속 기관처럼 활용할 수는 없을까? 도서관을 자주 이용하는 아이들에게도 도움이 되는 도서관 견학은 어떤 형태여야 할까? 도서관 견학이 수업 시간을 대충 때우거나, 학과 시간에 학교를 벗어나기 위한 구실이 되고 있지는 않는가? 도서관 쪽에서도 교육부나 교육청 같은 행정 감독 기관에서 요구하는 통계 수치(단체 방문 횟수, 대출 횟수 등)에 지나치게 몰두하다 보면, 자유로움과 독특함이라는, 우리 도서관 같은 지역 주민 밀착형 도서관 고유의 성격을 잃어버리기 쉽다. 그렇다고 해도 도서관 견학이 지루하고 짜증나는 상투성을 벗어 버린, 능동적이고 활기 있는 체험 학습이 된다면, 얼마든지 유익하고 의미 있는 행사가 될 수 있다.

우리 사서들도 가끔씩 학교에 찾아가는데, 그것은 우리에게 소중한 시간이다. 사서들과의 만남은 수업 시간으로 꽉 채워진 하루 일과 중에서 휴식 시간 또는 오락 시간이나 다름없기에, 아이들은 우리를 기쁘게 맞이한다. 아이들은 학교에 찾아온 손님을 반갑게 맞이하고, 사서들은 아이들에게 좋은 책을 성심성의껏 소개한다. 사서들은 이야기를 들려주고, 도서관에서 일어나는 일이나 행사를 알려 주고, 도서관에서 얼마나 많은 것을 배우고 체험할 수 있는지 소개한다. 이렇게 하면, 아이들은 도서관을 찾고 싶은 욕구가 생긴다. 우리가 학교를 방문하고 나면, 실제로 도서관에 찾아오는 아이들이 많아진다. 개인적인 선택에 따라 자유롭게 도서관을 드나들 수 있게 하는 것이 가장 중요하다.

학교 교실에서 이루어질 수 있는 다양한 방식의 책읽기 체험

유치원이나 초등학교에서는 한 학급의 아이들이 날마다 선생님 한 분과 하루 종일을 보낸다. 이것은 동화책 몇 권을 몇 주 동안에 걸쳐 깊이 으로 파고들기에 매우 이상적인 조건이다. 충분한 시간 동안 책 속의 세상에 머물러 보고, 삶의 우여곡절이 집약된 그 흥미진진한 세계를 체험하면서 그 작품을 한껏 음미할 수 있는 것이다. 적어도 그 시간 동안은, 마치 살아 있는 듯 생생하고 친근한 등장인물들이 아이들의 소중한 친구가 된다. 등장인물들은 아이들의 상상 속에서 실제로 존재하기에, 또한 아이들 자신과 너무나도 닮았기에 아이들은 스스럼없이 그들과 가까워진다. 아이들은 자기들에게는 결코 낯설지 않은 동화 속의 세상을 매우 자연스럽고 행복하게 체험한다.

이러한 책읽기 프로그램은 교육적인 의도나 효용성 같은 목적은 완전히 배제된 '단순한 책읽기와 교류의 시간'이 되어야 한다. 무언가를 가르치고 배우는 '학교 수업 시간'과 뚜렷이 구분되어야 한다. 그렇게 하면, 아이들은 그런 특별한 문학적 체험을 백 퍼센트 만끽할 수 있다. 뿐만 아니라 그 시간을 함께 하는 어른에게도 좋은 경험이다. 아이들에게 책을 읽어 주면서 저 자신도 감동을 받고, 문학적 정취가 물씬 풍기는 그 모임에서 자신의 위치를 재발견하는 기쁨을 맛본다. 그것은 아이들에게도 교사에게도 특별한 시간이다.

문학의 세계로 여행을 떠나기 위해서는 충분한 시간이 필요하다. 고학년 아이들에게는 《토비 롤네스》, 《나니아 연대기》, 《워터쉽 다운의 열 한 마리 토끼》 같은 작품을 선택하고, 저학년 아이들에게는 《피노키오의 모험》[269] 같은 작품들이 제격이다. 그보다 어린 꼬마들에게는 《무민 트롤》, A. A. 밀른 원작 오리지널 버전의 《곰돌이 푸우》 같은 작품이 좋다. 나이 어린 꼬마들은 혼자서 책을 읽어 내기가 쉽지 않다. 소리 내어 책을 읽어 주는 어른들이 없을 경우, 아이들은 책 속의 풍요로운 자산을 발견해 낼 수 없다. 텍스트가 너무 길면 아이들이 혼자서 책을 읽으면서 텍스트를 충분히 음미할 수 없다. 아이들은 혼자의 힘으로 완벽하고 충분하게 책읽기를 마무리해 낼 수가 없다. 그렇지만 일정 기간 동안 어른이 매일매일 한 부분씩 읽어 주면서 진지하고 감각적이고 조심스러운 태도로 아이들과 함께 공모자가 되어 그 놀이에 참여한다면, 장황하고 지루한 이야기는 오히려 아이들에게 즐거움이 된다. 이렇게 하여 학교 교실에서는 특별한 형태의 공동체가 형성된다. 아이들은 각자가 저만의 방식대로 동화책의 세계를 체험하고, 그 세계 속에서 다른 이들과 더불어 살아가는 즐거움을 맛본다. 동화책이 환기시키는 준거들 덕택에 학교생활은 변화하고 더욱 활기를 띤다. 그리고 아이들 사이에 유머가 자리를 잡는다. 이렇게 멋진 여행을 위해서라도[270] 책은 읽을 만한 가치가 있다. 특히 걸작이라고 부를 수 있는 훌륭한 작품들을 선택하여 읽어야 한다.

이런 형태의 학교 교실 책읽기 프로그램에서 아이들이 자유롭게 토론하기에 적합한 이야기책들이 있다. 나는 초등학교 교실에서 열린, 매우 인상 깊었던 책읽기 프로그램에 참석한 적이 있다. 야누스 코르착(Janusz Korczak 1878-1942. 폴란드의 교육자이자 아동 문학가 — 역자)의 대표작들 가운데 하나인 《국왕 마치우스 1세》를 주제로 한 독서 토론 프로그램이었다. 책의 내용은 다음과 같다. 아버지가 돌아가신 뒤, 마치우스는 어린 나이에 왕이 된

---

269) 카를로 콜로디 글, 로베르토 이노첸티 그림, 《피오키오의 모험》, 갈리마르.
270) 모험 이야기 혹은 성장 소설은 그밖에도 많다. 대표적인 것들로는, 유치원과 초등학교 저학년 아이들을 위한 《무민 트롤》, 초등학교 고학년생을 위한 《칠면조들의 대행진》, 《틸러만 가족》, 《닐 홀게르손의 모험 이야기들》, 《버드나무에 부는 바람》, 《워터쉽 다운의 열 한 마리 토끼》 등이 있다.

다. 글을 읽을 줄도 쓸 줄도 모르는 마치우스는 궁궐에서 도망쳐 나와 수많은 모험을 한다. 그는 케케묵은 관습을 뜯어고치는 훌륭한 왕이 되고 싶었다. 하지만 그것은 결코 쉬운 일이 아니었다. 아이들에게 민주주의와 자유를 부여하고 싶었지만, 수많은 난관에 부딪친다. 나이 어린 왕은 성공과 실패, 전쟁과 평화, 우정과 배신, 이 모든 것을 골고루 체험한다. 하지만 끝내 약속을 지킨다. 스무 살도 채 되지 않은 어린 왕이 이 모든 것을 이루어낸 것이다.

이 작품을 주제로 교사와 아이들은 몇 가지 게임 규칙을 철저히 지켜가면서 토론에 참여했다. 교실에서 우리는 모임의 특성상 둥글게 둘러앉았다. 성적이 좋은 아이, 성적이 나쁜 아이 구분 없이 모두에게 발언하고 청취할 수 있는 권리가 주어졌다. 어른들은 매우 신중하고 조심스럽게 중재자 역할을 했는데, 이는 토론회를 진지하게 이끌어가는 데 도움이 되었다. 필자는 지금도 기억이 생생하지만, 그 모임은 열 살쯤 된 그 아이들에게 토론의 즐거움을 가르쳐 주었다. 토론의 풍성함, 토론에 참여한 아이들의 성숙함은 우리 어른들은 물론, 아이들에게도 깊은 인상을 심어 주었다. 토론에 참여했던 아이들의 말이다. "어려운 주제들을 쉽게 풀어서 설명하고 있다는 점이 흥미로웠어요. 작가(야누스 코르착)는 독자들이 아주 쉽게 읽을 수 있도록 단순한 문체로 복잡한 문제들을 제기하고 있어요. 저희들은 주인공 마치우시를 좋아하지 않을 수 없었어요. 주인공이 마음에 들면, 책은 저절로 재밌게 읽혀요." 아이들은 책을 참조하면서 아이들 스스로가 매우 중요하다고 생각하는 책임감이라는 개념, 부모와 자식 간의 이해와 소통의 어려움, 민주주의의 취약점, 언론의 막중한 역할 같은 매우 진지한 문제를 토론했다. 자유로운 토론이 이루어지지 않았다면, 불완전한 독서에 머무르고 말았을 것이다. 고아원을 운영했으며 소아과 의사이기도 한 폴란드 출신 작가 야누스 코르착는 작품을 쓰면서, 아이들이 책을 읽은 뒤에 자유롭게 토론하는 시간을 갖기 바란다는 뜻을 밝힌 바 있다. 이는 그가 운영하던 고아원에서 구현된 바 있는 '아이들의 공화국'이라는 그의 사고와도 일맥상통한다.

이런 형태의 책읽기 모임은 아이들에게 무엇을 남겨 줄까? 책읽기와 토론 시간이 끝나면, 아이들은 빙 둘러앉았던 자리를 떠난다. 아이들은 자기 책상으로, 교사는 교탁 뒤로 이동한다. 아이들은 각자가 자기 의견을 당당하게 표현했으며, 분명한 의견을 가진 주체로서 남들에게 인정받았다는 생각과 더불어, 지적으로 감성적으로 성숙했음을 느낀다. 또한 여러 사람들이 어울려 살아가는 학교 생활에서도 작은 변화가 생겨나고, 아이들은 무언가에 관심과 흥미를 가질 수 있다는 자신감이 생겼음을 느낀다.

학습 방법으로서의 '조사 또는 탐구'

교사가 아이들에게 도서관에 가서 자료 조사를 하게 하는 것은 매우 자연스럽고 보편적인 교육 방식이다. 이런 과정을 통해 아이들은 스스로 조사하거나 탐구하는 법을 배운다. 이것은 오래 전부터 존재해 온 의무적이고 제도화된 관행으로, 도서관 견학과 마찬가지로 학교와 도서관의 공동 협력으로 이루어지는 전형적인 프로그램의 한 가지다. 그렇지만 이것은 원칙상으로는 매우 유익하고 흥미로운 교육 방식이지만, 늘 만족스러운 효과를 내지 못하는 것도 사실이다. 아이들의 흥미와 관심을 불러일으키지 못하는, 무익하고 비생산적인 정보와 자료 수집에 그치는 경우가 적지 않기 때문이다. 그것이 의미 있는 교육 방식이 되려면, 사전에 학교 교실에서 철저한 준비 과정이 선행되어야 한다.

아이들이 도서관에서 조사나 탐구를 효율적으로 수행할 수 있으려면, 아이들 스스로가 질문을 제기할 수 있도록 사전에 교사와 토론 시간을 가져야 한다. 탐구에 나서기 전에 토론하는 시간을 갖는다면, 아이들의 호기심을 일깨우고 아이들이 제기하는 다양한 질문을 미리 파악하고 수집할 수 있다. 이런 과정을 통해 유능한 탐구자가 된 아이들은 질문에 대한 답을 찾을 때까지 탐구를 포기하지 않는다. 이것은 프레네 교실에서 일상적으로 행하는 수업 방식이다.

이렇게 하면 교실에서는 특별한 인간관계가, 특별한 수업 분위기가 형성된다. 교사는 아이들이 어떻게 참고 자료를 활용하는지, 어떻게 추론하는지 등 아이들이 특정 주제에 접근하는 방식에 관심을 갖게 된다. 수업 방식이나 학교 생활도 달라질 수밖에 없다. 책이 교사와 아이들이 벌이는 진지한 토론의 주제가 된다면, 교실은 자유로움과 지성, 교류와 소통, 이런 것들로 충만한 공간이 되지 않겠는가! 아이들에게 늘 관심이 많고 모든 것에 열려 있고 그 자신들 역시 배우려는 마음가짐으로 무장한 교사들에게는, 아이들이 지식을 탐구하고 새로운 것을 발견하여 질문을 제기하는 일련의 과정과 함께 하는 일이 큰 기쁨이다. 아이들이 자기 의견을 표현하고 아직 완성되지 않은 자기 생각을 표명할 수 있도록 이끌어 주는 교사가 진지하게 들어준다면, 아이들은 큰 용기와 자신감을 얻는다. 이렇게 아이들은 알고 싶어 하는 자신의 욕구를 찾고, 어른들은 지식을 전달해 주는 기쁨을 맛본다. 이것이야말로 학교 생활에서 가장 중요한 요소가 아닐까?

제 7 장

디지털 시대의
도서관

...

맺음말

제 7 장

디지털 시대의 도서관[271]

요즘 같은 디지털 시대에도 도서관이 필요할까? 집에서도 인터넷으로 모든 것을 자유자재로 활용할 수 있는데, 책이나 잡지, 비디오를 보거나 빌리러 도서관까지 가야 할까? 도서관은 앞으로 영원히 사라져 버릴 운명에 처한 것은 아닐까?

'디지털 원주민'이라 불리는 우리 아이들

그 대상이 아이들이라면, 문제는 더욱 심각해진다. 인터넷 환경에서 태어난 우리 아이들은 이미 '디지털 원주민'[272]이라 불린다. 실제로 우리 아이들은 정보와 한순간도 쉬지 않고 끊임없이 연속되는 오락의 세계를 자유롭고 즐겁게 항해한다. 그렇게 아이들은 소리와 이미지와 텍스트로 이루어진 세상 속을 살아가고 있다. 풍요로운 디지털 세계는 아이들에게 무척이나 매력적이다. 마치 한 개의 달걀처럼 안에 내용물이 꽉 들어찬 충만한 세계가 아이들을 향해 열려 있는 것이다. 그곳에서 아이들은 온갖 종류의 게임과 놀이를 하고, 호기심이 이끄는 대로 자유롭게 정보를 수집하고 익힌다. 여기서는 학교 숙제를 하는 데 필요한 모든 자료를 구할 수 있다. 그뿐만 아니라 메신저를 통해 밤낮을 가리지 않고 친구들과 소통할 수 있다. 인터넷은 알고 싶어 하는 아이들의 욕구, 놀라움과 즐거움을 맛보고 싶어 하는 욕구, 다른 사람들과 만나보고 싶어 하는 욕구, 이 모든 것을 거

---

271) 내게 큰 도움을 준 아드리앙 코스 Adrian Koss에게 감사드린다. 그의 충고와 사고, 클라마르 도서관에서 한 경험은 내게 큰 도움이 되었다. 젊은 시절, 그는 클라마르 도서관에서 멀티미디어 아틀리에 활동을 이끌었으며, 디지털 관련 전 분야를 담당했다.

272) 디지털 원주민이라는 용어는 이러닝 e-learning을 전문으로 하는 TIC 소속 컨설턴트이자 작가인 마크 프렌스키 Mark Prensky가 그의 논문 〈디지털 원주민, 디지털 이주민〉에서 처음 사용했다(《On the Horizon》, MCB 대학 출판사, 9권, 5호, 2001년 10월).

의 완벽하게 충족시켜 준다. 이런 마당에 새삼스럽게 책을 읽을 필요가 있을까? 집 밖으로 나와 도서관까지 찾아갈 필요가 있을까?

인터넷에서 아이들이 가장 높이 평가하는 것은, 자신이 제기하는 질문이나 메시지의 타당성에 대해 남들이 어떻게 판단할지 두려워할 필요 없이, 자신의 생각이 틀리지는 않는지 걱정할 필요 없이 아무 거리낌 없이 그 새로운 세상으로 들어가 볼 수 있다는 점이다. 한 번 실패했다고 해도 실망하거나 좌절할 필요 없이 다시 시작하기만 하면 된다. 컴퓨터 모니터 앞에서는 읽고 쓰는 것이 아이들에게 문제가 되지 않는다. 어린 네티즌들은 다른 상황에서는 꽤나 심각했을 장애나 어려움을 쉽게 극복한다. 인터넷을 다루는 데 있어서 놀이적 성격은 아이들을 매료시킨다. 그런 까닭에 자료를 검색하는 일은 쉽고 신속하고, 심지어 매우 즐겁고 신나는 작업이 된다. 아이들은 집 밖으로 나갈 필요조차 없이, 게다가 놀이를 하면서 모든 것을, 무엇이든 찾아낼 수 있다. 그들에게 이 모든 것은 마치 아이들의 놀이처럼 쉽고 재미있다.

그렇다. 모든 것이 놀이나 다름이 없다. 클릭 한 번이면, 언제든지 답을 얻을 수 있다. 그렇게 얻어낸 답이 과연 정확한 답일까? 확실치 않다. 하지만 혼자서 모든 것을 해낼 수 있으리라는 자신감이 생기는 것은 사실이다. 무엇이든 마음대로 할 수 있으니까. 우선, 어디든지 마음대로 이동할 수 있다. 그리고 여기저기서 정보를 수집할 수 있다. 모든 게 빠르다. 매우 빠르다. 지루해할 틈이 없을 정도다.

그렇다고 해도 개인마다 정도의 차이가 있을 수밖에 없다. 인터넷을 다루는 방식은 연령대에 따라 다양하다. 초등학교 아이들이 그 세계를 파악하는 방식은 완전히 다르다. 이제부터 우리가 지적하는 것들은 주로 일곱 살에서 열두 살까지의 아이들을 대상으로 한 것이다. 하지만 여기서도 사회·문화적 배경, 나이, 개인적인 숙련도에 따라 크게 달라질 수 있다.

아이들은 인터넷 앞에서 평등하지 않다. 아이들의 인터넷 사용 방식은 가정 환경, 학교에서의 인터넷 교육, 개인적인 호기심에 따라 달라진다. 저소득층에서는 컴퓨터가 없는 가정이 적지 않으며, 컴퓨터를 갖고 있다고 해도 용량이 충분치 못한 경우가 많다. 이처럼 디지털 불평등은 엄연히 존재한다. 디지털 불평등은 사회적 불평등과 어느 정도 일치한다. 한 가정 안에서도 불평등이 존재할 수 있다. 아이들은 학교에서 인터넷을 배우고 사용한다. 친구들끼리 경쟁적으로 인터넷을 배우고 익히면서 인터넷에 점차 익숙해진다. 아이들에게는 그럴 수 있는 충분한 시간이 있다. 컴퓨터를 사용하는 것은 아이들에게 쉽고 친숙하다. 하지만 부모들의 경우는 다르다. 부모들 가운데 대부분이 인터넷 앞에서 자신이 무능하고 무지하다고 느낀다. 이는 가정에서의 소통, 지식과 사고의 공유를 어렵게 한다. 심지어 부모들은 자신이 알지 못하는 그 새로운 기기를 불신하기에 이른다. 자녀들이 자기 방에 틀어박혀 모니터 앞에서 쓸데없이 긴 시간을 보낸다고 생각하면서 불안해한다. 부모들은 걱정한다. "그 정도로 아이들을 빠져들게 하는 게 도대체 무엇일까? 혹시 마약 같은 건 아닐까? 이 모든 게 위험한 것은 아닐까?"

실제로 인터넷 상에는 위험하고 폭력적인 사이트들이 존재한다. 따라서 좀 더 신중해질 필요가 있다. 아이들은 인터넷 서핑을 하다가 유해한 것들과 마주칠 수 있다. 수상한 종파, 인종주의 단체, 심지어 음란물을 제공하는 사이트도 있다. 아이들에게 주의를 당부하고 싶어 하는 학부모나 교사들은 아이들에게 충고하기에 앞서 신뢰를 쌓아야 한다. 부모들이 디지털 세계를 잘 알고 있어서 아이들과 함께 그 세계를 공유할 수 있다면, 부모와 자녀들 사이의 신뢰감은 더욱 견고해진다.

이상적인 디지털 환경

인터넷 기술이 끊임없이 진화하는 오늘날, 어떻게 인터넷을, 그 새로운 '삶의 기술'을 활용할 것인가? 어떻게 그것을 오늘날의 사회에 적용시킬 것인가? 이것이 바로 우리 모두가 진지하게 생각하고 답을 찾아야 할 질문이다.

"테크놀로지의 급격한 변화는(……) 그러한 기술 혁신을 사회적 학습의 대상으로, 다시 말해 새로운 '삶의 노하우'로 만들 시간과 여유를 갖지 못한 사회를 약화시킬 위험이 있다."라고 베르나르 스티글레르 Bernard

Stiegler (프랑스의 기술 철학자 – 역주)는 지적했다.[273] 그렇지만 본래 공동체 성격을 지닌 어린이 도서관에서는 아이들이 그 새로운 삶의 기술을 통해 자아를 발견하고 여러 사람과 함께 어울려 살아가는 법을 배울 수 있도록 돕는다. 실제로 오늘날 어린이 도서관은 그 신기술이 확고히 자리를 잡고 본연의 역할을 다하는 사회화의 센터가 되고 있다.

정보의 문제가 요즘과는 다른 형태로 제기되던 시절, 초창기 어린이 도서관에서 일하던 선배 사서들의 통찰력과 지혜는 오늘날 우리들을 다시 한 번 놀라게 한다. 파리 〈즐거운 시간 도서관〉의 여성 사서들은, 개인주의가 만연한 지금 이 사회에서 그 어느 때보다도 절실하게 요구되는 어떤 삶의 방식을 그 당시에 이미 도입했다. 그들은 아이들 개인의 자주성, 자율성의 추구, 사회적 관계를 중요시하는 공동체의 삶, 이 세 가지 요소가 조화롭게 공존하는 도서관을 만들고자 했다.

소통 이론가와 사회학자들은 우리 사회에서 이런 공간이 반드시 필요하다고 강조한다. 도미니크 볼통은 이렇게 말한다. "오늘날 열린 사회에서는 정체성의 문제가 첨예하게 대두되고 있다. 소통의 폭이 커질수록 개인 또는 집단의 정체성이 강화될 수밖에 없기 때문이다."[274] 마찬가지로 장 클로드 기유보는 그의 저서 《미래 취향》에서 그 점을 재차 강조한다. "모든 개인에게는 일정한 거리(자율성)와 관계, 이 두 가지 요소가 필수적이다. (……) 관계를 깨는 것은 존재 자체를 깨는 것이다."[275]

따라서 활력 있고 역동적인 도서관은 분배 기능이라는 한 가지 역할에 만족하지 않는다. 넓은 세상을 향해 열려 있으면서 동시에 지역 사회에 굳건히 뿌리를 내린 채, 아이들과 그들의 호기심에 끊임없이 관심을 기울임으로써 어린이 도서관은 제 역할을 다할 수 있다.

인터넷 공간에서와 마찬가지로 도서관에서 아이들은 지식과 상상과 놀이의 세계에서 각자가 저마다의 방식대로 제 갈 길을 간다. 분명한 생각이나 계획을 갖고 도서관을 찾아오는 아이들도 있지만, 여유를 갖고 도서관 이곳저곳을 돌아다니다가 뜻밖의 발견을 하게 되고, 좀 더 멀리 가 보

---

273) 알랭 지파르 Alain Giffard와 《나쁜 성장을 멈추기 위하여》(플라마리옹, 2009)를 공동 집필했다.
274) 도미니크 볼통, 《불통의 시대 소통을 읽다》, 채종대 김주노 원용옥 옮김, 살림, 2011.
275) 장 클로드 기유보 Jean-Claude Guillebaud, 《미래 취향》, 쇠이유, 2003.

고 싶어 하는 호기심과 탐구심을 갖게 되는 경우도 많다. 아이들은 자기처럼 호기심 많은 다른 아이들을 만나는 기쁨을 맛보기도 한다. 어쨌든 오직 도서관만이 제공할 수 있는 것은 중재자 역할을 하는 '사람들'이 존재한다는 점, 그리고 도서관 이용자가 도서관이라는 공간에 동화되거나 편입될 수 있다는 점이다. 이러한 특성으로 인해 도서관은 무엇과도 대치될 수 없는 풍요로움을 지닌다. 도서관 사서들은 늘 그곳에 있으면서 아이들에게 온 정신을 집중하고 언제든지 아이들을 도와줄 마음의 준비가 되어 있는 사람들이다. 사서는 아이들에게 무언가를 제안하고, 언제나 아이들 곁에 있다. 그리고 아이들의 말에 귀를 기울이고, 아이들을 맞이한다. 아이들도 단순한 도서관 이용자가 아니며, 인터넷 사용자들이 그렇듯이 온라인의 자료와 모임의 소비자라는 위치에 머무르지 않는다. 도서관에서 아이들은 함께 하는 삶, 다시 말해 자유로움과 교류 속에서 훨씬 더 폭넓어지고 활성화되는 공동체의 삶에 능동적으로 참여한다.

 디지털 세상은 매우 방대하고 복잡하다. 그렇다면 여기서 어떻게 방향을 잡고 길을 찾을 수 있을까? 도서관에서는 공들여 선정된 온갖 종류의 책과 자료들이 누구나 쉽게 찾아보고 빌려갈 수 있도록 정교하게 분류되고 정리되어 있다. 여기서는 길을 잃고 헤맬 위험이 없다. 그렇지만 디지털 공간에서는 모든 게 달라진다. 디지털 세계는 늘 유동적이다. 인터넷 사이트, 블로그, 소프트웨어, 포럼, 이런 것들은 갑자기 나타났다가 사라진다. 분화되고, 불연속적이고, 조직되어 있지 않고, 변화무쌍한 그 세계는 위계질서도 체계도 없이 전개될 뿐이다. 여기서는 최선과 최악이 나란히 공존한다. 인터넷 사용자들은 대부분 맹목적으로 그 공간을 떠돌아다닌다. 따라서 쉽게 길을 잃는다. 인터넷 공간을 항해하는 동안, 발걸음을 멈추고 잠시 동안이라도 머물러 있을 만큼 가치가 있는 것을 찾아내고 분간하기가 쉽지 않다. 위장된 광고 혹은 선전 문구일지도 모를 인터넷 정보를 쉽게 믿어 버리는 오류에 빠지지 않기 위해서는 어떻게 해야 할까? 그 정보의 출처는 무엇인가? 믿을 만한 것인가? 컴퓨터 화면 앞에 편안하게 자리 잡고 앉아 있는 개 한 마리가, 깜짝 놀라 눈이 휘둥그레진 어린 강아지에게 "인터넷에서 가장 마음에 드는 것은 내가 개라는 사실을 아무도 모른다는 점이야."라고 말하는 장면을 묘사한, 잡지 《뉴요커》의 카툰에 이런 상황이 잘 표현되어 있다.

그렇다면 인터넷이라는 정글 속에서 어떻게 길을 찾을 것인가? 정보의 질을 어떻게 판단할 것인가? 관심이나 흥미를 가질 만한 가치가 있는 비디오 게임을 어떻게 분간해낼 것인가? 소셜 네트워크에서 이루어지는 만남을 신뢰할 수 있을까? 이런 질문을 제기하지 않는다면, 충분한 시간을 들여 깊이 생각하는 과정을 거치지 않고 선택하지 않는다면, 우리 모두 디지털 기기의 노예가 돼 버릴 위험성이 커진다. 디지털 기기로부터 유래하는 모든 것을 아무런 생각 없이 받아들이는 사람, 가장 강력한 콘텐츠 생산자들이 제시하는 것들을 맹목적으로 수용하는 사람 말이다. 이렇게 되면, 결국 누군가에게 조종당하는 처지로 전락하고 만다.

인터넷을 잘 사용하려면, 분별력과 비판 정신이 필요하다. 아이들은 혼자 힘으로 이런 태도를 갖기가 쉽지 않다. 사실 인터넷의 매력들 가운데 하나가 신속성이다. 아이들은 질문을 제기하고 난 뒤에, 대부분이 답글의 첫 번째 몇 줄을 읽어 보는 정도에 그친다. 어린 네티즌들은 "저는 첫 단락을 읽어 보았어요. 그것으로 충분해요. 더 이상은 필요 없어요."라고 말한다. 정보는 늘 컴퓨터 안에 들어 있으므로 마음만 먹으면 언제든지 참고할 수 있다는 사실에 안도감을 느끼는 듯이, 대개 아이들은 오랫동안 머무르지 않는 깜짝 방문을 좋아한다. 하지만 이 경우, 정보를 소유할 수 있을지 모르지만, 더 멀리 나아가지는 못한다. 이곳저곳을 '재핑 zapping'하고 난 다음에는 무엇이 남아 있을까? 마크 바우어라인(미국 에모리대 교수. 문학 교육 전공 - 역자 주)이 언급한 미국의 어느 초등학교 교장 선생님처럼[276] 오늘날 학교 교사들은 이 점을 심각하게 우려한다. "학생들에게 특정 주제를 제시하면서 심층 조사를 하게 하면, 그들은 구글 사이트로 가서 키워드를 입력하고 주제와 관련된 사이트를 서너 개쯤 방문하고 자료를 내려받는다. 그런 다음에는 필요한 자료를 선택하고, 몇 개의 대목을 이어 붙이고 편집하여 새로운 자료를 만들어 낸다. 그러고는 자기 의견을 몇 줄 써넣고는 프린트하여 다음 날 교사에게 제출한다. (……) 그런데 이러한 인지 모델은

---

276) 《Books》, 7호, 2009년 7-8월.

지식의 재구성이 아닌, 정보의 검색일 뿐이다. 웹에 있던 자료들은 학생의 뇌에서 고착되는 과정을 거치지 않고, 웹에서 곧장 학생의 숙제장으로 이동하는 것이다."

아이들의 인터넷 사용 습관으로부터 얻을 수 있는 유익한 정보

아이들의 인터넷 이동 경로, 아이들의 호기심, 이런 것들은 종종 우리를 놀라게 하고, 우리 사서들에게는 늘 흥미롭다. 네티즌들의 웹서핑 내력을 살펴보면, 인터넷에서 아이들이 어떤 질문을 하고 그와 관련된 사이트들을 얼마나 자주 방문하는지 알 수 있다. 도서관 이용자들의 성향을 더욱 잘 파악할 수 있는 것이다. 이러한 지표들은 도서관 소장 도서를 구입하고, 특별 활동 프로그램을 기획하고, 어린 네티즌들과 소통하는 데 도움을 주는 귀중한 자료가 된다. 그 지표들을 토대로 하여 아이들 개개인의 관심 영역을 넓혀 나갈 수 있도록 이끌어 줄 수도 있다. 이러한 환경에서도 책의 가치는 변함이 없다. 아이들은 예전과 다름없이 책을 찾아본다.[277] "손으로 마음대로 다룰 수 있다는 책의 고유성, 분량이 한정되고 그 자체로 완결된 오브제라는 사실, 이 두 가지 요소로 인해 책은 나머지 수많은 문서들에 비해 우월성을 갖는다. (……) 반면에 컴퓨터 화면은 소멸하는 것이다. 페이지가 열리면, 이전 페이지는 사라져 버린다. 이런 점은 독자들에게 상실에 대한 아찔한 현기증, 기억 상실에 대한 두려움을 불러일으킨다."

인터넷 검색이 일상화되면서 도서관이 제공하는 자료와 프로그램의 매력과 질적 수준에 대한 기대치가 한층 더 높아졌다. 그것들은 반드시 흥미롭고, 누구도 반박할 수 없을 만큼 가치 있는 것이어야 한다. "새로운 테크놀로지를 철저히 신봉했던 영국 도서관들은 도서관을 인터넷 카페처럼 만들어 놓고 다양한 서비스와 프로그램을 제공하면서도, 고객들의 요청에 따라 양질의 도서를 대량 구입하여 소장 도서의 규모를 대폭 늘려야 했다. 이렇게 하여 탄생한 것이 고스포트라는 도시에서 2003년에 문을 연 최초의 디스커버리 센터다. 소장 도서의 양과 질에 대해 고객들의 만족도가 낮다

---

277) 마르틴 풀랭 Martine Poulain, 《프랑스 국립도서관 연보 Chronoques de la BNF》, 52호.

는 사실이 여론 조사를 통해 드러났던 것이다."[278]

인터넷 덕택에 아이들은 아동 도서나 학교 수업을 통해 접근할 수 있는 범위를 훨씬 넘어서는 수많은 다양한 주제를 탐색할 수 있게 되었다. 인터넷을 통하여 우리 어른들도 아이들의 호기심의 폭, 새로운 것을 발견하고자 하는 욕구, 오락이나 놀이에 대한 욕구, 이런 것들에 대한 소중한 정보를 갖게 되었다. 언젠가 우리 도서관에서 한 아이가 유튜브 동영상으로 프로레슬링 경기를 보고 있었다.[279] "그 아이는 열두 살이었다. 그 애는 프로레슬링이라는 스포츠 경기를 어떻게 알게 되었을까? (……) 아이들의 인터넷 사용 방식은 디지털 원주민이라 불리는 우리 아이들이 디지털 세상에서 어떤 길을 가고 있는지 가르쳐 주는 작은 흰색 조약돌 역할을 한다."

도서관을 풍요로운 자산을 보유한 공간으로 만들고, 아이들이 관심과 흥미를 갖는 분야로 그들을 안내할 수 있는 전문가들과의 만남을 기획하고 주선하는 우리 사서들의 역할은 오늘날 디지털 사회에서 더욱 큰 중요성을 갖게 되었다.[280] 사서의 도움으로 어린 네티즌들은 다양하고 상호보완적인 접근 방식들이 있다는 것을 깨달을 수 있다. 아이들은 시청각, 디지털, 인쇄물 등 다양한 형태의 독서 방법을 서서히 익혀 나간다. 이런 과정을 통해 아이들은 재핑 zapping에 대한 충동적인 욕구를 조절할 수 있는 능력을 기른다. 실제로 리모컨이나 컴퓨터 마우스를 손에 쥔 어린 호모 자피엔스 homo zappiens들은 때로 일종의 광란에 빠져들기도 한다. 이런 상황에서 어떻게 서서히 지식을 넓혀 가고 깊이 있는 사색으로 나아갈 수 있겠는가? 이것은 오늘날 교육자들이 공통으로 제기하는 문제다.

아이들의 인터넷 총 사용량 중에서 게임이나 놀이를 위해 사용하는 비중이 적지 않다. 심지어 온종일 컴퓨터 모니터 앞에서 시간을 보내는 아이들도 있다. 인터넷에서 탐정소설 같은 장편의 이야기 줄거리를 따라가 볼 수도 있고, 예측이나 깊이 생각할 수 있게 하는 이야기 속으로 빠져들 수

---

278) 〈영국의 도서관. 책이 돌아오다〉, 《프랑스 도서 Livres de France》, 2009년 7-8월.
279) 프랑크 키로 Franck Queyraud, 〈디지털 도서관을 향하여?〉, 《어린이 책 리뷰》, 2009년 9월.
280) 도서관에서 컴퓨터의 위치는 매우 중요하다. 별도의 공간에 모아 놓는 것보다는 책과 가까운 곳에, 예를 들어 대출실에 배치하여 아이들이 쉽게 사용할 수 있도록 하는 게 바람직하다. 책과 컴퓨터가 밀접한 관계를 맺고 있다는 것을 아이들이 분명하게 인식할 필요가 있기 때문이다. 마찬가지로 멀티미디어 지도 교사가 사서 역할을 겸한다면, 똑같은 효과를 낼 수 있다.

도 있다.[281] 미국 도서관 협회에서는 도서관에 비디오 게임을 비치함으로써 얻을 수 있는 이로운 점이 많다는 사실을 인정했다. "전자 오락 프로그램들은 아이들이 깊이 생각하고 집중력을 발휘할 수 있게 하며, 학교에서 배우는 교과목을 예습하거나 복습하는 데에도 도움을 준다. 그뿐만 아니라 아이들의 사회화 과정을 위해 좋은 환경을 제공하는 공간인 도서관에서 다양한 서비스를 제공하고 있다는 점을 아이들에게 일깨워 준다."

실제로 인터넷 게임들 가운데는 아이들이 게임을 하면서 우주 공간의 행성들, 생태계, 영양 섭취 같은 매우 다양한 개념 또는 정보들과 친숙해질 수 있도록 도와주는 것들이 있다. 전통 방식으로 제시되는 경우, 오히려 아이들이 싫증을 내거나 거부감을 갖는 주제들이다. 오직 인터넷만이 재미있고 효율적으로 제시할 수 있다. 하지만 언제나 그렇듯이 최선은 최악과 나란히 공존하는 법이다. 다행스럽게도 비디오 게임을 분석하여 귀중한 정보를 제공하는 전문 인터넷 사이트와 잡지들이 있다.[282] 여러 도서관에서도 자체 홈페이지를 통해 아이들에게 그런 정보를 알려 준다. 도서관 사서들이 좋은 비디오 게임을 찾아내어 소개해 주려고 애쓴다는 사실을 알게 되면, 아이들도 행복해한다.

대부분의 아이들이 인터넷에서 늘 똑같은 경로로 움직이면서 그곳에서 벗어나려 하지 않는다. 도서관 사서들이나 멀티미디어 지도교사들은 아이들에게 새로운 경로를 소개해 주려고 애쓴다. 그들 대부분이 해당 분야에서 능력을 인정받은 전문가들이다. 실제로 그들은 다른 도서관에서 새롭게 시행되고 있는 것을 도입하고, 도서관 사서들끼리 인터넷 동호회를 만들어 활동하기도 한다. 인터넷 동호회에서는 경험과 아이디어를 주고받으며, 새롭게 발견한 것들을 공유하면서 지식과 경험의 폭을 넓혀 나간다. 도서관 소장 도서를 구입하는 경우와 마찬가지로, 사서들은 아이들이 관심을 가질 만한 좋은 정보를 수집하고 분류하고 분석하는 인터넷 블로그와 사이트를 참조하면서 끊임없이 연구하고 감시한다. 아이들의 인터넷

---

281) CD롬 또는 인터넷으로 찾아볼 수 있는 어니스트 삼촌 이야기 같은 스토리 게임들을 주목해 볼 필요가 있다.
282) 매우 유익한 CD롬 비평이 수록된 《어린이 책 리뷰》를 보시오.

사용 방식에 관한 정보를 제공하는 사이트들도 있다.[283]

이처럼 도서관은 웹사이트를 통하여, 특별히 흥미로운 인터넷 사이트와 블로그, 재미있고 유익한 게임을 아이들과 일반 가정에 알려 준다. 또한 아이들을 위해 특별히 제작된 검색 사이트, 체계적이고 믿을 만한 검색 엔진, 학교 숙제를 하는 데 도움이 될 만한 인터넷 사이트를 아이들에게 소개해 준다. 이렇게 도서관은 아이들에게 새로운 길을 열어 주려고 노력한다.

그런데 아이들이 과연 도서관에서 제공하는 정보에 관심을 기울일까? 아이들이 그런 것을 필요로 할까? 이미 익숙해져 버린 습관에서 벗어나려 할까? 잘 만들어진 인터넷 사이트와 함께라면[284], 아이들이 호기심 많고 능동적인 독자라면, 틀림없이 그럴 것이다. 그렇게 되려면, 아이들에게 관습이나 타성에서 벗어나고자 하는 욕구가 생겨야 한다. 또한 아이들의 호기심을 다양한 방향으로 자극하는 활력 있는 도서관이 되어야 한다. 아이들에게 교류와 소통, 다른 사람, 다른 것에 흥미와 관심을 갖게 하는 역동적이고 활기찬 도서관 말이다. 따라서 도서관에서 공부하는 것은 놀이가 되어야 한다. 이것은 신뢰의 문제이기도 하다. 아이들이 좋아할 만한 새로운 게임을 제공한다면, 아이들은 우리가 제시하는 다른 것들에도 관심을 기울인다. 도서관에 구비되는 자료를 선택하는 것 못지않게, 아이들 각자가 관심을 갖는 분야에도 우리 사서들이 늘 주의를 기울인다는 것을 아이들은 잘 알고 있다. 도서관이라는 공간에서 어른의 존재가 필수적이듯이, 가상의 세계에서도 매우 중요하다. 아이들 각자가 자기만의 지표를 발견하고 자신의 욕구와 호기심의 대상이 무엇인지 찾아내기 위해서는, 누군가와 일대일로 마주하여 함께 심사숙고해야 한다. 소설책이나 그림책, 또는 학습서를 선택할 때처럼 말이다. 도서관은 늘 상대방을 존중하고, 상대방이 지닌 자율성에 대한 욕구를 존중하고 격려하는 장소다.

---

283) 그 중에서도 특히 탁월한 인터넷 사이트 www.territoires21.org 를 참조하시오.
284) 퀘벡 국립 도서관에서 아이들을 위해 제작한 훌륭하고 매력적인 사이트 www.banq.qc.ca/portail jeunes/livre.jsp, 그리고 www. lapetitebibliothequeronde.com 을 참조하시오.

* * *

공여 供輿를 위한 인프라

"지금 새로운 혁신 모델이 생성 중이다. (……) 위계 절차에서 (……) 상향식 혁신으로 (……) 이동하고 있는 것이다. 디지털 기술이 이러한 급격한 변화를 가능하게 했다. 본격적인 공여 인프라가 이십여 년 전부터 인터넷을 통해 확대되고 있다. 여기서는 일방적인 생산자와 소비자들이 존재하지 않는다. 그 대신 온갖 종류의 공여자들이 있을 뿐이다." 인터넷에 관해 논하면서 베르나르 스티글레르는 "자발적으로 형성되어, 지식을 교환하고, 판단 능력을 재창출하는, 매니아 층으로 이루어진 인터넷 커뮤니티"를 언급하고 있다. 그런데 이것은 도서관에서 이미 오래 전부터 실행되고 있던 일들이 아닌가?

도서관에서 아이들은 자연스럽게 친해진다. 공통된 관심사나 취미 활동을 중심으로 작은 모임들이 생겨났다가 사라지기를 반복한다. 이것은 매우 자연스럽고 자발적인 현상이다. 그런데 인터넷은 그런 가능성을 확장시켰다. 온라인 상의 커뮤니티, 도서관 안에서의 실제 커뮤니티, 상호보완적인 이 두 가지 커뮤니티는 원거리와 근거리에서, 가상의 세계와 실제 현실 속에서 각자 저마다의 고유성과 장점을 서로 주고받으면서 더욱더 풍요로워진다. 가상 세계에서 나누는 교류는 도서관의 전반적인 생활에도 적지 않은 영향을 끼친다.

요즘 어린이 도서 관련 블로그를 여는 도서관이 점점 더 늘어나고 있다. 어린이와 청소년들이 자발적으로 의견을 표현하고, 적극 참여할 수 있는 공간을 만들어 주기 위함이다. 여러 책들을 비교, 선택, 추천하게 하는 것은 아이들의 비판 정신을 단련시킬 수 있는 좋은 방법이다. 아이들이 직접 작성한 평가 글이 도서관 블로그에 올라갈 수도 있으므로, 아이들은 사서의 도움을 받으며 정성들여 글을 써 보고, 생각을 가다듬는다. 책의 저자나 일러스트레이터에 관심을 갖는 아이들도 있다. 이런 아이들이 모여 특정 작가나 특정 작품에 대한 매니아 층을 형성한다. 《해리 포터》와 《토비 롤네스》는 매니아층을 결집시키고 있는 대표적인 작품들이다. 일본 만화나 판타지 문학을 중심으로 한 동호회들도 활발하게 활동하고 있다. 초등학교 고학년 아이들 가운데는 특정 분야에서 전문가 못지않은 실력을 가진 아이들도 많다. 그런 아이들은 도서관에 소장할 만한 책을 우리 사서들에게 추천하기도 한다. 그뿐만 아니라 흥미로운 사이트를 찾아내어 알려 주고, 특정 주제와 관련된 수많은 정보를 탐색한다. 그렇게 하여 찾아낸 정보들을 비교하고, 진지하고 열정적으로 토론한다. 이렇게 하여 아이들이 자발적이고 능동적으로 참여하는 진정한 토론 모임이 탄생하는 것이다. 이런 과정을 거쳐 아이들은 최종 평가를 내린다. 이처럼 자기 표현이나 창작을 위한 아틀리에 활동, 저자나 일러스트레이터와의 만남 같은 프로그램을 기획하는 것도 도서관의 업무다.

또래 친구들이 어떤 평가를 내리고 있는지 알아보는 것은 아이들을 책읽기로 인도할 수 있는 좋은 방법이다. 여러 권의 책을 앞에 두고 어느 것을 선택할지 망설이는 아이들에게는, 그 책들에 대해 다른 아이들이 어떻게 생각하고 있는지, 어떻게 이야기하고 있는지 인터넷을 통해 알아보게 할 필요가 있다. 아이들의 의견은 우리 사서들에게도 흥미롭다. 요즘 아이들은 영화나 음악, 인터넷 사이트, 소프트웨어, 인터넷 블로그에 대한 자기 의견을 스스럼없이 도서관 홈페이지나 개인 블로그에 올려놓는다. 이러한 작업은 때로 사서들과 협력하며 이루어지기도 한다.

웹 상에서 이루어지는 이러한 교류와 소통은 지역 사회 아이들의 관심을 불러일으키고, 이를 통해 도서관 생활은 더욱 풍요로워진다. 디지털의 도움으로 확장된 소셜 네트워크는, 지역 사회 안에서 아이들끼리 지식과 정보를 활발하게 교류할 수 있게 하는 견고한 도구가 된다. 이처럼 인터넷은 새로운 형태의 인간관계를 위한 좋은 환경을 만들어 주고 있으며, 이렇게 형성된 유대 관계를 아이들은 도서관이라는 현실적인 공간에서 실제로 체험한다.

오래 전 미국에서 도서관들이 처음으로 세워지던 시절, 도서관 사서들은 아이들을 만나러 직접 놀이터로 가서 아이들에게 이야기를 들려주고 책을 읽어 줌으로써 이야기, 책읽기, 도서관이라는 세계가 존재한다는 것을 아이들에게 일깨웠다. 그렇지만 오늘날 우리 사서들은 인터넷을 통해 아이들을 만날 수 있다. 아이들을 만나려면, 어린 네티즌들이 자주 다니는 경로에 직접 들어가 보아야 한다. 이렇게 하면 심지어 도서관에 오기를 꺼려하는 아이들도 만날 수 있다. 또한 도서관 웹사이트를 통해 도서관이 제공하는 모든 서비스와 행사들을 알려 줄 수 있으며, 독자들에게 좋은 평가를 받은 책들을 소개해 줄 수도 있다. 도서관 웹사이트의 가장 큰 장점은, 누구든지 원거리에서 도서관 프로그램에 참여할 수 있게 한다는 점이다. 온라인 카탈로그도 도서관 이용자들에게 큰 도움이 되고 있다. 도서관이 자기들의 관심 영역과 가까이 존재하는 활기찬 장소라는 느낌이 들면, 아이들은 직접 도서관을 찾아가 보고 싶다는 생각이 들 것이다. "도서관에서 제공되는 자료와 서비스의 참신성과 다양성이야말로 (……) 청소년들이 도서관과 가까이 지낼 수 있도록 인도하는 가장 확실한 방편이다."[285]

도서관의 역동성, 다시 말해 도서관 내부와 도서관 웹사이트에서 어떤 일들이 이루어지고 있는지에 도서관의 운명이 좌우된다. 공동체 성격을 가진 활기 있는 도서관은 아이들을 끌어들일 수밖에 없다. 이것은 매우 역동적인 여러 도서관에서 이미 나타나고 있는 현상이다. 미국 어느 도시의 공공 도서관에서 실제로 있었던 일이며, 그곳에서 일하는 사서에게 직접 들은 이야기다. 중요한 선거가 있던 어느 날, 저녁 시간에 텔레비전으로 선거 개표 방송이 중계될 예정이었다. 그날 저녁에는 당연히 도서관이 텅 비어 있을 거라고 모두들 예상했다. 주민들 모두가 자기 집 거실에 있는 텔레비전 화면 앞에서 선거 결과를 기다릴 게 뻔하기 때문이었다. 하지만 놀랍게도 그날 저녁에 도서관은 몰려든 주민들로 발 디딜 틈이 없을 정도였다. 도서관을 즐겨 찾던 지역 주민 대부분이 그 국가적인 행사를 함께 체험하고 싶어 했던 것이다. 아이들과 청소년들도 마찬가지였다. 이처럼 도서관에서 행사나 모임이 있는 날에는 수많은 사람들이 도서관으로 몰려든다.

* * *

---

285) 토마 샹보 Thomas Chaimbault, 논문 인용.

도서관에서는 때때로 학부모들을 대상으로 디지털과 아이들을 주제로 하는 모임을 연다. 가정에서 소통과 공유를 원활하게 하기 위해서이다. "오늘날 인터넷 기술에 대한 학부모들의 몰이해, 어린 네티즌들과 공통된 지표들의 결핍, 이런 요소들은 대부분의 가정에서 대화의 기회를 망쳐 버리고 있다. 또한 아직까지도 말끔히 정돈되지 못한 가상 세계의 폐해가 확산되면서, 이제는 필수가 되어 버린 인터넷이라는 도구에 대한 불신을 양산하는 결과를 낳고 말았다."[286] 일반 가정에서는 인터넷 사용을 금지하던 예전의 관행에서, 요즘에는 아이들에게 전적인 권한을 위임하는 완벽한 자유방임으로 곧장 넘어가 버리는 현상이 관찰되고 있다. 아이들은 자기 방에 틀어박혀 컴퓨터 모니터 앞에서 장시간을 보내지만, 부모들은 개입할 엄두를 내지 못한다. 도서관에서는 컴퓨터 사용 시간을 제한한다. 어린 네티즌들이 인터넷 이외의 다른 것에도 관심을 갖게 하기 위한 차선책이다.

꼭 필요한 멀티미디어 활동

도서관이 인터넷 카페와 다른 점은 도서관의 환경, 공동체적인 성격, 특히 중재자 역할을 하는 어른들이 상주한다는 점이다. 사람이 중재자 역할을 한다는 점은 인터넷이라는 도구를 잘 활용하는 법, 소통하고 창작하는 법을 체험이나 실습을 통해 배우는 활동에서 특히 중요하다. 이런 활동을 통해 아이들은 특정 기술이나 노하우를 전수받는다. 그런 활동 없이 도서관에 컴퓨터를 비치한다는 것은 자칫 부작용을 초래할 수 있다. 디지털 세계는 끊임없이 진화한다. 네티즌들은 점점 더 빨리 변화하는 디지털 기술을 계속해서 뒤쫓는다. 그와 관련된 모든 정보를 알고 있어야 하기 때문이다. 도서관에서는 디지털 기술 관련 학습 프로그램을 제공한다.

그런데 아이들은 누구나 그 분야의 전문가가 아닌가? 그런 아이들에게 교육 프로그램을 제공할 필요가 있을까? '컴퓨터를 하러' 도서관을 찾는 아이들이라면 누구나 컴퓨터를 자유자재로 다룰 줄 안다고 많은 사람들이 생각한다. 하지만 그것은 착각에 불과하다. "아이들은 컴퓨터 앞으로

---

286) 조엘 토라발 Joël Thoraval, 〈인터넷 사용과 어린이 보호〉, 2005년에 열린 '가정'을 주제로 한 컨퍼런스.

몰려들지만, 정보를 수집하는 데 아직도 어려움을 겪는다. 그런 까닭에 오늘날의 도서관 사서들은 인터넷의 위험성이나 새로운 자원을 사용하는 방법에 관한 자료와 정보를 제공하는 '디지털 중재자'라는 새로운 역할을 떠맡게 되었다."[287]

인터넷 환경에서 태어난 요즘 아이들과 청소년들이 인터넷이라는 도구를 자유자재로 사용할 수 있으며, 우리 어른들에게 가르쳐 줄 수 있을 만큼의 능력을 갖고 있으리라는 통념은 재고해야 할 필요가 있다. 그들에게는 올바른 방향을 설정할 수 있게 하는 지표들이 결여되어 있으며, 인터넷에 대한 지식도 매우 피상적이다. 아이들은 각자 저마다의 인터넷 사용 습관을 갖고 있으며, 대부분의 아이들이 습관에서 벗어나려 하지 않는다. 어른들이 아이들에게 배울 수 있는 것은, 매우 빠르게 진화하는 디지털 사용법을 두려워하지 않는다는 점 정도일 것이다. 실제로 인터넷을 비롯한 기술 도구들에 대해 제대로 알고 있는 아이들은 많지 않다. 그런 아이들이 어떻게 인터넷을 제대로 활용할 수 있겠는가! 아이들은 정보의 바다에서 길을 잃어버리지 않기 위해 도움이나 충고를 요청한다. 그들은 이메일이나 웹캠 사용법, 블로그를 만들고 위키를 활용하는 법을 배우고 싶어 한다. 초등학교 고학년 아이들은 사진 작업, 개인적으로 특별히 좋아하는 사이트를 모아 놓는 작업 등을 통해 웹페이지의 콘텐츠 생산에 참여하고 싶어 한다. 아틀리에 활동을 통해 아이들은 사생활, 이미지 저작권, 이런 것들과 관련된 네티즌의 책임 의식을 인식하고, 콘텐츠 생산자로서의 책임이 무엇인지를 이해하게 된다.

모든 아틀리에 활동이 그렇듯이 여기서도 도서관 사서, 멀티미디어 지도 교사, 청소년, 아이들, 이렇게 아틀리에 활동에 참여하는 모든 구성원들 사이에 유쾌하고 행복한 인간관계가 형성된다. 상호간의 신뢰, 완성도 높은 결과물에 도달하고자 하는 욕구, 이런 요소들이 성패를 좌우한다. 아이들과 도서관 직원들이 함께 힘을 합쳐 도서관 웹사이트를 만들고, 끊임없이 연구하고 노력하여 콘텐츠를 풍부하게 하는 일이야말로 도서관에서 이루어질 수 있는 바람직한 아틀리에 활동의 한 가지 예다. 도서관이 아이

---

287) 토마 샹보, 《어린이 책 리뷰》, 247호.

들의 집이라면, 인터넷 상의 도서관 웹사이트는 그것에 대한 반영이자 표현이다. 도서관 웹사이트는 도서관의 공동체적인 면을 표명하는 한 가지 방식이다.

어린 네티즌들은 도서관, 연극 동아리, 시 동호회, 창작 아틀리에 같은 곳에서 일어나는 일들을 취재하는 리포터 역할을 하기도 한다. 학자나 예술가, 또는 지역 사회 주민이 자신의 인생에 활력을 불어넣는 것들 가운데 일부를 아이들에게 나눠 주러 찾아오면, 온갖 종류의 정보는 물론, 전문가의 충고까지 첨부된 매우 깊이 있는 기사가 아이들의 손에서 탄생한다. 이처럼 아이들은 도서관 웹사이트를 통해 도서관과 지역 사회에서 벌어지는 일들을 도서관 이용자와 지역 주민들에게 알려 주는 역할을 한다. 이것은 아이들에게, 개인적으로 인상 깊었던 것을 새로운 시선으로 다시 한 번 되돌아볼 수 있게 하는 기회가 된다. 이를 위해서는 커뮤니케이션 전반, 다시 말하면 어떤 것을 알려 주고 싶은지, 왜 그것을 알려 주고 싶은지, 어떻게 알려 주고 싶은지, 이런 것들에 관한 심층적인 연구가 필요하다.

이와 비슷한 일들이 예전에 클라마르 도서관에서 〈프레네 인쇄소〉라는 프로그램을 통해 실행된 바 있다. 그 당시 아이들은 자신이 직접 쓴 문학 창작물이나 소박한 자서전을 인쇄하여 책으로 펴냈다. 인터넷을 비롯하여 각종 매체들을 자유자재로 활용할 수 있는 오늘날의 도서관에서는 그 가능성이 더욱 커졌다. 아이들은 영화를 촬영하고, 사진을 찍고, 음악을 녹음하거나 인터넷 사이트를 통해 내려받을 수 있고, 좋아하는 비디오나 게임을 고를 수도 있다. 활용할 수 있는 자원은 매우 방대하다.

도서관 웹사이트에 올려놓을 자료나 정보를 선택하고 웹사이트를 꾸미는 일은, 어린 네티즌들뿐만 아니라 도서관 사서와 특별 활동 지도 교사들이 함께 참여하는 공동 작업 형태로 이루어진다. 아이들이 관심을 갖는 주제들을 중심으로, 모두가 함께 참여하여 그 주제들과 관련된 폴더―책, 인터넷 사이트, 비디오, 음악, 게임을 소개하는―를 제작한다.

이런 형태의 실습 작업은 참여하고 싶어 하는 아이들로 구성된 소그룹 단위로 운영된다. 구성원 모두의 자발적이고 능동적인 참여에 바탕을 둔 팀워크인 셈이다. 아이들은 충분한 시간을 들여 정보가 정확한지, 근거가 확실한지를 판별하고, 아이들 스스로가 추천하고 싶어 하는 게임들의 질적 수준을 점검한다. 그러고는 관련 사이트와 블로그를 제공하고, 그와 연관된 도서관 소장 도서와 자료들을 소개한다. 웹사이트에 올려놓는 정보를 아이들은 어떤 근거로 선택할까? 특정 게임을 추천하는 까닭은 무엇일까? 참신함과 기발함은 아이들이 가장 선호하는 선택 기준이며, 명분 없는 폭력성이나 야만성은 퇴출 일순위다.

    선택된 정보들은 마지막으로 다시 한 번 신중하게 검토된다. "정보의 출처는 어디인가? 출처는 믿을 만한가? 이것을 어떻게 판단해야 할까?" 이 문제에 대한 답을 찾기 위해 우리는 그 주제와 연관된 도서관 소장 도서들을 참조한다. 책들을 근거로 하여 정보의 적합성을 판별하는 것이다. 이런 과정을 통해 어린 네티즌들은 책과 디지털의 상호 보완성, 언제든지 원하는 곳을 펼쳐볼 수 있다는 점 때문에 심도 있는 독서를 가능케 하는 책이라는 매체, 그리고 신속하게 검색할 수 있는 인터넷 상의 다양한 정보, 이 둘 간의 차이를 인식한다. 물론 예외도 있겠지만, 대개 아이들은 검증이나 비교 같은 절차를 혼자서 수행하기가 거의 불가능하다. 아이들에게는 어른의 도움과 격려가 필요하다. 도서관 웹사이트나 블로그에 올려놓는 정보나 자료들은 가까운 곳이나 먼 곳에 있는 또래 아이들, 혹은 학부모를 비롯한 일반인들에게도 공개되는 것이기에 늘 책임 의식을 갖고 작업해야 한다.

    요즘 같은 디지털 환경에서는 아동 문학 분야에서도 할 일이 많다. 우리 〈작은 동그라미 도서관〉 사서들은 아이들과 함께 《피노키오》, 작가 베아트릭스 포터, 《금발머리와 곰 세 마리》, 《나니아 연대기》, 《해리 포터》와 연관된 사이트를 찾아낸다. 그리고 이 책들과 연관된 참고 도서 목록, 영화 작품 목록을 아이들과 함께 제작한다. 아이들 스스로 제작하거나 어른들과 공동 작업으로 제작된 사이트와 블로그를 모아 놓은 목록이 있다. 인터넷에서 포럼을 열기도 하고, 개인적으로 좋아하는 작품 목록을 만들어 인터넷에 올려놓기도 한다. 무슨 책을 읽어야 할지 망설이는 아이들에게 또래 아이들의 의견이나 충고보다 더 유익하고 효과적인 것은 없다.

    멀티미디어 활동을 통해 아이들은 도서관 사서나 멀티미디어 지도 교사들과 함께 내용으로나 형식으로나 수준 높은 양질의 콘텐츠를 만들고자 노력한다. 여기서 어린 네티즌들은 좋은 정보와 자료를 식별해 내기 위해서는 서두르지 않고 천천히, 충분한 시간을 들여야 한다는 점을 인식하게 되며, 컴퓨터 화면을 마주한 아이들에게 생기게 마련인 '빨리빨리 강박 관념'에서 벗어날 수 있다. 이렇게 아이들은 컴퓨터의 노예로 전락하지 않고서 컴퓨터라는 도구를 올바르게 사용하는 법을 배운다. 컴퓨터는 어디까지나 정보와 창작을 위해 사용되는 도구일 뿐이다.

"어쨌든 기술로부터 벗어나 현실을 재발견해야 한다. 컴퓨터 화면 속 가상 현실에서 빠져나와 현실 경험을 되찾아야 한다. 게다가 그 현실 경험은 소통, 다시 말해 '이타성 altérité 異他性, 곧 타자 혹은 다름'의 문제를 분명하게 인식할 수 있게 하는 소통을 위한 첫 번째 조건이다. 정보를 제공하는 것만으로는 소통을 창출할 수 없다. 그러나 이타성의 일차적 형상 figure 인 수신자들이 존재하는 한, 불소통의 위험성을 최소화할 수 있도록 경험을 증대시켜야 한다."[288] 소통 이론가 도미니크 볼통이 여기서 지적하고 있듯이 도서관에서 구체적이고 일상적으로 경험하는 것들은 아이들에게 매우 중요하다.

현실 경험과 실제 만남을 통해 마음 속에서 일어나는 '감정 혹은 감동'으로부터 모든 것이 시작되고, 모든 것이 의미를 갖게 되며, 보편성에 도달할 수 있게 한다. 뜻밖에 무언가를 발견하는 순간, 갑작스럽게 무언가를 알게 되고 깨닫는 순간, 우리는 놀라움과 함께 감정의 동요를 느낀다. 이처럼 진리, 아름다움, 알고 싶어 하는 욕구, 이 세 가지는 필수적이다. 그것은 오로지 '컴퓨터를 하기 위해' 키보드를 두드리는 네티즌의 모습과는 전혀 다르다. 컴퓨터를 올바르게 사용하기 위해서는 실제 만남이라는 경험이 반드시 필요하다. 물론 디지털 세계에서도 만남이 가능하지만, 도서관에서 이루어지는 만남이나 모임들과는 차원이 다르다. 어느 럭비 선수, 예술가, 학자, 또는 유명 인사는 아니지만 지역 사회에서 현역으로 활동하는 어느 장인 匠人이 자신의 열정을 아이들에게 나눠 주고 싶어서 일부러 시간을 내어 도서관을 찾아와 준다면, 아이들에게는 얼마나 멋진 선물인

---

[288] 도미니크 볼통,《불통의 시대 소통을 읽다》, 채종대 김주노 원용옥 옮김, 살림, 2011.

가? 아이들은 감동을 받는다. "그분은 우리를 만나러 오셨어요!" 그분 주위로 아이들이 빙 둘러앉아서 대화하고 이야기를 듣고 자기 의견을 말하는 순간은 경이롭기까지 하다. 아이들에게 그것은 무엇과도 바꿀 수 없는 소중한 시간이고 체험이다. 감동, 공통된 관심사, 알고 싶어 하는 욕구, 다른 사람들과 함께 공유하고자 하는 욕구, 이런 것들을 중심으로 매우 특별한 공동체가 탄생하는 것이다.

"이제는 우리 것이 되어 버린 그 새로운 소통 수단이, 우리가 아주 단순하게 손이나 입으로 만들어 내는 것들처럼 견고함, 진지함, 엄중함에 도달하게 하기 위해서는, 우리가 실행하고 시도해야 할 게 아직도 많다. 사람 대 사람의 직접 대화보다 더욱 완벽하고 보편적이고 민주적인(넓은 의미의 민주주의를 말한다) 소통 수단을 가까운 시일 안에 찾아내기란 아마도 불가능할 것이다. 이것은 너무나도 분명한 사실이지만, 우리는 자주 그 사실을 잊어 버린다. 아무리 획기적인 발명품이라 할지라도, 그것이 사람들 사이에 직접 대화를 통해 서로 가까워져야 한다는 절대적이고 필연적인 사실을 은닉해서는 안 되고, 오히려 그 사실을 일깨우는 데 사용되어야 한다." [289]

여러 사람이 함께 모여들어, 공통된 관심사를 찾아내고, 함께 계획을 세워 보고, 그 관심사를 나누고, 앞으로 펼쳐질 새로운 길들 앞에서 경이로움을 함께 느끼고……. 우리 모두가 이런 것들을 체험할 필요가 있다. 간단히 말해 충분한 시간을 함께 보내면서 더불어 살아가고 성장해 가는 것이다. 이것이 바로, 요즘 같은 디지털 시대에 그 어느 때보다도 꼭 필요한 존재가 되어 버린 도서관에서 제공하고자 하는 것들이다. 이렇게 함으로써 우리는 디지털 기기의 노예가 되는 것을 피할 수 있고, 인터넷은 그 존재 가치를 온전하게 지닐 수 있게 된다. 인터넷은 도구일 뿐이라는 사실을 결코 잊어서는 안 된다.

---

[289] 전문 스토리텔러 브뤼노 드 라 살 Bruno de La Salle과의 인터뷰.

맺음말

오늘날 정보 사회에서 나이나 장소에 따른 장벽은 존재하지 않는다. 모든 것을 나누고 구분하는 틈새는 다 사라졌다. 인터넷은 원칙적으로 아무런 구분이나 차별 없이 모두에게, 모든 것에 열려 있다. 이제 도서관은 인터넷 환경에 적응하고 새로운 관습과 행동 양식을 받아들임으로써, 새로워진 환경 속에서 제 자리를 찾고 새로운 현실들을 진지한 고려 대상으로 삼을 수 있어야 한다. 특히 어린이 도서관은 인간적이고 자족적이며 그 자체로 완결된 공동체로서, 얼마든지 새로운 길을 열어 나갈 수 있다. 풍요로운 만남의 장소인 어린이 도서관은 다양한 세대와 연령층, 다양한 방식의 정보와 지식과 오락을 향해 문이 활짝 열려 있다. 도서관에서는 미술을 비롯한 조형 예술의 모든 분야, 문학, 음악, 영화, 이 모든 것들이 다양한 매체를 통해 아이들에게 제공되고 있다.

어린이 도서관, 도처에 뿌리 내린 인간적인 공동체

사회 소외 계층에 다가가기 위해 부단히 노력하는 어린이 도서관은, 중재자로서 사람의 역할을 무엇보다도 중요시함으로써 날마다 더욱 새롭고 창의적인 모습을 보여 주어야 한다. 다양성을 존중하는 도서관은, 도서관과 함께 앞으로 나아가고 성장하고자 하는 모든 이들에게 손을 내밀어 격려하고 도움을 준다. 오늘날의 도서관은 그 어느 때보다 사람들의 말에 귀 기울여야 한다. 도서관을 중심으로 여러 갈래의 네트워크가 이미 형성되었으며, 이렇게 하여 도서관은 매우 다양한 면모를 지니게 되었다. 인터넷 환경 속에서 도서관은 경험과 사고를 공유하게 하고, 모든 사람을 대상으로 하는 독서 캠페인을 벌일 수 있게 하는 각종 네트워크와 연결되어 있다.

전 세계에서 일어나고 있는 새롭고 창의적인 시도들은 (현재로서는 비록 소수의 움직임에 불과하지만) 우리에게 큰 희망을 준다. 그 역동적이고 활기 있는 움직임들은, 가난한 나라에서든 부유한 나라에서든 그 어느 때보다도 필요하다. 여기서도 당연히 인간 중심 주의, 친밀함, 신뢰감을 무엇보다도 우선시한다. 그 혁신적인 움직임들은 책읽기의 문제를 문화적·사회적 차원에서 고려해야 한다는 점을 분명히 인식하게 하고, 새로운 프로그램을 개발하고 외부와 새로운 협력 관계를 만들어 나가는 데에도 우리에게 수많은 아이디어를 제공한다.

사회 소외 계층에 다가가려고 애쓰는 도서관, 우리에게 꼭 필요한 도서관은 사각 지대 없이 모두에게 다가가기 위해서 끊임없이 움직이고, 현실에 안주하지 않으려 애쓰고, 관행이나 타성에서 벗어나려고 노력해야 한다. 도서관이라는 공공 기관이 행정 효율성을 무엇보다도 우선시하는 정부 기관의 모습을 닮아 가려는 기미가 보일 때마다, 무엇보다도 사람을 중요하게 여기는 중재자로서 우리 사서들의 책무를 다시 한번 떠올려야 한다.

실제로 도서관은 인간적인 동시에 문화적인, 매우 독특한 환경을 제공한다. 아이들이 자신의 길을 걸어가도록 용기를 줌으로써 각자 자기만의 정체성과 개성을 드러낼 수 있도록 돕는다. 도서관은 누구나 자기만의 색채를 드러낼 수 있는 공간을 제공한다. 그와 동시에 도서관은 구체적인 현실 속에서 다른 사람들과 관계를 맺을 수 있는 법을 배울 수 있는 터전이다. 도서관에서는 다른 사람들을 맞이하고 그들을 만나 관계를 맺을 수 있는 유리한 환경을 제공한다. 다른 사람들과 만나고 교류하고 관계를 맺는 것은, 다른 사람들과 뒤섞이고 휩쓸려 지내기 위함이 아니라, 자아를 찾고 자기 자신을 이해하기 위한 노력이다.

점점 더 기계화되는 세상에서 도서관은 새로운 발견을 하고, 자아를 확인하고, 생각하고 싶어 하는 욕구를 중심으로 이루어지는 인간 사이의 소통과 관계를 중요하게 여겨야 한다. 그런 점에서 오늘날 도서관은 중요한 역할을 할 수 있다. 소통 이론가인 도미니크 볼통은 이렇게 말한다. "문화적·사회적인 두 가지 다른 특성과 연관 짓지 않고서 소통 체계를 생각하기란 불가능하다. 그런 점에서 (……) 소통의 신기술들이 우리 사회에 성공적으로 정착하려면, 인간 또는 사회의 기술화가 아니라 그 기술들의 사회화가 선행되어야 한다."[290]

　만남, 다양성의 인식, 상호 보완성, 소통, 인간 상호 간의 관계, 이것은 도서관과 책읽기 문화를 특징짓는 표현들이며, 도서관과 책읽기를 중심으로 이루어지는 일들이다. 그것들은 우리가 끊임없이 변화하는 세상, 이 세상의 풍요로움이나 결핍에 적응할 수 있게 해 준다. 그러므로 우리는 도서관을 인간적이고 문화적이고 사회적인 차원에서 끊임없이 성찰하고 연구해야 한다.

---

290)　도미니크 볼통, 《인터넷, 그리고 그 후》, 플라마리옹, 2002.

인덱스 (찾아보기)

*.본 인덱스에 수록된 도서는 원전에 소개된 책들이 국내에서 출간된 경우 국내 출판물로 대체하였습니다.

ㄱ

고경숙《마법에 걸린 병》, 재미마주, 2005 — 112

ㄴ

나자《푸른 개》, 최윤정 옮김, 파랑새출판사, 2008 — 105
나카가와 리에코, 오무라 유리코《구리와 구라의 빵 만들기》, 이영준 옮김, 한림출판사 1994 — 122
나타 카푸토, 피에르 벨베《갈레트 빵》, 페르 카스토르 컬렉션, 플라마리옹 — 105, 124

ㄷ

다니엘 발보, 모레야 푸엔마요르《자전거를 타는 암탉》, 에카레출판사 — 83
다니우치 고타《언덕 저 높은 곳》, 르 세르프 — 113, 121
닥터 수스《모자 쓴 고양이》, 포켓 청소년 — 112
데이비드 A. 카터《600개의 검은 점》, 갈리마르 청소년 — 191
데이비드 매콜리《잃어버린 문명》, 레꼴 데 루아지르 — 170
　　　　　《놀라운 기계, 인간의 몸》, 드라 마르티나에르 청소년 — 174
데청-킹《케이크 도둑》, 거인, 2007 — 112
도미니크 볼통《불통의 시대 소통을 읽다》, 채종대 외 옮김, 살림, 2011 — 235, 249
　　　　　《인터넷, 그리고 그 후》, 플라마리옹, 2002 — 253
드니 프라슈, 클로드 라푸엥트《가장 아름다운 착시 현상》, 시르콩플렉스 출판사 — 164

ㄹ

랜달 자렐《동물 가족》, 레꼴 데 루아지르 — 216
레미 찰립《네드는 참 운이 좋아》, 이덕남 옮김, 비비아이들, 2006 — 111
　　　　《눈이 올 것 같아》, 곰 세 마리, 2007 — 125
　　　　《도와 주세요, 의사 선생님》, 서울, 리틀랜드출판사, 2003 — 114
레옹 가필드《표적이 된 스미스》, 포켓 청소년 — 149
레옹 로제, 로랑 오두엥《작은 벌레들의 친구》, 밀랑 — 172
레이 브래드버리《화씨 451》, 1953 — 29

Index

로버트 맥클로스키 《오리한테 길을 비켜 주세요》, 이수연 옮김, 시공주니어, 2006	105
로베르토 이노첸티, 루스 반더 제 《에리카의 별》, 밀란	102
로알드 달 《마틸다》, 김난령 옮김, 시공사, 2004	145
《멋진 여우씨》, 햇살과나무꾼 옮김, 논장, 2007	144
로제 쿠지네 《아이들의 사회생활, 아동 사회학 개론》, Editions du Scarabee, 1950	185
루스 브라운 《달팽이를 따라가자》, 이상희 옮김, 중앙M&B, 2001	126
루이스 새커 《잃어버린 얼굴을 찾아서》, 김영선 옮김, 현북스, 2014	146
르네 고시니, 장 자크 상페 《꼬마 니콜라》, 윤경 옮김, 문학동네, 2013 외 번역본 다수	159
르네 디앗킨, 마리 보나페 《책은 아기들에게 좋다》, 칼만-레비	61
르네 메틀러 《나무와 숲의 책》, 갈리마르 청소년, 2010	167
《동물들의 위장》, 나의 첫 번째 발견, 갈리마르	168
리오넬 이냐르, 마르크 푸예 《빨간 두건을 쓴 아이의 식물 도감》, 프티 플럼 드 카로트	172
리처드 애덤스 《워터십 다운의 열한 마리 토끼》, 햇살과나무꾼 옮김, 사계절, 2002	153

ㅁ

마가렛 와이즈 브라운 《엄마, 난 도망갈 거야》, 신형건 옮김, 보물창고, 2008	118
《잘 자요 달님》, 이연선 옮김, 시공주니어, 1996	99
마르셀 에메 《착한 고양이 알퐁소》, 최경희 옮김, 작가정신, 2001	115, 134
마르셀 주스 《낱말 먹기》, 갈리마르	130
마리 셰들록 《스토리 텔링의 기법》, N.Y. 도버	208
마리 데플레생 《우정의 호수에 일렁이는 사랑의 물결》, 레꼴 데 루아지르 1995	139
마리 생-디지에, 아마토 소로 《아빠는 식인 괴물》, 갈리마르, 폴리오 주니어	123
《나의 첫 번째 탐정 소설을 써봐요》, Vuibert	200
마리 오비네 《거리 도서관을 언제 열 것인가?》, 바야르/국제 ATD 제4세계, 2010	79
마리 홀 에츠 《나랑 같이 놀자》, 양은영 옮김, 시공사, 2011	122
《바로 나처럼》, 이상희 옮김, 비룡소, 2002	101
《숲 속에서》, 박철주 옮김, 시공주니어, 2000	101
마리옹 바타이유 《ABC - 3D》, 알뱅 미셸	191
마이클 모퍼고 《워 호스》, 김민석 옮김, 풀빛, 2011	142
《켄즈케 왕국》, 김난령 옮김, 풀빛, 2001	142
마틴 워델 《엄마를 기다리는 아기 올빼미》, 김서정 옮김, 한국프뢰벨, 2003	122

메리 노턴 《마루 밑 바로우어즈》, 손영미 옮김, 시공사, 2002   150
모리스 센닥 《괴물들이 사는 나라》, 강무홍 옮김, 시공주니어, 2002   54, 113
뮈리엘 스작 《헤르메스의 연재소설》, 바야르   217
미셸 게 《유모차 나들이》, 레꼴 데 루아지르   105
미셸 드푸르니 《아이들이 세상을 발견하고 생각하게 한 그림책들》, 레꼴 데 루아지르(아르키메데스 총서), 2003   161
미셸 프티, C. 발레이, 라드프루 《도서관에서 도시의 권리까지》, 파리:BPI/조르주 퐁피두 센터, 학습과 연구 전집.   73

ㅂ

발레리 기두, 스티브 블룸 《곰이 궁금해》, 드 라 마르티니에르 청소년, 2010   165
발터 벤야인 《나의 서재를 공개한다》, Ed. Payot et Rivages, 2000   223
베아트릭스 포터 《플롭소 가족》, 갈리마르 청소년   129
볼프 에를부르호 《커다란 질문》, 베르나르 프리오 번역, Editions Etre   224
브루노 무나리 《결코 만족하지 않아》, 쇠이유 출판사   112

ㅅ

사라 허쉬만 《사람과 이야기: 문학의 주인은 누구인가? 사회는 단편 소설을 통해 그들의 목소리를 발견한다》,
뉴욕: 블루밍턴, 아이유니버스, 2010   68
사라 콘 브라이언트 《우리 아이들에게 어떻게 이야기를 들려줄 것인가?》, 나탕   208
앙리 갈르롱 《먹보 고양이와 앵무새》, 나탕, 1968   123
세귀르 백작 부인 《착한 소녀들》, 갈리마르 청소년, 폴리오 주니어   131
세르주 브와마르 《어린이와 배움의 두려움》, 두노   73, 74
              《생각할 줄 모르는 아이들》, 두노   73
셀레스탱 프레네 《마티유의 말들》, 상식의 현대교수법, 1959   185
셀마 라게를뢰프 《닐스 홀게르손의 신기한 스웨덴 여행》, 악트 쉬드   219
수잔 발리 《오소리의 이별 선물》, 신형건 옮김 푸른책들출판사, 2009   102
스브젯틀란 주나코빅 《동물 초상에 관한 책》   54
시드 플라이슈만 《징고 장고》, 레꼴 데 루아지르   148
C.S 루이스 《나니아 연대기》, 햇살과나무꾼 옮김, 시공주니어, 2005   115, 153

Index

ㅇ

아놀드 로벨《개구리와 두꺼비가 함께, 엄혜숙 옮김, 비룡소, 2009   101, 130
    《색깔 마법사》, 이자원 옮김, 비룡소, 2014   115
    《생쥐 이야기》, 엄혜숙 옮김, 비룡소, 1997   96, 114
    《집에 있는 부엉이》, 엄혜숙 옮김, 비룡소, 2009   137
    《코끼리 아저씨》, 엄혜숙 옮김, 비룡소, 1998   99
아스트리드 린드그랜《라스무스와 방랑자》, 문성원 옮김, 시공주니어, 2001   148, 215
안 카메론 《세상에서 가장 아름다운 장소》, 무슈, 레꼴 데 루아지르   132
안네 프랑크《안네 프랑크의 일기》, 갈리마르 청소년   141
안노 미쓰마사《그날》, 레꼴 데 루아지르   113
    《늑대야, 너 거기 있니?》, 레꼴 데 루아지르   116, 169
    《둥근 지구의 하루》, 김난주 옮김, 아이세움 ; 대한교과서, 2004   169
    《벼룩 시장》, 레꼴 데 루아지르   116
    《즐거운 이사놀이》, 박정선 옮김, 비룡소, 2001   169
    《지구로 해시계를 만든다》, 웅진씽크빅, 2008   169
    《항아리 속 이야기, 박정선 옮김, 비룡소, 2001   116, 169
안느 마리네, 마르틴느 풀랭《프랑스 도서관의 역사》, 도서관연합, 1992   23
알랭 지파르, 베르나르 스티글레르《나쁜 성장을 멈추기 위하여》, 플라마리옹, 2009   235
알베르 카뮈《최초의 인간》, 갈리마르, 1994   131
앙드레 프랑수아《악어의 눈물》, 델피르   101
앤서니 브라운《달라질 거야》, 허은미 옮김, 아이세움, 2003   117
    《윌리와 악당 벌렁코》, 허은미 옮김, 웅진닷컴, 2003   101
    《터널》, 장미란 옮김, 논장, 2002   119
앨런 알렉산더 밀른, 어니스트 쉐퍼드《곰돌이 푸우는 아무도 못 말려》, 조경숙 옮김, 길벗어린이, 2005 외 번역본 다수   101
에리히 캐스트너《에밀과 탐정들》, 장영은 옮김, 시공사, 2000   140
에스터 호이치이《광활한 스텝》, 레꼴 데 루아지르   141
엘스 미나릭, 모리스 센닥《꼬마 곰》, 엄혜숙 옮김, 비룡소, 1997   100
엘윈 브룩스 화이트《샬롯의 거미줄》, 김화곤 옮김, 시공주니어, 2000   132
엘라 마리《나무》, 시공주니어, 1996   117, 164
요시다 토시《첫 번째 사냥》,《 싸움》   165
월터 윅《물 한 방울》, 박정선 옮김, 한길사, 2002   224

윌리엄 스타이그 《강아지가 된 칼렙》, 최순희 옮김, 느림보, 2005	118
《당나귀 실베스터와 요술 조약돌》,이상경 옮김, 다산기획, 1994	118, 165
《도미니크》, 서애경 옮김, 대한교과서, 2003	146
《치과의사 드소토 선생님》, 조은수 옮김, 비룡소, 1995	165
유리 슐레비츠 《보 물》, 최순희 옮김, 시공주니어, 2006	119
이사벨 스텐저스 《과학과 권력, 기술과학 시대의 민주주의》, 라 데쿠베르트 출판사, 2002	178
이와무라 카즈오 《생각하는 개구리》, 김창원 옮김, 진선출판사, 2004	224
이자벨 얀 《아동문학》, 아틀리에출판사, 1985	48
A.A. 밀른 《곰돌이 위니의 방문》, 갈리마르	135

ㅈ

자넷 힐 《아이들도 사람이다》, Hamish Hamiltom	213
잔느 아쉬베 《나아질 거야》, 레꼴 데 루아지르	111
장 미셸 비유 《세계의 위대한 박물관》, 갈리마르 청소년	176
장 클로드 기유보 《미래 취향》, 쇠이유, 2003	235
장 클로드 무를르바 《거꾸로 흐르는 강》, 정혜순 옮김, media2.0, 2006	147
장안거 《 붉은 땅의 기억 》, 홍연미 옮김, 문학동네, 2007	191
잭 런던 《불을 지피다: 잭 런던 소설집》, 이한중 옮김, 한겨레출판사, 2012	149
제라르 스테르, 윌리 글라소어 《그럼 오르니카는 어디 있을까?》, 레꼴 데 루아지르	168
제롬 브루너 《문화와 사고방식, 작품 속에 나타난 인간 정신》, Editions Retz, 2000	221
제르다 뮐러 《나의 나무》, 갈리마르 청소년	166
《발자국을 따라가 볼까요》, 한소원 옮김, 파랑새, 2007	165
《비가 오면 동물들은 어디로 가요?》, 신선영 옮김, 파랑새, 2007	224
《말라게트》, 레꼴 데 루아지르	113
제인 빙엄 《중세의 세계》, 어스본 출판사, 2000	174
조안 스타이너 《난 네가 보여》, 베틀북, 2009	169
조엘 졸리베 《똑똑한 동물원》, 최윤정 옮김, 바람의아이들출판사, 2009	115, 171
존 버닝햄 《네가 만약》, 이상희 옮김, 비룡소, 2003	110
《벽장 안에서》, 페르 카스토르 컬렉션, 플라마리옹	110
주디 바레트 《동물들에게 옷을 입혀서는 안 돼》, 레꼴 데 루아지르	110
즈느비에브 브리삭 《올가의 책》, 레꼴 데 루아지르	139

Index

즈느비에브 빠뜨, 시그룅 아녜스도티르 《개발 도상국의 아동과 청소년을 위한 도서관 작업》, 소르출판사, 1984	29
J.M. 길쉐르 《피그미 망가주》, 플라마리옹 (페르 카스토르의 그림책들)	164

ㅋ

카를로 콜로디, 로베르토 이노첸티 《피노키오의 모험》, 갈리마르	123, 227
카코 사토시 《집은 왜?》, 후크인칸 (일본), 레꼴 데 루아지르	168
카티 쿠프리, 앙투안 루샤르 《뒤죽박죽 세상》, 티에리 마니에, 1999	108
카티아 살로몬 《사람과 이야기》, 뉴욕:블루밍턴, 아이유니버스, 2010	68
캐슬린 카 《칠면조들의 대행진》, 레꼴 데 루아지르	218
코르네이 추콥스키 《두 살에서 다섯 살까지》, 홍한별 옮김, 양철북, 2006	111, 173
콜레트 비비에 《작은 행복이 흐르는 집》, 부렐리에, 1937	138
퀀틴 블레이크 《앵무새 열 마리》, 장혜린 옮김, 시공주니어, 1999	144
《하나 둘 셋 피튜니아씨》, 갈리마르, 폴리오 주니어	120
크리스 반 올스버그 《폴라 익스프레스》, 레꼴 데 루아지르	122
크리스티네 뇌스틀링거 《깡통 소년》, 유혜자 옮김, 대한교과서, 2007	144
클레르 다르쿠르 《눈물에서 웃음으로, 예술 작품에 표현된 여러 가지 감정》, 쇠이유	167
클로드 퐁티 《블레이즈와 안느 이베르세르의 성》, 레꼴 데 루아지르, 2004	113
《아델의 그림책》, 갈리마르	120
키티 크라우더 《그래서?》, 파스텔	151

ㅌ

토마 다르티주 《오! 동물들이여》, 갈리마르 청소년, 2009	177
토미 웅거러 《엄마 뽀뽀는 딱 한 번만》, 조은수 옮김, 비룡소, 2003	144
《곰인형 오토》, 비룡소, 2001	223
토베 얀손 《무민 가족과 대홍수》, 김옥수 옮김, 소년한길, 2014	136
《환상의 요정 무밍트롤》, 조동림 옮김, 곰출판사, 1993 외 번역본 다수	101
티모테 드 퐁벨 《토비 롤네스》, 김주경 옮김, 김영사, 2008	152

ㅍ

파울로 프레이리 《페다고지: 억눌린 자를 위한 교육》, 성찬성 옮김, 한마당출판사, 1995	69

Index

페프 《탐스럽게 빛나는 모토르뒤 왕자의 배》, 갈리마르	110
폴 갈돈 《빨간 암탉》, 엄혜숙 옮김, 시공주니어, 2007	124
폴 리퀘르 《특별함과 유일함》, 알리스, 1999	64
폴 아자르 《책, 어린이, 어른》, 플라마리옹, 1932	210
폴 에밀 빅토르 《에스키모 아푸치아크의 일생》, 장석훈 옮김, 비룡소, 2006	163
프란시스코 히노호사, 엘 피스곤 《세상에서 가장 끔찍한 여자》, FCE출판사	83
프란치스카 테메르슨 〈생강과자 맨〉, 《나의 첫 우화집과 동요》, 메모출판사, 곰세마리 전집	124
프란체스코 피토, 베르나뎃 제르베 《새들》, 데 그랑 페르손 출판사	168
프랄린 게이파라, 앙드레 프리장 《커다란 순무》, 김효림 옮김, 한국차일드아카데미, 2006	114
프랜 마누슈킨 《아기》, 레꼴 데 루아지르	173
플로랑스 다르쿠르 《눈물에서 웃음으로》,	191
피터 스피어 《노아의 방주》, 김경연 옮김, 미래아이, 2004	115
《와, 비다》, 한솔교육, 2003	110
필립 뒤마 《농장 : 옛날 농장 생활에 대한 스케치》, 레꼴 데 루아지르, 아르키메데	105
《말썽꾸러기 로라》, 박해현 옮김, 비룡소, 1999	129
《작은 거인》, 레꼴 데 루아지르	151
필립 풀먼 《황금 나침반》, 이창식 옮김, 김영사, 2007	156

ㅎ

헬렌 브로들리 《우리 할머니가 어렸을 적에》, 플라마리옹	121
호세 아루에고, 아리안 듀이 《마리-루이즈의 형상》, 레꼴 데 루아지르	114
홍첸지앙 《마오와 나, 어린 홍위병》, 레꼴 데 루아지르	192

사서 빠뜨

작은 관계의 기적, 백만의 어린이를 읽게 한 힘!

초판인쇄 2017년 10월 12일
초판3쇄 2020년 4월 20일

글 / 즈느비에브 빠뜨
번역 / 최내경
편집 / 김세정
교정 / 원동은, 장화정
펴낸이 이호백
펴낸곳 도서출판 재미마주
413-756 경기도 파주시 교하읍 문발동 520-9 (A동 3층)
전화 (031)955-0880·팩스 (031)955-0881
등록번호 제10-1051호·등록일자 1994년 10월 20일
홈페이지 www.jaimimage.com E-Mail jaim@jaimimage.com
ISBN 979-11-85996-69-1 77810

Mais qu'est-ce qui les fait lire comme ça ?
© 2017, Original french text by Geneviève Patte
Printed in Korea by Erum Press Ltd.
이 책의 한국어판 출판권은 저자와 독점 계약한
도서출판 재미마주에 있습니다.

© 2017, 번역 편집 ; 최내경, 재미마주
이 책의 무단 복제 및 무단 전재를 금합니다.
값은 표지 뒷면에 표기되어 있습니다.